Das Kaffee-Buch

Das Kaffee-Buch

Anette Moldvaer

Penguin
Random
House

Projektbetreuung Martha Burley
Cheflektorat Dawn Henderson
Redaktionsleitung Peggy Vance
Art Director Peter Luff
Bildredaktion Kathryn Wilding, Christine Keilty
Designassistenz Kate Fenton
Herstellung Sarah Isle, Raymond Williams, Oliver Jeffreys
Umschlaggestaltung Nicola Powling
Kartografie Simon Mumford

DK Indien
Projektbetreuung Manasvi Vohra
Cheflektorat Alicia Ingty
Redaktion K. Nungshithoibi Singha
Bildredaktion Anchal Kaushal, Tanya Mehrotra,
Pallavi Kapur, Navidita Thapa
DTP-Design Anurag Trivedi, Manish Upreti
Herstellung Sunil Sharma

Für die deutsche Ausgabe:
Programmleitung Monika Schlitzer
Projektbetreuung Sarah Fischer
Herstellungsleitung Dorothee Whittaker
Herstellungskoordination Madlen Richter
Herstellung Christine Rühmer

Titel der englischen Originalausgabe:
Coffee Obsession

Übersetzung Brigitte Rüßmann, Wolfgang Beuchelt
(Scriptorium Köln)
Lektorat Julia Niehaus
Satz Roman Bold & Black, Köln

ISBN 978-3-8310-2681-4

Printed and bound in China

Besuchen Sie uns im Internet
www.dorlingkindersley.de

Hinweis
Die Informationen und Ratschläge in diesem Buch sind von den
Autoren und vom Verlag sorgfältig erwogen und geprüft, dennoch
kann eine Garantie nicht übernommen werden.
Eine Haftung der Autoren bzw. des Verlags und seiner Beauftragten
für Personen-, Sach- und Vermögensschäden ist ausgeschlossen.

INHALT

EINLEITUNG

CAFÉKULTUR

Millionen Menschen weltweit genießen es, im Café zu sitzen und einen Kaffee zu trinken. Besonders beliebt sind Spezialitäten-Cafés, in denen geschulte Baristas hochwertige Kaffeegetränke individuell zubereiten.

DAS CAFÉ ALS ERLEBNIS

Das Café hat eine jahrhundertealte Tradition – vom typischen Pariser Café mit der großen Schale Milchkaffee bis zum Diner in den USA, wo der Kaffee immer wieder nachgeschenkt wird. Kaffee erfreut sich inzwischen auch in China, Indien, Russland und Japan einiger Beliebtheit und heute besuchen mehr Menschen Cafés als jemals zuvor. So ist Kaffee für viele ein fester Bestandteil des Alltags, für manche immer wieder neu und aufregend.

Dank dieser allgegenwärtigen Lust auf Kaffee eröffnen weltweit täglich neue Spezialitäten-Cafés. Sie werden nicht nur von Connaisseuren aufgesucht, vielmehr probieren immer mehr Menschen hier verschiedene Sorten, Röstungen und Stile. Für alle, die auf Qualität, Nachhaltigkeit und Sorgfalt Wert legen, ist ein traditionelles Café oder ein moderner Coffee Shop der perfekte Ort, um neue Aromen zu entdecken und die besondere Atmosphäre zu genießen.

FÜR DIE EINEN IST KAFFEE TEIL DES ALLTAGS, FÜR ANDERE IMMER WIEDER NEU UND AUFREGEND.

NEUE KAFFEE-MORAL

Viele Menschen denken niemals darüber nach, wie der Kaffee von der Plantage in die Tasse kommt. Nicht jeder weiß, dass die Kaffeebohne der Samen einer Frucht ist, der geröstet werden muss, bevor er gemahlen und aufgebrüht wird. Kaffee ist ein saisonales Produkt, dessen Anbau und Zubereitung Können und Aufwand erfordern. Cafés und Coffee Shops zeigen heute die riesige Vielfalt von einzigartigen Aromen auf, die der Kaffee zu bieten hat, und weisen auf die Herkunft der Sorten und die Erzeuger der Bohnen hin.

Dank der Spezialitäten-Cafés wird immer mehr Kaffeeliebhabern bewusst, wie komplex Produktion, Handel und Zubereitung von Kaffee sind. Je mehr die Konsumenten über die harten Bedingungen des Anbaus erfahren – über niedrige Preise und Löhne und schwankende Märkte –, desto größer wird die Nachfrage nach fair gehandeltem Kaffee. Bei vielen Lebensmitteln und Wein hat sich durchgesetzt, dass Qualität mehr kostet – bei Kaffee ist das nicht anders. Das Gleichgewicht zwischen Angebot, Nachfrage, Kosten und ökologischem Anbau bleibt eine Herausforderung. Kleine Händler und Röster legen daher Wert auf Qualität, Transparenz und Nachhaltigkeit. Mit dem neuen Fokus auf Kaffeeanbau und -zubereitung verändert sich auch die Kultur der Cafés.

DER BARISTA

Ein Barista ist mit einem Wein-Sommelier vergleichbar. Er oder sie ist ein qualifizierter Experte, der die Kunden berät und genau weiß, auf welche Weise ein bestimmter Kaffee zubereitet werden sollte, damit dieser nicht nur sein Koffein freisetzt, sondern auch seinen Geschmack optimal entfaltet.

DER SIEGESZUG DES KAFFEES

Die Geschichte, wie der Kaffee die Welt eroberte, ist die Geschichte einer sich verändernden Welt. Sie handelt von Religion, Sklaverei, Schmuggel, Liebe und Gemeinschaft und ist eine Mischung aus Tatsachen und Legenden.

FRÜHE ENTDECKUNGEN

Kaffee ist seit mindestens 1000 Jahren bekannt. Die Ursprünge des Arabica werden im Südsudan und in Äthiopien vermutet, die des Robusta in Westafrika. Schon bevor man die Bohnen röstete, mahlte und daraus Kaffee aufbrühte, wie wir ihn heute trinken, wurden Kaffeekirschen und -blätter wegen ihrer belebenden Wirkung verwendet. Hirten in Afrika vermischten Kaffeesamen mit Fett und Gewürzen zu einer Art »Energieriegel« für ihre langen Wanderungen. Die Kaffeeblätter und Fruchtschalen wurden zu einem belebenden Getränk aufgekocht.

Man vermutet, dass Kaffee mit afrikanischen Sklaven in den Jemen und nach Arabien gelangte. Im 15. Jh. tranken die Sufis einen »Quishr« oder »Arabischer Wein« genannten Tee aus Kaffeekirschen, um während ihrer Nachtgebete wach zu bleiben. Die Kunde seiner stimulierenden Wirkung verbreitete sich und bald eröffneten »Schulen der Weisen« genannte Kaffeehäuser. Einige fürchteten, »Quishr« sei nicht mit der Religion vereinbar, doch die frühen Cafés machten Kaffee noch populärer. Im 16. Jh. schufen die Araber ein Getränk aus gerösteten, gemahlenen Kaffeekirschen, das dem heutigen schon stark ähnelte. Der Kaffee verbreitete sich bis in die Türkei, nach Ägypten und Nordafrika.

Mexiko

Jamaika   Haiti

Karibik   Martinique

Mittelamerika

Suriname   Französisch-Guayana

17. Jh.

- VOM JEMEN IN DIE NIEDERLANDE UND NACH INDIEN
- VON DEN NIEDERLANDEN NACH INDIEN, JAVA, SURINAME, FRANKREICH

Südamerika   Brasilien

KOLONIALE AUSBREITUNG

Die Araber, die als Erste mit Kaffee handelten, fürchteten so sehr um ihr Geheimnis, dass sie die Bohnen kochten, damit niemand anderer sie anbauen konnte.

Dennoch schmuggelten Sufis im 17. Jh. einige Samen aus dem Jemen nach Indien und ein niederländischer Händler brachte Sämlinge von dort nach Amsterdam. Ende des 17. Jh. wurde Kaffee bereits in vielen niederländischen Kolonien – vor allem in Indonesien – angebaut.

Im frühen 18. Jh. erreichte der Kaffee die Kolonien in der Karibik und in Südamerika. Die Niederländer schenkten den Franzosen Sämlinge, die sie nach Haiti, Martinique und Französisch-Guayana brachten.

Die Niederländer pflanzten ihren Kaffee in Suriname, die Briten brachten ihn von Haiti nach Jamaika. 1727 holte ein portugiesischer Gesandter Kaffeesamen von Brasilien nach Französisch-Guayana.

Aus Südamerika und der Karibik gelangte der Kaffee nach Mittelamerika und Mexiko. Ende des 19. Jh. wurden Kaffeesämlinge dann wieder in die Kolonien in Afrika gebracht.

Auch heute noch breitet sich der Kaffeeanbau weiter aus, besonders in Asien.

Niederlande

Frankreich

Jemen

Indien

Ostafrika

Java

La Réunion

19. Jh.
- VON BRASILIEN NACH OSTAFRIKA
- VON LA RÉUNION NACH OSTAFRIKA

18. Jh.
- VON FRANKREICH NACH HAITI, MARTINIQUE, FRZ.-GUAYANA, LA RÉUNION
- VON LA RÉUNION NACH MITTEL- UND SÜDAMERIKA
- VON MARTINIQUE IN DIE KARIBIK, NACH MITTEL- UND SÜDAMERIKA
- VON HAITI NACH JAMAIKA
- VON FRZ.-GUAYANA NACH BRASILIEN

IN NUR WENIGEN HUNDERT JAHREN HATTE DER KAFFEE DIE WELT EROBERT, ZUERST ALS GETRÄNK, DANN ALS HANDELSWARE.

ARTEN UND SORTEN

Genau wie die Gewächse von Wein und Hopfen hat auch der Kaffeebaum, an dem die Kaffeekirschen wachsen, verschiedenste Arten und Sorten. Es sind zwar nur wenige weltweit verbreitet, aber ständig werden neue Sorten kultiviert.

KAFFEEARTEN

Die Gattung *Coffea* ist ein blühender Baum. Da die Wissenschaft immer neue Arten entdeckt, entwickelt sich die Klassifizierung ständig weiter. Niemand weiß genau, wie viele Arten existieren; bisher konnten 124 *Coffea*-Arten identifiziert werden – vor 20 Jahren kannte man noch nicht einmal halb so viele.

Wild wachsende *Coffea*-Arten finden sich vorwiegend in Madagaskar und Afrika, aber auch auf den Maskarenen, Komoren, in Asien und Australien.

Nur die Arten *C. arabica* und *C. canephora* (allgemein Arabica und Robusta genannt) werden großflächig für den kommerziellen Gebrauch angebaut. Sie stellen rund 99 Prozent der weltweiten Produktion. Man vermutet, dass *C. arabica* an der Grenze von Äthiopien zum Südsudan aus einer Kreuzung aus *C. canephora* und *C. eugenioides* hervorging. Einige Länder bauen für den heimischen Markt auch kleine Mengen *C. liberica* und *C. excelsa* an.

ARABICA- UND ROBUSTA-SORTEN

Es gibt viele Kultursorten der Arabica. Die Chronik ihrer Verbreitung um die Welt ist unvollständig und teils widersprüchlich, aber von den tausenden in Äthiopien und im Südsudan heimischen Sorten verließen nur wenige den Kontinent. Sie gelangten zuerst in den Jemen und von dort aus in andere Länder (s. S. 10–11).

Man bezeichnete diese Bäume allgemein als Typica – »gewöhnlichen« Kaffee. Die auf Java gepflanzten Typica-Bäume sind die genetischen Vorfahren jener Bäume, die weltweit Verbreitung fanden. Bourbon, ebenfalls eine der frühesten bekannten Sorten, entstand durch Mutation einer Typica, die zwischen Mitte des 18. und Ende des 19. Jh. auf La Réunion (damals Île Bourbon) auftrat. Heute sind die meisten Sorten natürliche Mutationen oder Mutationszüchtungen der beiden Sorten.

Coffea canephora stammt aus Westafrika. Sämlinge aus Belgisch-Kongo wurden auch auf Java angepflanzt. Von dort aus verbreitete sie sich in fast alle Arabica anbauenden Länder. Es gibt verschiedene Sorten dieser Art, sie werden aber gemeinhin alle schlicht als Robusta bezeichnet. Zudem wurden Arabica und Robusta gemeinsam angepflanzt, um neue Sorten zu schaffen.

Aussehen und Aroma von Kaffee werden von vielen Faktoren beeinflusst, wie Bodenbeschaffenheit, Sonne, Niederschläge, Wind, Schädlinge und Krankheiten. Viele Sorten sind genetisch ähnlich, tragen regional aber völlig unterschiedliche Namen. Dies macht es schwer, die Verbreitung von Arabica und Robusta genau abzubilden. Der Stammbaum (s. S. 14–15) zeigt einige der bekanntesten Sorten dieser beiden Arten.

DIE GATTUNG KAFFEE

Sonne
Die meisten Kaffeesorten
bevorzugen Schatten oder
Halbschatten. Manche sind
so gezüchtet, dass sie volle
Sonne vertragen.

Niederschläge
Niederschlagsmuster bestim-
men die Blüteperioden – von
Plantagen mit regelmäßigen
Niederschlägen bis hin zu
Regionen mit definierten
Trocken- und Regenzeiten.

Wind
Die Strömungen von
kalter und warmer
Luft beeinflussen die Reifung und den Geschmack
der Kaffeekirschen.

COFFEA
Reich: Plantae
Klasse: Equisetopsida
Unterklasse: Magnoliidae
Überordnung: Asteranae
Ordnung: Gentianales
Familie: Rubiaceae
Unterfamilie: Ixoroideae
Tribus: Coffeeae
Gattung: Coffea
**Wirtschaftlich relevante
Arten:** Coffea arabica
und Coffea canephora
(meist als Robusta
bezeichnet)

Kaffeekirschen
Die Kirschen reifen
in Trauben entlang
der Äste.

Kaffeeblüten
Die Blüten haben
einen süßen, an Jasmin
erinnernden Duft.

Unreife Kaffeekirsche
Heranwachsende
Früchte sind grün
und hart.

Reifende Kaffeekirsche
Die Frucht wechselt
langsam die Farbe
und wird weicher.

Reife Kaffeekirsche
Die meisten (aber
nicht alle) Kirschen
reifen rot aus.

Überreife Kaffeekirsche
Die Kirschen werden
dunkler und süßer und
verderben schnell.

Querschnitt
Jede Kirsche enthält Fruchtfleisch, Pergamenthaut
und Samen (s. S. 16).

DER STAMMBAUM

Dieser vereinfachte Stammbaum des Kaffees zeigt die wichtigsten Verwandtschaftsverhältnisse innerhalb der Familie. Da Botaniker immer mehr Arten und Sorten entdecken, wächst der Baum beständig weiter.

Der heutige Stand der Wissenschaft erlaubt noch keine endgültige Darstellung der Verwandtschaftsverhältnisse aller Kaffeesorten. Diese Abbildung zeigt aber, dass die Familie Rubiaceae vier Hauptarten enthält: Liberica, Robusta, Arabica und Excelsa. Von diesen vier Arten werden nur Arabica und Robusta kommerziell angebaut (s. S. 12–13). Robusta-Sorten, die als qualitativ minderwertiger gelten als die Arabica-Sorten, werden meist nur als Robusta bezeichnet.

Vom Hauptast der Art Arabica zweigen die Heirloom-, Typica- und Bourbon-Sorten ab, sowie deren Kreuzungen mit Arabica zu Hybriden.

HYBRIDE

Rasuna Catimor + Typica
Arabusta Arabica + Robusta
Devamachy Arabica + Robusta
Hibrido de Timor/TimTim/BorBor Arabica + Robusta
Icatu Bourbon + Robusta + Mundo Novo
Ruiru 11 Rume Sudan + Hibrido de Timor + K7 + Catimor + SL 28 + SL 34
Sarchimor Villa Sarchi + Hibrido de Timor

C. CANEPHORA (ROBUSTA)

C. LIBERICA

WAS SAGT DER NAME?
Arabica-Sorten sind oft nach den Orten benannt, an denen man sie entdeckt hat. Daher gibt es viele lokale Bezeichnungen und Schreibweisen – so heißt die Sorte Geisha beispielsweise auch Abessinier.

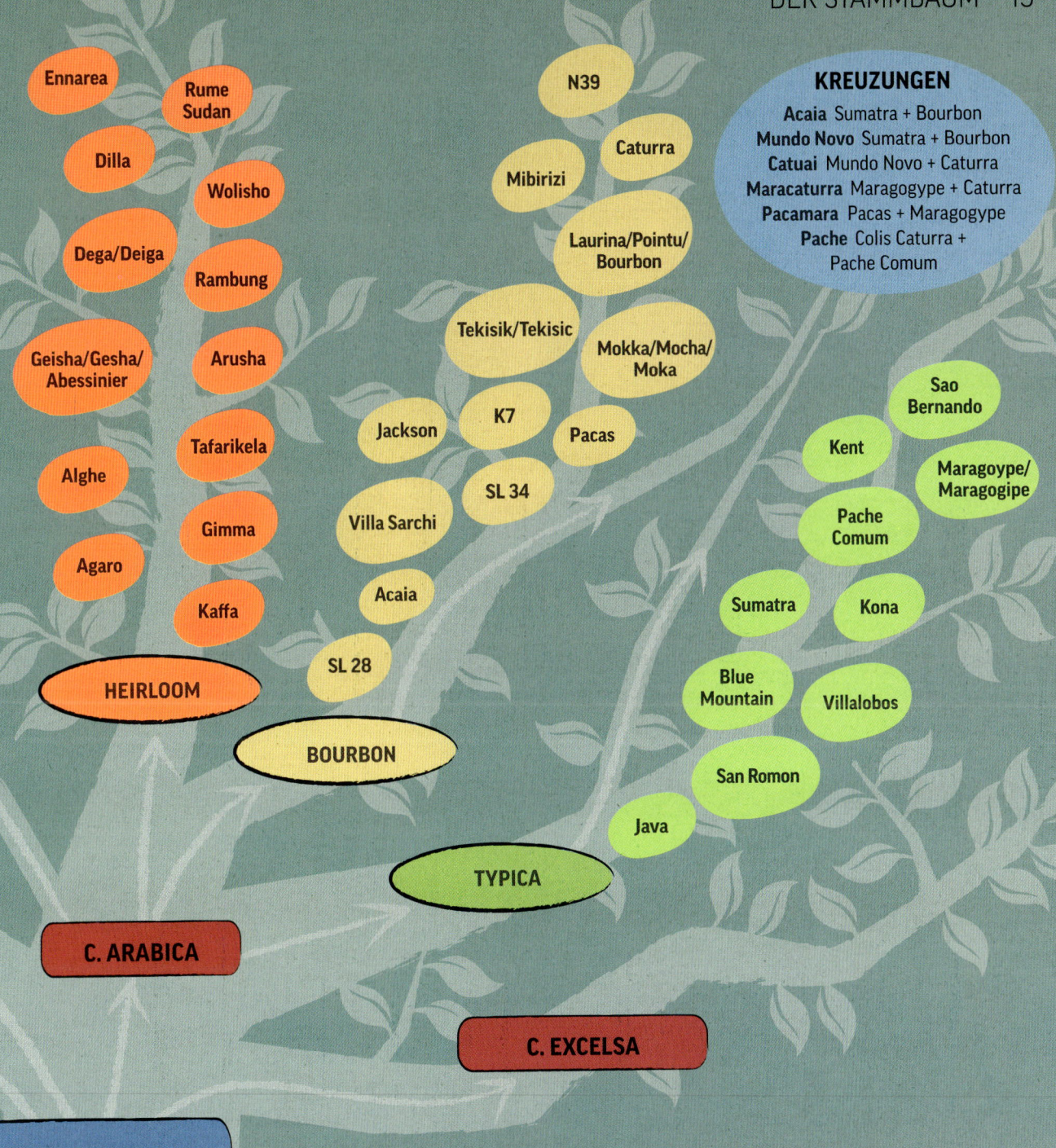

KREUZUNGEN

Acaia Sumatra + Bourbon
Mundo Novo Sumatra + Bourbon
Catuai Mundo Novo + Caturra
Maracaturra Maragogype + Caturra
Pacamara Pacas + Maragogype
Pache Colis Caturra +
Pache Comum

Ennarea

Rume Sudan

Dilla

Wolisho

Dega/Deiga

Rambung

Geisha/Gesha/Abessinier

Arusha

Alghe

Tafarikela

Gimma

Agaro

Kaffa

HEIRLOOM

N39

Caturra

Mibirizi

Laurina/Pointu/Bourbon

Tekisik/Tekisic

Mokka/Mocha/Moka

Jackson

K7

Pacas

Villa Sarchi

SL 34

Acaia

SL 28

BOURBON

Sao Bernardo

Kent

Maragoype/Maragogipe

Pache Comum

Sumatra

Kona

Blue Mountain

Villalobos

San Romon

Java

TYPICA

C. ARABICA

C. EXCELSA

RUBIACEAE

ANBAU UND ERNTE

Der Kaffeebaum ist immergrün. Er wächst in über 70 Ländern mit entsprechenden Klimata und Höhenlagen. Die Bäume benötigen gute Pflege und etwa drei bis fünf Jahre, bis sie erstmals blühen und Früchte – die Kaffeekirschen – tragen.

Die bei der Ernte gepflückten Kaffeekirschen enthalten jeweils zwei Samen, die zu Kaffeebohnen aufbereitet werden (s. S. 20–23). Die wichtigsten kommerziell angebauten Kaffeebaumsorten sind Arabica und Robusta (s. S. 12–13). Robustas sind ertragreich, schädlings- und krankheitsresistent und tragen rustikal schmeckende Kaffeekirschen.

Sie werden aus Stecklingen gezogen, die zunächst in der Pflanzschule herangezogen werden, bevor man sie schließlich auspflanzt. Arabica-Bäume werden aus Samen gezogen (siehe unten) und tragen Kirschen, die als geschmacklich hochwertiger eingestuft werden, als die von den Robusta-Bäumen.

ARABICA-ANBAU

Die Samen werden aus den reifen Kirschen gesunder Arabica-Bäume (»Mutterbäume«) gewonnen und zum Keimen eingepflanzt.

3 MONATE   **4 MONATE**   **5 MONATE**

Ein Samen wird in der Pflanzschule eingepflanzt. Kirschhaut und Fruchtfleisch werden zuvor entfernt, die Pergamenthaut bleibt erhalten.

Wenn der Samen keimt, treibt er eine Pfahlwurzel aus, die ihn ernährt. So entsteht der Sämling.

Die Pergamenthaut schützt den Samen.

Die Silberhaut ist ein dünnes Häutchen um den Samen.

Die Pulpe bzw. das Fruchtfleisch ist die klebrige, süße Schicht zwischen der Pergamenthaut und der Kirschhaut.

Jede Kirsche enthält zwei Samen, die erst nach ihrer Aufbereitung als »Kaffeebohnen« bezeichnet werden (s. S. 20–23). Sie liegen mit ihrer flachen Seite zueinander. Ganz selten wird nur ein Samen befruchtet und wächst ohne Gegenpart oval heran. Diese erbsenförmigen Samen werden Perlbohnen genannt.

DIE ANBAUBEDINGUNGEN BEEINFLUSSEN DIE QUALITÄT – BLÜTEN UND KIRSCHEN REAGIEREN AUF WIND, SONNE UND FROST.

9 MONATE

Der Sämling
wächst zu einem
Jungbaum mit 12 bis
16 Blättern heran.
Dieser Setzling wird
dann ausgepflanzt.

Erde schützt das
Wurzelsystem,
wenn der Baum
ausgepflanzt wird.

3 BIS 5 JAHRE

Der Baum darf
mindestens
drei Jahre heran-
reifen und wird
täglich gewässert,
bis er zum ersten
Mal blüht.

Die Blüten
reifen zu Kaffee-
kirschen heran.

3 BIS 5 JAHRE

Die Kaffeekirschen reifen
am Zweig und ändern ihre
Farbe, bis sie ernteref sind
(s. S. 18–19). Die besten und
qualitativ hochwertigsten
Kirschen wachsen im Schatten
oder unter einer Wolkendecke.
Nahe dem Äquator werden
ideale Temperaturen nur in
größeren Höhen erreicht.

ERNTEZEIT

Zu jeder Jahreszeit wird irgendwo auf der Welt Arabica oder Robusta geerntet. In manchen Ländern und Regionen wird einmal im Jahr intensiv geerntet, in anderen Ländern dauert die Erntesaison fast das gesamte Jahr über an.

Je nach Art und Sorte können die Bäume mehrere Meter hoch werden, meist werden sie aber auf einer Höhe von 1,5 m gekappt, um die Ernte zu erleichtern, die oft von Hand geschieht.

Es gibt verschiedene Erntemethoden: Beim »Stripping« werden alle Kirschen – ob unreif, reif oder überreif – in einer Bewegung abgestreift, beim »Picking« werden nur die reifen Kirschen abgelesen und die Erntehelfer laufen die Bäume während der Erntesaison mehrfach ab.

Manche Länder setzen auch Maschinen ein, die die Äste schütteln, sodass die reifen Kirschen herunterfallen. Sie werden dann aufgesammelt.

BÄUME UND ERTRAG

Ein gesunder und gut gepflegter Arabica-Baum produziert zwischen 1 und 5 kg Kaffeekirschen pro Saison. Für 1 kg Kaffee benötigt man im Durchschnitt etwa 5 bis 6 kg Kaffeekirschen. Nach der Ernte – ob nun von Hand oder maschi-nell gepflückt oder abgestreift – durchlaufen die Kirschen verschiedene Stufen der nassen oder trockenen Aufbereitung (s. S. 20–23), erst dann werden die Kaffeebohnen ihrer Qualität entspre-chend sortiert.

UNREIFE ARABICA-KIRSCHEN
Jede Traube besteht aus 10 bis 20 großen runden Kaffeekirschen. Sobald sie reif sind, fallen sie vom Ast, weshalb die Bäume häufig kontrolliert werden. Sie erreichen eine Höhe von 3 bis 4 m.

REIFE ROBUSTA-KIRSCHEN
Robusta-Bäume können 10 bis 12 m hoch werden. Die Pflücker nutzen daher zur Ernte teils Leitern. Die Trauben bestehen aus 40 bis 50 kleinen Kaffeekirschen, die selbst reif nicht herabfallen.

ARABICA VS. ROBUSTA

Die beiden wichtigsten Kaffeebaumarten haben verschiedene botanische und chemische Eigenschaften, die darüber entscheiden, in welcher Umgebung sie gedeihen, wie sie eine nachhaltige Ernte produzieren und welche Qualität die Kaffeebohnen haben. Sie beeinflussen ebenfalls das Aromaprofil.

EIGENSCHAFTEN	ARABICA	ROBUSTA
Chromosomen Die variantenreichen, komplexen Arabica-Aromen gehen auf die genetische Struktur des Baums zurück.	44	22
Wurzelsystem Robusta-Bäume haben große, flache Wurzeln, die weniger tiefen und durchlässigen Boden benötigen.	**Tief** Die Bäume benötigen rund 1,5 m Abstand zueinander, damit sich die Wurzeln ausbreiten können.	**Flach** Die Bäume benötigen mind. 2 m Abstand zueinander.
Ideale Temperatur Da Kaffeebäume frostanfällig sind, müssen sie in Regionen gepflanzt werden, die nicht zu kalt sind.	**15–25 ℃** Arabica-Bäume benötigen ein gemäßigtes Klima, um zu gedeihen.	**20–30 ℃** Robusta-Bäume gedeihen gut bei hohen Temperaturen.
Höhenlage und Breitengrad Beide Arten gedeihen zwischen den Wendekreisen von Krebs und Steinbock.	**900–2000 m** In diesen Höhenlagen finden die Bäume die nötigen Temperatur- und Niederschlagsbedingungen.	**0–900 m** Robusta-Bäume benötigen kein kühles Klima, können also in viel geringeren Höhen wachsen.
Niederschlagsprofil Der Regen treibt die Bäume zur Blüte an, aber zu viel oder zu wenig schädigt Blüten und Kirschen.	**1500–2500 mm** Durch ihr tiefes Wurzelsystem gedeihen Arabica-Bäumen auch bei trockener oberer Bodenschicht.	**2000–3000 mm** Robusta-Bäume mit ihrem flachen Wurzelsystem brauchen häufige und ergiebige Niederschläge.
Blüteperiode Beide Arten benötigen Regen, um zu blühen, ihre Blütezeiten sind aber klimabedingt nicht parallel.	**Nach Regen** Die Blüte der Arabica-Bäume ist vorhersehbar, denn sie wachsen in Regionen mit definierten Regenzeiten.	**Unregelmäßig** Robusta-Bäume wachsen häufig in unbeständigem, feuchtem Klima, weshalb ihre Blüte unregelmäßig ist.
Von der Blüte zur Fruchtreife Diese Zeit ist bei den beiden Arten unterschiedlich lang.	**9 Monate** Die Arabica-Kirschen reifen schneller, wodurch die Phase für Rückschnitt und Düngung länger ist.	**10–11 Monate** Die Robusta-Kirschen reifen über eine längere Zeit heran. Die Ernte ist daher weniger intensiv.
Ölgehalt der Bohnen Der Ölgehalt bestimmt auch über die Aromaintensität und damit über die Qualität.	**15–17 %** Der hohe Ölgehalt sorgt für eine glatte, geschmeidige Textur.	**10–12 %** Der niedrige Ölgehalt sorgt bei Robusta-Espresso-Blends für eine dicke, stabile Crema.
Zuckergehalt der Bohnen Der Zuckergehalt ändert sich durch die Röstung und beeinflusst auch Säure und Textur.	**6–9 %**	**3–7 %** Robusta ist weniger süß und kann »hart« und bitter schmecken, mit starkem, langem Nachgeschmack.
Koffeingehalt der Bohnen Koffein ist ein natürliches Pestizid. Je höher der Koffeingehalt, desto robuster ist der Kaffeebaum.	**0,8–1,4 %**	**1,7–4 %** Der hohe Koffeingehalt macht Robusta-Bäume gegen viele Krankheiten, Pilze und Schädlinge resistent.

Robusta-Bohnen

Arabica-Bohnen

AUFBEREITUNG

Um zu Kaffeebohnen zu werden, müssen die Kirschen aufbereitet werden. Dafür gibt es verschiedene Methoden. Die wichtigsten sind die trockene (engl. »natural«), die nasse (»washed«) und die halbtrockene (»pulped natural«) Aufbereitung.

Vollreif erreichen die Kaffeekirschen ihre größte Süße und sollten zum Erhalt der Qualität innerhalb weniger Stunden nach der Ernte aufbereitet werden. Die Aufbereitung ist entscheidend, denn bei Fehlern kann sie auch die besten Kaffeekirschen ruinieren.

Es gibt viele Möglichkeiten und Methoden der Aufbereitung. Manche Erzeuger führen sie selbst durch – wer eigene Aufbereitungsanlagen hat, hat die volle Kontrolle über seinen Kaffee bis zum Export. Andere Erzeuger verkaufen ihre Kirschen an zentralisierte Aufbereitungsstationen.

DIE VORBEREITUNGSPHASE

Die Aufbereitungsprozesse unterscheiden sich. Aber beide bereiten die Kirschen für die Weiterverarbeitung vor (s. S. 22–23).

① Die Kaffeekirschen werden in Wassertanks gefüllt. Bei hochwertigen Kaffees werden nur reife Früchte eingefüllt, häufig wird aber nicht vorsortiert, sodass reife und unreife gemischt sind.

② Die Kirschen durchlaufen Maschinen, in denen die äußere Schicht der Früchte entfernt wird (s. S. 16). Dabei bleibt das Fruchtfleisch intakt. Die Schalen werden fermentiert und dienen bei der Anzucht als Dünger.

③ Die mit Fruchtfleisch umhüllten Bohnen werden nach Gewicht sortiert und in Tanks gefüllt.

NASSE AUFBEREITUNG

Kaffeekirschen
Frische Kaffeekirschen durchlaufen entweder einen intensiven Waschprozess (oben) oder werden abgewaschen und getrocknet (unten).

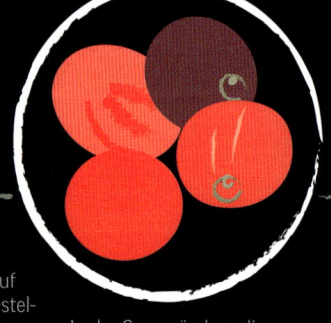

TROCKENE AUFBEREITUNG

② Die ganzen Kaffeekirschen werden kurz gewaschen oder schwimmen in Wasser. Dadurch werden Verunreinigungen entfernt.

 Die Kirschen werden auf Trockenböden oder -gestellen ausgebracht und etwa zwei Wochen in der Sonne getrocknet.

In der Sonne ändern die Kirschen ihre Farbe und schrumpfen.

(4) Die süßen, mit Fruchtfleisch umhüllten Bohnen werden im Freien auf Trockenböden und -gestellen in einer 2,5 bis 5 cm hohen Schicht ausgebracht. Regelmäßig gewendet, trocknen sie gleichmäßig.

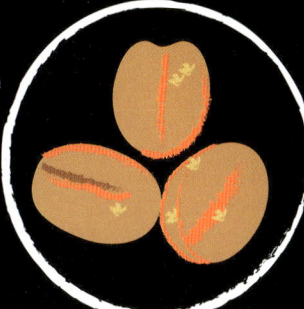

Das süße, klebrige Fruchtfleisch umhüllt die nassen Bohnen auch noch nach einigen Tagen.

(5) Die Kaffeebohnen trocknen je nach Klima 7 bis 12 Tage lang. Eine zu schnelle Trocknung verursacht Schäden, verringert die Haltbarkeit und das Aroma wird beeinträchtigt. Mancherorts werden sie auch in »Guardiolas« maschinell getrocknet.

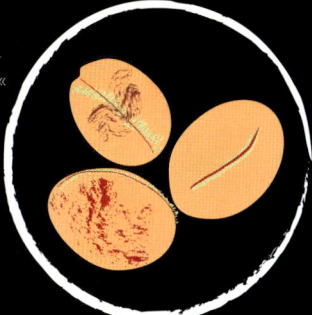

Der vollständig getrocknete Pergamentkaffee ist leicht rötlich oder braun gefleckt.

(4) In diesen Tanks weichen die Bohnen ein und fermentieren zwischen 12 und 72 Stunden, bis sich das zersetzte Fruchtfleisch löst. Für höhere Qualität und besseres Aussehen gibt es manchmal zwei Einweichphasen.

(5) Sobald das Fruchtfleisch völlig entfernt ist, werden die Bohnen in der Pergamenthaut auf Betonflächen oder Trockengestellen vier bis zehn Tage lang getrocknet.

(6) Die Bohnen in Pergamenthaut werden von Hand verlesen und gewendet. Beschädigte Bohnen werden dabei aussortiert.

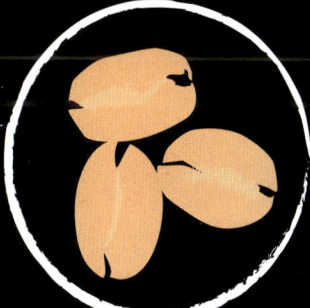

Sobald die Bohnen trocken sind, ist der Pergamentkaffee einheitlich, sauber und hellbeige.

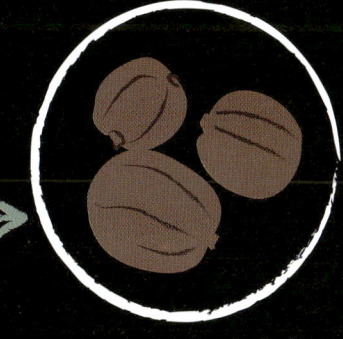

Nach dem Trocknen in der Sonne schrumpfen die Kirschen weiter und werden braun.

GENERELL BLEIBEN DIE NATÜRLICHEN AROMEN DER KAFFEE-KIRSCHEN BEI DER NASSEN AUFBEREITUNG BESSER ERHALTEN.

DIE WEITERVERARBEITUNG →

DIE WEITERVERARBEITUNG

Die trocken oder nass aufbereiteten Kaffeebohnen ruhen bis zu zwei Monate, bevor sie zur Weiterverarbeitung in eine »Trocken-Beneficio« genannte Mühle kommen.

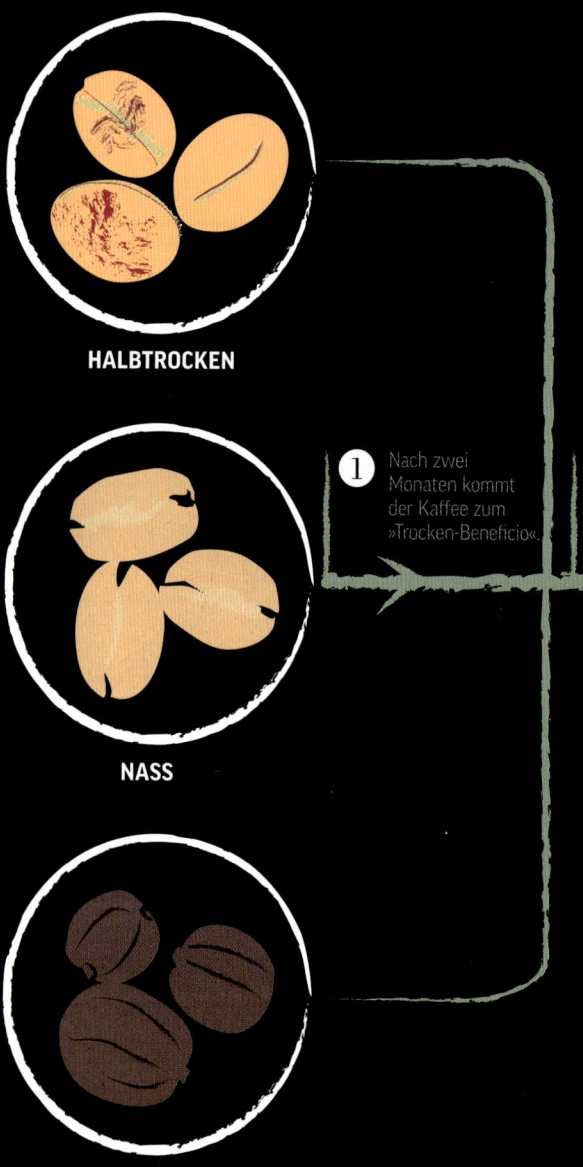

HALBTROCKEN

NASS

TROCKEN

DIE BOHNEN WERDEN VON DEN PRODUZENTEN IN VERSCHIEDENE QUALI-TÄTSSTUFEN SORTIERT.

1. Nach zwei Monaten kommt der Kaffee zum »Trocken-Beneficio«.

2. Die Anlage entfernt getrocknetes Fruchtfleisch, Pergamenthaut und Silberhäutchen; übrig bleiben die grünen Rohbohnen.

3. Die Kaffeebohnen werden auf Tischen oder Förderbändern von Hand in verschiedene Qualitätsstufen sortiert.

BEI KAFFEE FINDET ALLES EINEN KÄUFER – VON DEN BILLIGSTEN KEHRRESTEN BIS ZU DEM EINEN PROZENT SPITZENQUALITÄT.

SOBALD EIN CONTAINER MIT KAFFEE AUF EIN SCHIFF VERLADEN IST, BENÖTIGT DER KAFFEE ZWISCHEN ZWEI UND VIER WOCHEN, UM SEIN ZIEL ZU ERREICHEN.

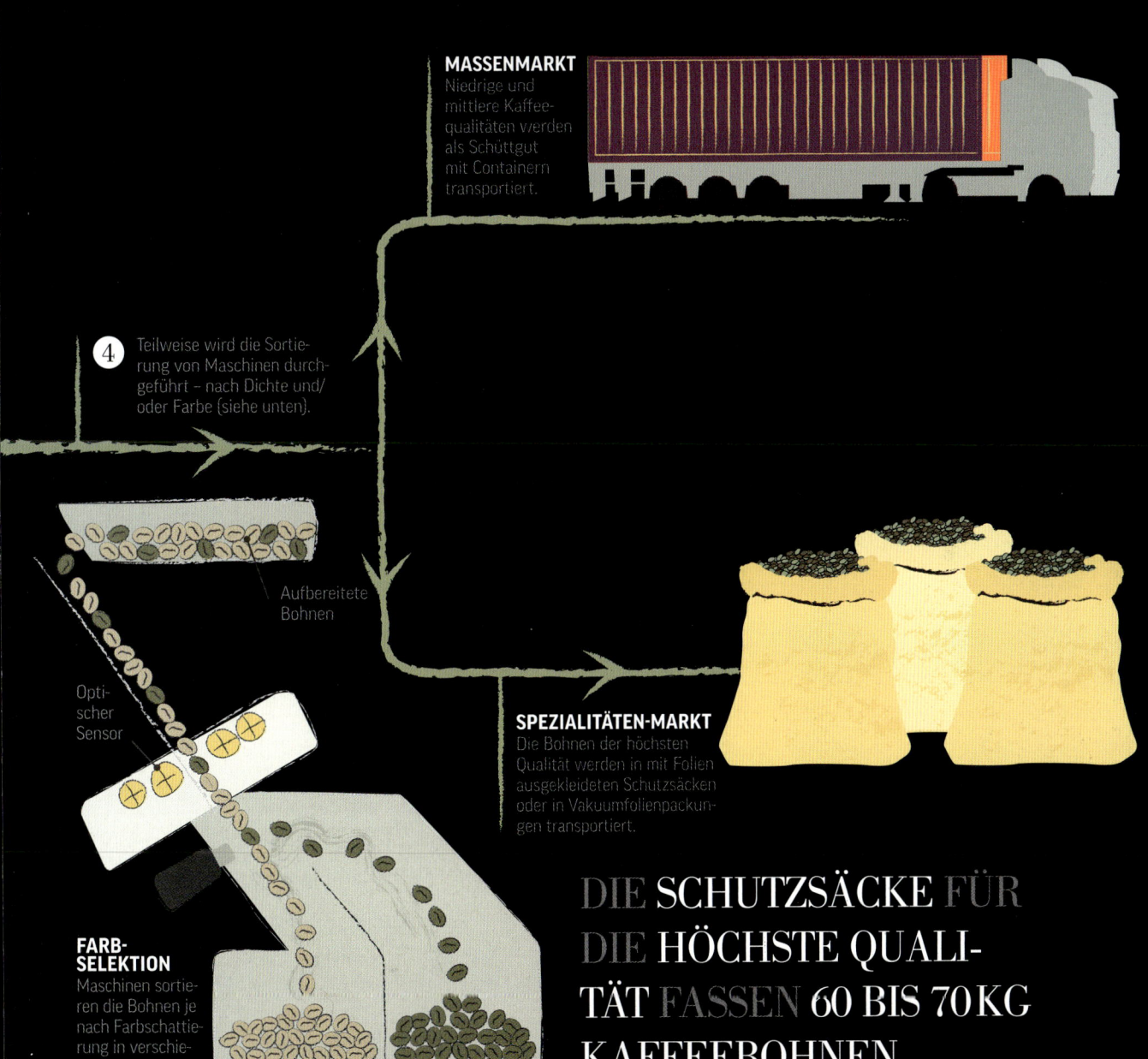

MASSENMARKT
Niedrige und mittlere Kaffee-qualitäten werden als Schüttgut mit Containern transportiert.

4 Teilweise wird die Sortierung von Maschinen durchgeführt – nach Dichte und/oder Farbe (siehe unten).

Aufbereitete Bohnen

Optischer Sensor

SPEZIALITÄTEN-MARKT
Die Bohnen der höchsten Qualität werden in mit Folien ausgekleideten Schutzsäcken oder in Vakuumfolienpackungen transportiert.

FARB-SELEKTION
Maschinen sortieren die Bohnen je nach Farbschattierung in verschiedene Gruppen.

DIE SCHUTZSÄCKE FÜR DIE HÖCHSTE QUALITÄT FASSEN 60 BIS 70 KG KAFFEEBOHNEN.

VERKOSTEN

Wein zu verkosten ist üblich; bei Kaffee kommt man selten auf diese Idee. Eine Kaffeeverkostung, auch »Cupping« genannt, eröffnet jedoch eine ganz unerwartete Aromenwelt und lässt verschiedene Kaffee-Charakteristika erkennen.

Die Verantwortlichen der Kaffeeindustrie überprüfen die Qualität der Kaffeebohnen anhand von Verkostungen – ob bei Kleinstlieferungen von nur wenigen Säcken oder bei mehrere Container großen Schüttgutmengen. Die Beurteilung des Kaffees erfolgt auf einer Skala von 0 bis 100.

Diese Praxis findet in der gesamten Kaffeeindustrie Anwendung, vom Exporteur bis hin zum Barista. Firmen beschäftigen professionelle Verkoster, die die besten Kaffees der Welt beurteilen und selektieren. Sie treten sogar auf nationaler wie internationaler Ebene bei Wettkämpfen gegeneinander an. Immer häufiger wird der Kaffee bereits beim Produzenten und in den Mühlen verkostet.

Als Kaffeegenießer können Sie Kaffee aber auch einfach selbst verkosten. Schließlich müssen Sie kein Experte sein, um zu wissen, was Ihnen schmeckt und was nicht. Es bedarf etwas Übung, sich das nötige Vokabular zur Beschreibung von Geschmacksnoten anzueignen, aber beim Verkosten verschiedener Kaffees aus aller Welt werden Sie schnell Geschmacksrichtungen erkennen. Und mit der Zeit werden Sie immer weitere Unterteilungen erschmecken.

DAS BRAUCHEN SIE

Kaffeebohnen

Hitzebeständige Tassen, Gläser oder Schalen mit einem 250-ml-Fassungsvermögen
Alternativ können Sie die Flüssigkeitsmenge auch mit einer Waage oder einem Messbecher abmessen.

Kaffeemühle

Digitale Küchenwaage

WIE MAN VERKOSTET

Sie können den Geschmack einer einzelnen Tasse Kaffee oder mehrere Kaffees nebeneinander verkosten. Frisch gemahlener Kaffee eignet sich am besten (s. S. 36–39), er schmeckt deutlich aromatischer.

1 12 g Kaffeebohnen in die erste Tasse (oder ein Glas) geben. Jede Portion mittelfein mahlen und das Mehl in die Tasse zurückgeben (siehe Tipp).

2 Weitere Bohnen mahlen, aber die Mühle zwischendurch durch Mahlen eines Esslöffels der jeweils nächsten Bohnensorte »säubern« und dann die eigentliche Testportion mahlen.

3 Sobald aller Kaffee gemahlen ist, an den einzelnen Tassen riechen und die einzelnen Aromen notieren.

TIPP
Mahlen Sie jede Portion einzeln, auch wenn Sie zu mehreren Personen den gleichen Kaffee verkosten. Auf diese Weise kann eine verdorbene Bohne nur eine Portion verunreinigen und nicht gleich alle Proben.

4 Wasser aufkochen und auf 90 bis 94 °C abkühlen lassen. Das Kaffeemehl mit Wasser übergießen und komplett durchfeuchten, dann die Tasse bis zum Rand auffüllen oder die Wassermenge für das korrekte Verhältnis zum Kaffeemehl mit einem Messbecher abmessen.

5 Den Kaffee vier Minuten ziehen lassen. Währenddessen das Aroma des »Deckels« – der aufschwimmenden Kaffeemehlschicht – bewerten. Dabei die Tassen nicht anheben oder bewegen. Manche Aromen werden im Vergleich stärker, schwächer, besser oder schlechter riechen als andere.

6 Nach vier Minuten die Oberfläche des Kaffees sanft drei Mal umrühren, um den Deckel aufzubrechen und den Satz absinken zu lassen. Den Löffel zwischen den einzelnen Tassen mit heißem Wasser abspülen, damit er keinen Geschmack überträgt. Beim Aufbrechen des Deckels die Nase über die Tasse halten, um die Aromen aufzufangen und zu prüfen, ob sich die in Schritt 5 erkannten Eigenschaften positiv oder negativ verändert haben.

7 Sobald der Deckel aufgebrochen ist, den Schaum und schwimmende Partikel mit zwei Löffeln entfernen und die Löffel gründlich mit heißem Wasser abspülen.

8 Wenn der Kaffee weit genug abgekühlt ist, den Löffel eintauchen und den Kaffee mit etwas Luft vom Löffel schlürfen. Dadurch erreichen die Aromen die Riechnerven und die Flüssigkeit durchspült den Mund. Neben den Aromen auch auf die taktilen Eigenarten des Kaffees achten. Wie fühlt er sich im Mund an: Wirkt er dünn, ölig, weich, rau, elegant, trocken oder cremig? Wie schmeckt er? Erinnert er an einen bekannten Geschmack? Lassen sich Noten von Nüssen, Beeren oder Gewürzen identifizieren?

9 Die Kaffees über Kreuz vergleichen und immer wieder verkosten, während sie abkühlen und sich verändern. Dabei alle Empfindungen und Gedanken notieren.

Wasser kühlt schneller ab, als man denkt. Achten Sie beim Aufgießen auf die richtige Temperatur.

Der Deckel sollte nicht vor dem Umrühren zusammenfallen, das deutet auf zu kaltes Wasser oder eine zu helle Röstung hin.

Sobald der Deckel aufgebrochen ist, die Rückstände mit zwei Löffeln vom Kaffee abschöpfen.

WIE FÜHLT SICH DER KAFFEE IM MUND AN: WIRKT ER GESCHMEIDIG, SIRUPARTIG, ZART, GROBKÖRNIG? WIE UNTERSCHEIDET ER SICH IM NACHGESCHMACK VON ANDEREN?

GESCHMACKS-BEWERTUNG

Kaffee besitzt eine unglaubliche Vielfalt an Aromen und Noten. Wenn Sie diese erkennen, werden Sie Ihren Kaffee voll genießen.

Es ist nicht schwer, seinen Gaumen durch Übung zu schulen. Je mehr Sie verkosten (s. S. 24–25), desto leichter können Sie Kaffees vergleichen. Die vier Aromaräder sollen Ihnen dabei helfen. Legen Sie sie als Hilfsmittel bereit, wenn Sie Geschmacksnoten, Texturen, Säuregrade und Abgänge vergleichen.

SO NUTZT MAN DIE RÄDER

Zunächst identifizieren Sie mithilfe des Aromarads die Schlüsselaromen und kreisen bestimmte Geschmacksprofile ein. Dann ziehen Sie die kleinen Räder heran, um Ihre Empfindungen im Mund zu analysieren.

1 **Eine Tasse Kaffee aufgießen** Am Kaffee riechen und den Geruch mithilfe des großen Aromarads analysieren: Gibt es Noten von Nüssen? Wenn ja, erinnern sie eher an Haselnuss, Erdnuss oder Mandel?

2 **Einen Schluck nehmen** Das große Aromarad konsultieren: Gibt es fruchtige Noten oder Spuren von Gewürzen? Was fehlt, was ist vorhanden? Zunächst grobe Gruppen, wie etwa Obst, identifizieren, dann ins Detail gehen: Schmeckt es eher nach Steinobst oder nach Zitrusfrüchten? Wenn Zitrus, ist es eher Zitrone oder Grapefruit?

BLUMIG

Jasmin
Rose
Flieder
Hibiskus
Lavendel
Geißblatt
Orangenblüte
Holunder

Zitrusfrüchte

Zitrone
Limette
Orange
Grapefruit

Gartenobst

Apfel
Birne
Feige
Pflaume
Traube

Steinobst

Aprikose
Pfirsich
Kirsche
Litschi

FRUCHTIG

Tropenfrüchte

Mango
Passionsfrucht
Ananas
Banane
Melone
Kokosnuss

Trockenobst

Rosine
Dattel
Pflaume

Beerenobst

Schw. Johannisbeere
Brombeere
Heidelbeere
Erbeere
Himbeere
Stachelbeere

KRAUTIG

Salbei
Minze
Teebaum
Kiefer
Bergamotte

NUSSIG

Walnuss
Mandel
Pekannuss
Haselnuss

Aromarad Das große Rad hilft, die Aromen in der Kaffeeprobe einzugrenzen und zu analysieren.

Säure

AGGRESSIV
SÜSSLICH
SAUER
ADSTRINGIEREND
TROCKEN
SCHARF
FLACH
WEINARTIG
INTENSIV
KOMPLEX
HERB
STRAHLEND
KNACKIG
AUSGEWOGEN
WEICH
MILD

3 Einen weiteren Schluck nehmen Angenehme Säure gibt Frische. Sind die Noten herb, scharf, süßlich oder mild?

Textur

GROBKÖRNIG
HOHL
WÄSSRIG
MUNDFÜLLEND
DICK
VERFÜHRERISCH
SIRUPARTIG
SÄMIG
STRUKTURIERT
GESCHMEIDIG
ELEGANT
FEIN

4 Textur bewerten Kaffee kann leicht oder schwer sein. Fühlt er sich im Mund sämig und dick an oder fein und erfrischend?

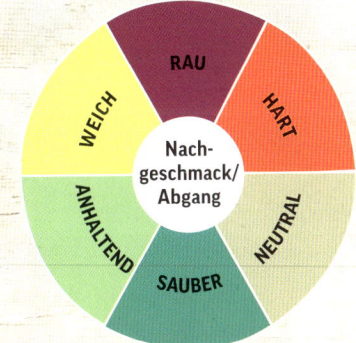

Nach-geschmack/Abgang

RAU
HART
NEUTRAL
SAUBER
ANHALTEND
WEICH

5 Herunterschlucken Bleibt der Geschmack oder verschwindet er? Ist der Nachgeschmack eher neutral, weich, anhaltend oder rau?

KAFFEE-KNOW-HOW

QUALITÄTSMERKMALE

Kaffeehändler verwenden eine ganz eigene Sprache auf der Verpackung ihrer Kaffees, die nicht nur verwirrend und widersprüchlich, sondern regelrecht irreführend sein kann. Hier sind ein paar Tipps, wie man sie entschlüsselt.

BOHNEN ERKENNEN

Auf so mancher Kaffeepackung wird der Inhalt nur mit »Arabica« oder »Robusta« angegeben. Das ist in etwa so, als erführe man nur, ob ein Wein rot oder weiß ist – man bekommt nicht die Information, die man für eine bewusste Kaufentscheidung braucht. Zwar gilt Arabica-Kaffee weithin als hochwertiger, aber der Aufdruck »100 % Arabica« reicht als Qualitätsmerkmal nicht aus. Es gibt hervorragende Robustas, die jedoch nicht ganz einfach zu finden sind, weshalb man mit Arabica meist auf der sicheren Seite ist. Aber es gibt auch eine Menge schlechter Arabicas. Worauf sollte der qualitätsbewusste Käufer also achten?

Hochwertige Kaffeebohnen werden meist in aller Ausführlichkeit mit Angaben zu Region, Sorte, Aufbereitungsmethode und Geschmack beschrieben (s. S. 33). Da die Verbraucher heute immer mehr über Kaffee wissen, sind die Röster bemüht, das Kundenvertrauen mit Offenheit und Nachverfolgbarkeit zu gewinnen.

BLENDS VS. SORTENREIN

Kaffees aller Qualitätsstufen kommen als »Blends« oder »sortenrein« in den Handel. Ein Blend ist eine Mischung unterschiedlicher Kaffees, die ein bestimmtes Geschmacksprofil garantiert, während sortenreiner Kaffee aus einem bestimmten Land oder sogar von einer einzigen Farm stammt.

BLENDS

Blends, also Bohnenmischungen, sind beliebt, weil sie von Packung zu Packung ein konsistentes Geschmacksprofil bieten. Auf dem Massenmarkt sind Zutaten und Mischungsverhältnisse ein sorgsam gehütetes Geschäftsgeheimnis und das Etikett bietet keinerlei Informationen zu den Bohnen und ihrer Herkunft. Im Gegensatz dazu nennen Spezialitätenröster selbstbewusst jede Zutat ihrer Mischungen und erläutern die Eigenarten der einzelnen Bohnen und wie die Aromen sich gegenseitig ergänzen und ausbalancieren (s. S. 31).

SORTENREINE KAFFEES

Als sortenrein oder »Single Origin« kann Kaffee bezeichnet werden, der aus einem bestimmten Land stammt. Das ist allerdings immer noch sehr unscharf, da es sich dabei trotzdem um eine Mischung von Anbauregionen und Farmen sowie Sorten und Aufbereitungsmethoden handeln kann. »100 % Brasilien« bedeutet nicht, dass der Kaffee auch zu 100 % aus hochwertigen Bohnen besteht. Außerdem erhält man damit keinen Hinweis auf den Geschmack, der von Region zu Region sehr unterschiedlich sein kann.

EIN »BLEND« IST EINE BOHNENMISCHUNG AUS ALLER WELT. EIN »SORTENREINER« KAFFEE STAMMT AUS EINEM LAND, VON EINER KOOPERATIVE ODER EINER FARM.

Wenn Spezialitätenhändler auf ihren Etiketten von »sortenrein« oder »Single Origin« sprechen, meinen sie das in der Regel sehr viel spezieller: Dieser Kaffee stammt von einer einzelnen Farm, Kooperative, einer Erzeugergruppe oder einem Einzelerzeuger. Diese sortenreinen Kaffees werden oft für eine begrenzte Zeit als limitierte Auflagen oder saisonale Angebote verkauft, solange der Vorrat reicht und der Kaffee am besten schmeckt.

SENSIBLER UMGANG

Wenn Kaffeebohnen – sei es als Blend oder sortenrein – kundig angebaut und professionell aufbereitet, mit Sorgfalt transportiert und unter Berücksichtigung der Eigenarten der Bohne geröstet wurden, können feinste Nuancen des Kaffees hervorgebracht werden. Diesem Umgang haben sich die Spezialitätenhändler verschrieben und bieten ihren Kunden Kaffee auf höchstem Niveau.

BEISPIEL-BLEND

Die Röster erzielen mit Blends ganz unterschiedliche Aromen. Sie geben an, wo die Bohnen herstammen und welche Eigenschaften sie zur Mischung beitragen, wie dieses Beispiel eines Spitzen-Blends zeigt.

20 % KENIA AA SL 28 (NASS)
STRAHLENDE SÄURE
SCHWARZE JOHANNIS-BEERE • KIRSCHE

DER BLEND
EIN KOMPLEXER MIX AUS FRÜCHTEN, NUSS UND SCHOKOLADE MIT SÜSSEM ABGANG UND SIRUP-ARTIGER TEXTUR

30 % NICARAGUA CATURRA (NASS)
SÜSS
KARAMELL
GERÖSTETE HASELNUSS
MILCHSCHOKOLADE

50 % EL SALVADOR BOURBON (HALBTROCKEN)
AUSGEWOGEN
PFLAUME
APFEL
TOFFEE

EINKAUF UND LAGERUNG

Heute ist es für Verbraucher so leicht wie nie zuvor, an guten Kaffee zu kommen, selbst wenn man kein Spezialitätengeschäft in der Nähe hat. Viele Röster haben Online-Shops und bieten neben ihren Bohnen auch Equipment und Beratung an.

DER EINKAUF

WO KAUFEN?

Im Supermarkt wird Kaffee nur selten als das Frischeprodukt behandelt, das er eigentlich ist. Besser ist es, frische Bohnen im Kaffeegeschäft oder beim spezialisierten Kaffeehändler im Internet zu kaufen. Allerdings kann man angesichts des Angebots und der oft exotischen Beschreibungen schnell den Überblick verlieren. Es lohnt sich immer, sorgfältig zu recherchieren, bevor man kauft. Achten Sie auf ein paar wichtige Punkte bei Beschreibung und Verpackung und experimentieren und vergleichen Sie, bis Sie einen vertrauenswürdigen Händler gefunden haben.

DOSEN
Wenn Sie lose Bohnen kaufen, erkundigen Sie sich nach dem Röstdatum. Kaffee hält sich am besten in fest schließenden Behältern. Wenn er zu viel Luftkontakt bekommt, verliert er bereits nach wenigen Tagen an Frische.

WAAGE
Kleine Mengen bleiben frischer. Kaufen Sie nach Möglichkeit nicht mehr Bohnen, als Sie innerhalb weniger Tage oder einer Woche verbrauchen können. Viele Händler bieten 100-g-Portionen an.

WAS STEHT AUF DER PACKUNG?

Kaffee wird sehr häufig in attraktiven Verpackungen verkauft, die aber nur wenig Informationen über ihren Inhalt preisgeben. Je mehr relevante Angaben Sie finden, desto größer ist die Wahrscheinlichkeit, dass es sich um ein Qualitätsprodukt handelt.

Aromaventil Frischer Kaffee gast CO_2 aus, das während der Röstung entsteht. Ohne Schutzverpackung entweicht das CO_2, Sauerstoff dringt ein und die Aromen leiden. Das Einweg-Ventil im Beutel sorgt dafür, dass der Kaffee versiegelt ist, sodass das CO_2 ausgasen kann, ohne dass Sauerstoff eindringt.

Datum Neben dem Mindesthaltbarkeitsdatum sollten auch Röst- und Verpackungsdatum angegeben sein. Die meisten Massenproduzenten machen keine Angaben zu Röstung und Verpackung, sondern beschränken sich auf die gesetzlich vorgeschriebene Angabe zur Mindesthaltbarkeit. Sie handeln damit weder im Interesse der Kaffee-Erzeuger noch des Verbrauchers.

Herkunft Das Etikett sollte Auskunft über Art und Sorte des Kaffees geben, wie er angebaut wurde und ob es sich um einen Blend oder einen sortenreinen Kaffee handelt.

Röstgrad Die Angabe des Röstgrads macht zwar Sinn, aber es gibt hierfür kein standardisiertes Vokabular. »Mittlere Röstung« kann, je nachdem, wen man fragt, sehr viele unterschiedliche Brauntöne umfassen. »Filterröstung« beschreibt meist eine hellere, »Espressoröstung« in der Regel eine dunklere Version. Aber es gibt auch Bohnen für Filterkaffee, die dunkler sind als die Espressoröstung eines anderen Rösters. Ein guter Händler wird Sie bei der Auswahl beraten.

FINCA LA SAETA DE CORAZON
PITALITO, HUILA, COLOMBIA
Margarita Maria Salazar Huertas

07-09-14

100 % CATURRA
HALBSCHATTENANBAU

HELLE-MITTLERE RÖSTUNG
FÜR FILTERKAFFEE GEEIGNET

Der **gewaschene** Kaffee mit seinem köstlichen Aroma stammt von der auf 1700 m über dem Meeresspiegel gelegenen Hazienda von Margarita Salazar vor den Toren von Pitalito. In der Tasse besticht er mit der **frischen Säure von Zitronengras**, Hagebutte, grünem Apfel und Honignoten sowie einer **zart-cremigen Textur.**

NAME DER RÖSTEREI

Nachverfolgbarkeit Im Idealfall findet man auf der Verpackung den Namen der Kaffeefarm oder einer Produzentengruppe sowie den Namen des Erzeugers bzw. Geschäftsführers. Je genauer diese Angaben sind, desto größer ist die Chance, dass Sie ein Qualitätsprodukt kaufen, das zu einem fairen Preis gehandelt und auf seinem Weg vom Erzeuger zum Händler sorgfältig behandelt wurde.

Geschmacksprofil Hier sollte stehen, wie der Kaffee aufbereitet und verarbeitet wurde und wie er schmecken sollte. Auch Angaben zur Anbauhöhe oder das Vorhandensein von Schatten sind Qualitätsmerkmale.

DER PREISUNTERSCHIED ZWISCHEN BILLIG-KAFFEE UND FAIR GEHANDELTEN BOHNEN IST WESENTLICH GERINGER, ALS MAN DENKT.

VERPACKUNG

Die schlimmsten Feinde des Kaffees sind Sauerstoff, Wärme, Licht, Feuchtigkeit und starke Gerüche. Kaufen Sie Kaffee aus offenen Behältern nur, wenn diese sauber sind, einen Deckel oder ein Schutzglas haben und wenn ein Röstdatum angegeben ist. Andernfalls beginnt schon hier der Qualitätsverfall. Kaufen Sie Kaffee am besten in licht- und luftdichten Verpackungen mit Aromaventil, das das Kohlendioxid aus dem Beutel entweichen lässt, ohne dass Sauerstoff eindringen kann. Packpapier bietet nur minimalen Schutz und ist nicht besser als offene Schütten im Geschäft. Meiden Sie nach Möglichkeit vakuumverpackten Kaffee, da dieser komplett ausgegast ist und schon vor dem Verpacken abgestanden schmeckt. Kaufen Sie Ihren Kaffee so frisch wie möglich, da die gerösteten Bohnen bereits nach einer Woche an Aroma einbüßen.

IST TEUER IMMER BESSER?

Billiger Kaffee kann niemals hochwertig sein und wurde im Zweifelsfall zu einem Preis eingekauft, der die Herstellungskosten nicht deckt. Misstrauen ist aber auch angesagt, wenn ein hoher Preis ein Marketing-Trick ist, wie bei teurem, aber häufig unechtem »Katzenkaffee« oder exotischen Inselkaffees, bei denen man für den Markennamen bezahlt und nicht etwa für einen überragenden Geschmack. Der Preisunterschied zwischen Billig-Kaffee und hochwertigen Bohnen ist oft nur gering und eine gute Tasse Kaffee ist immer noch eines der preiswertesten Luxusgüter, die es gibt.

TIPP

Immer häufiger verkaufen qualitätsbewusste Cafés neben Kaffee auch Kaffeebereiter für Einzelportionen, wie den AeroPress. Lassen Sie sich beim Einkauf und bezüglich der Anwendung vom Barista beraten.

LAGERUNG

Wenn Sie wirklich frischen Kaffee in Ihren eigenen vier Wänden genießen wollen, führt kein Weg an ganzen Bohnen und einer Kaffeemühle vorbei. Vorgemahlener Kaffee wird binnen Stunden muffig, aber ganze Bohnen halten sich, richtig verpackt, mehrere Tage oder sogar länger frisch. Kaufen Sie nicht mehr, als Sie in einer Woche verbrauchen können. Kaufen Sie ganze Bohnen, investieren Sie in eine elektrische Kaffeemühle (s. S. 36–37) und mahlen Sie jede Portion frisch.

SO GEHT'S

Lagern Sie Kaffeebohnen in einem luftdicht schließenden Behälter an einem trockenen und dunklen Ort. Nutzen Sie entweder die Verkaufsverpackung (sofern geeignet) oder eine Dose.

SO GEHT'S NICHT

Bewahren Sie Kaffee nicht im Kühlschrank auf. Wenn Sie die Bohnen länger lagern wollen, frieren Sie sie lieber ein und tauen Sie sie portionsweise auf. Frieren Sie einmal aufgetaute Bohnen nicht wieder ein.

FRISCHER KAFFEE

Frischer, gut gerösteter Kaffee sollte intensiv und süß aromatisch duften und darf nicht scharf, säuerlich oder metallisch schmecken. Austretendes CO_2 ist ein sicheres Anzeichen von Frische. Hier sind zwei Tassen Kaffee im Vergleich zu sehen, die beide nach der Verkostungsmethode (s. S. 24–25) aufgebrüht wurden.

Frischer Kaffee Wenn das Wasser mit dem CO_2 des frischen Kaffees reagiert, entsteht eine Schaumkrone, die nach einer oder zwei Minuten sanft in sich zusammenfällt.

Abgestandener Kaffee Dieser Kaffee enthält kaum noch CO_2, deshalb ist die Schaumkrone dünn und dunkel. Vermutlich war das Kaffeemehl auch zu trocken und wurde schlecht durchfeuchtet.

MAHLEN

Viele Menschen investieren in teure Kaffeemaschinen und Zubehör, übersehen aber, das einer der einfachsten Wege zu einem leckeren Kaffee mit genau der richtigen Konsistenz darin besteht, frische Bohnen in einer guten Mühle zu mahlen.

DIE RICHTIGE MÜHLE

Es gibt Unterschiede zwischen Mühlen für Espresso und solchen für Filterkaffee. Achten Sie beim Kauf darauf, dass Sie die richtige Mühle für Ihren bevorzugten Kaffee erwerben (siehe gegenüber und S. 38–39). Es gibt aber auch einige wichtige Gemeinsamkeiten.

Am häufigsten findet man Mühlen mit rotierenden Messern (Schlagmühlen), die so lange laufen, wie man den Ein-/Ausschalter gedrückt hält. Selbst wenn ein Timer eingebaut ist, wird es mit diesen Modellen schwer, jedes Mal das gleiche Ergebnis zu erzielen, vor allem, wenn man unterschiedliche Kaffeemengen mahlt. Dazu kommt, dass sich bei mit einem Schlagwerk gemahlenem Mehl ein grober Bodensatz in der Tasse sammelt, vor allem wenn man den Kaffee mit einer Cafetière aufbrüht. Dafür sind diese Mühlen meist recht erschwinglich.

Wenn Sie eine bessere Lösung suchen, investieren Sie in eine Mühle mit einem Kegel- oder Scheibenmahlwerk (siehe unten), das die Bohnen zu einem gleichförmigen Mehl zermahlt und so eine gleichmäßigere Extraktion erlaubt. Es gibt Modelle mit festen wählbaren Mahlstufen und solche mit einer stufenlosen Einstellung des Mahlgrads, die eine sehr feine Regulierung der Korngröße ermöglichen.

Mühlen mit einem guten Mahlwerk müssen nicht teuer sein, das gilt besonders für handbetriebene Modelle. Wenn Sie aber täglich größere Mengen mahlen wollen und bereit sind, etwas mehr Geld auszugeben, greifen Sie zu einer elektrischen Mühle mit Timerfunktion, die die genaue Dosierung erleichtert. Generell gilt: Je gröber man mahlt, desto schneller ist z. B. eine 30-g-Portion Bohnen gemahlen, je feiner der Mahlgrad, desto länger braucht die Mühle.

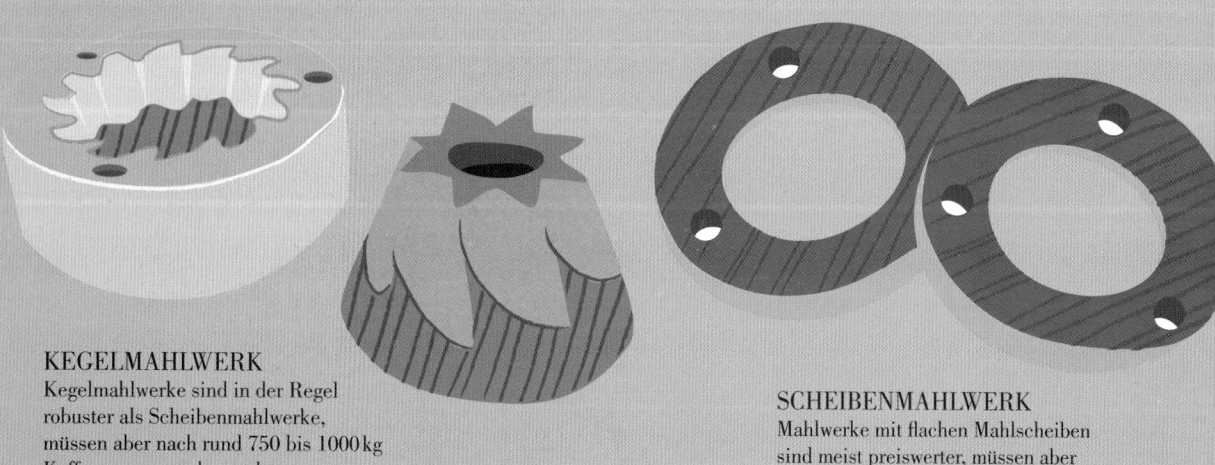

KEGELMAHLWERK
Kegelmahlwerke sind in der Regel robuster als Scheibenmahlwerke, müssen aber nach rund 750 bis 1000 kg Kaffee ausgetauscht werden.

SCHEIBENMAHLWERK
Mahlwerke mit flachen Mahlscheiben sind meist preiswerter, müssen aber bereits nach 250 bis 600 kg Kaffee ausgetauscht werden.

FILTERKAFFEEMÜHLEN

Filterkaffeemühlen sind preiswerter als Espressomühlen. Der Mahlgrad ist meist einstellbar, aber für Espresso nicht fein genug. Außerdem verfügen nur wenige Modelle über eine Dosierfunktion.

Aus den erläuterten Gründen sollten Sie Mühlen mit Messerwerken, die den Kaffee klein hacken, meiden. Sie sind schwer zu steuern und erzeugen häufig gleichzeitig einen feinen Staub, der zu stark extrahiert, und grobe Partikel, die kaum extrahieren. Dadurch entsteht selbst mit guten Bohnen und der richtigen Brühtechnik ein unausgewogener Geschmack.

Bohnenbehälter
Achten Sie beim Kauf darauf, dass der Bohnenbehälter groß genug für die gewünschte Kaffeebohnenmenge ist.

Timerrad
Manche Mühlen besitzen eine Timerfunktion, die den Motor automatisch abstellt.

Mahlgradeinstellung
Achten Sie darauf, dass Sie den Mahlgrad einfach und ohne Demontage einstellen können.

Kaffeefach
Bewahren Sie keinen gemahlenen Kaffee im Kaffeefach auf, sondern mahlen Sie ihn immer frisch.

FILTERKAFFEEMÜHLE
Elektrische Filterkaffeemühlen sind praktisch und leicht zu bedienen, sollten aber regelmäßig mit speziellen Reinigungsmitteln gesäubert werden.

HANDMÜHLE
Für Handmühlen braucht man etwas Geduld und Kraft. Sie sind aber ideal für kleinere Mengen und brauchen keinen Stromanschluss.

ESPRESSOMÜHLEN

Espressomühlen sind auf sehr feine Mahlgrade ausgelegt, haben oft eine Dosierfunktion und können stufenlos eingestellt werden. Sie sind schwerer als Filterkaffeemühlen, haben einen robusteren Motor und sind teurer. Aber die Investition lohnt sich, wenn Sie einen guten Espresso zubereiten wollen.

Bohnenbehälter
Bei den meisten Mühlen fasst der Bohnenbehälter 1 kg Bohnen, aber Sie sollten immer nur so viel Kaffee mahlen, wie Sie in zwei Tagen verbrauchen können.

Stufenlose Einstellung
Mit dieser Funktion kann man den Mahlgrad sehr präzise einstellen.

Mahlwerk
Gute Espressomühlen besitzen ein Scheiben- oder Kegelmahlwerk (s. S. 36).

Dosierer
Manche Mühlen verfügen über eine elektronisch gesteuerte Portionierfunktion, die genau die passende Menge Kaffee mahlt.

DER PERFEKTE ESPRESSO

Eine Espressomühle sollten Sie auch nur für Espresso verwenden. Die Feinjustierung braucht etwas Zeit und einige Probemahlungen. Wenn Sie unter Umständen mehrmals am Tag zwischen Espresso und Filterkaffee umrüsten, ist das aufwändig und man verschwendet dabei viel kostbaren Kaffee.

Ein-/Ausschalter
Bei Mühlen ohne Dosierer können Sie die Kaffeemenge mit dem Ein-/Ausschalter steuern.

DER RICHTIGE MAHLGRAD

ZUBEREITUNG	MAHLGRAD

Ibrik Für die türkische Mokkakanne sollte der Kaffee fast pulverfein gemahlen sein, damit beim Aufbrühen der maximale Geschmack extrahiert wird. Die meisten Mühlen mahlen dafür nicht fein genug; greifen Sie für diese Zubereitungsart lieber zu einer speziellen Handmühle.

Superfeine Mahlung

UNTER DER LUPE

Espressomaschine Die Espressobereitung ist ein höchst sensibler Prozess. Die Kaffeepartikel müssen genau die richtige Größe haben, damit ein ausgewogener Geschmack extrahiert wird.

Feine Mahlung

UNTER DER LUPE

Filterkaffee Mittelfein gemahlenes Kaffeemehl eignet sich für verschiedene Zubereitungsmethoden, z. B. mit Papier- und Stofffilter, Espressokanne, Kaffeemaschine und Cold Dripper. Das gewünschte Ergebnis lässt sich in Grenzen über die Dosierung des Kaffeemehls steuern.

Mittelfeine Mahlung

UNTER DER LUPE

Cafetière Pressstempelkannen haben keinen Filter im eigentlichen Sinn, sodass das Wasser Zeit hat, die Zellstruktur groberer Kaffeepartikel zu durchdringen. Dadurch werden erwünschte Stoffe ausgelöst, ohne dass zu viele Bitterstoffe extrahiert werden.

Grobe Mahlung

UNTER DER LUPE

WASSER-QUALITÄT

Kaffee besteht zu 98 Prozent aus Wasser. Darum hat die Qualität des Wassers einen entscheidenden Einfluss auf den Geschmack.

WAS FINDET MAN IM WASSER?

Wasser für den Kaffee sollte klar und geruchlos sein. Die Kombination aus Mineralien, Salzen und Metallen, die den Kaffeegeschmack beeinflusst, ist optisch und geschmacklich kaum zu bemerken. Manche Haushalte haben sauberes und weiches Wasser, während bei anderen hartes Wasser mit leichtem Nebengeschmack aus dem Hahn kommt. Zu hartes Wasser ist quasi mit Mineralien gesättigt und kann die feine Säure des Kaffees neutralisieren. Das Ergebnis ist ein wenig aromatischer und flacher Kaffee. Um das auszugleichen, müssen Sie eventuell eine größere Dosis Kaffee verwenden oder einen feineren Mahlgrad einstellen. Bei zu weichem oder mineralienarmem Wasser kann es dagegen zu einer Überextraktion des Kaffees kommen, die unerwünschte Stoffe aus dem Mehl löst und den Kaffee bitter oder sauer schmecken lässt.

WASSERTEST

Testen Sie die Qualität Ihres Wassers, indem Sie zwei Tassen Kaffee nach der Verkostungsmethode (s. S. 24–25) aufbrühen. Brühen Sie dabei die gleiche Kaffeesorte und Menge einmal mit Leitungswasser und einmal mit stillem Wasser aus der Flasche auf und achten Sie auf die unterschiedlichen Aromen.

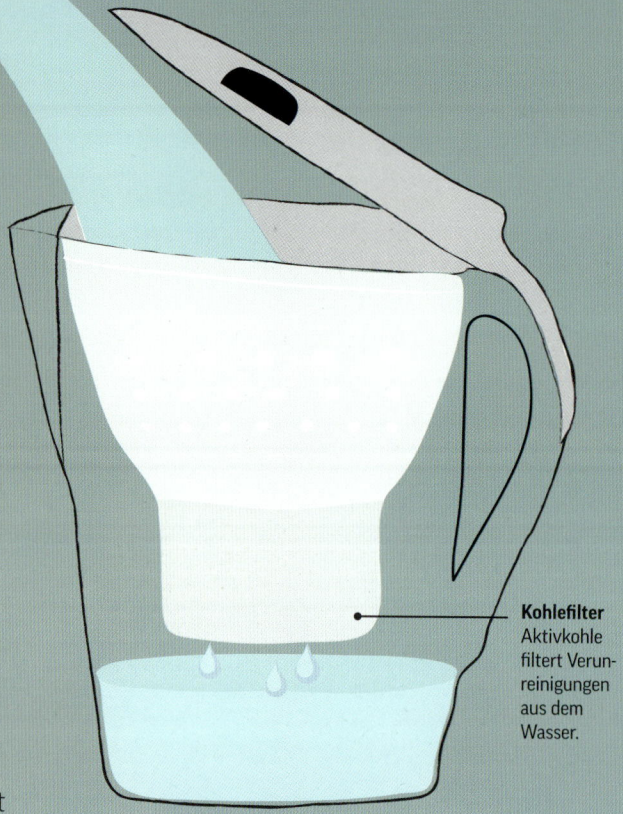

Kohlefilter
Aktivkohle filtert Verunreinigungen aus dem Wasser.

WASSERFILTER
Tauschen Sie den Filter regelmäßig aus (etwa alle 100 Liter oder häufiger, wenn das Wasser besonders hart ist).

FILTERN

Wenn Ihr Leitungswasser zu hart ist, Sie aber auch kein abgefülltes Wasser zum Aufbrühen verwenden möchten, investieren Sie in einen Wasserfilter. Es gibt Systeme mit Filterpatronen direkt im Wasserhahn, aber auch einfache Wasserkannen mit auswechselbarem Aktivkohlefilter (siehe oben). Der geschmackliche Unterschied zwischen Wasser mit und ohne optimalem Mineraliengehalt ist sehr ausgeprägt und überrascht die Menschen immer wieder. Der Umstieg von Leitungswasser auf gefiltertes oder abgefülltes Wasser ist eine der einfachsten Möglichkeiten, die Qualität Ihres Kaffees zu verbessern.

CHLOR 0 MG

ALKALITÄT RUND 40 MG

pH 7

EISEN, MANGAN, KUPFER 0 MG

KALIUM 5–10 MG

KALZIUM 30–80 MG

GELÖSTE FESTSTOFFE 100–200 MG

RICHTWERTE
Analysieren Sie mit einem Test-Set Ihr Leitungswasser. Die hier empfohlenen Mengen pro Liter sind Richtwerte für eine optimale Zusammensetzung.

WAS WILL MIR DAS ALLES SAGEN?

Einer der wichtigsten Faktoren für die Beschreibung der Wasser- und damit Kaffeequalität sind die gelösten Feststoffe, die man in mg/l oder in ppm (parts per million) misst. Dabei handelt es sich um organische und anorganische Verbindungen.

Der Gehalt von gelösten Kalziumionen bestimmt die Wasserhärte. Der pH-Wert des Wassers sollte neutral sein: Ist er zu hoch oder zu niedrig, führt das zu einem abgestandenen oder unangenehmen Geschmack.

ESPRESSO AUFBRÜHEN

Der Espresso ist der einzige Kaffee, der unter Druck aufgebrüht wird. Beim Aufbrühen mit einer Espressomaschine bleibt die Wassertemperatur knapp unterhalb des Siedepunkts, sodass der Kaffee nicht verbrüht wird.

WAS IST ESPRESSO?

Rund um die Espressobereitung gibt es zahlreiche Theorien und Varianten, von der klassischen italienischen bis hin zu amerikanischen Interpretationen und von skandinavischen Versionen bis hin zu exotischen Zubereitungsweisen. Ungeachtet dieser persönlichen Vorlieben wird mit dem Begriff »Espresso« sowohl die Art der Kaffeezubereitung bezeichnet als auch das Getränk selbst. Häufig wird der Name auch zur Beschreibung einer Röstfarbe verwendet, aber ein Espresso kann prinzipiell aus Bohnen jeder Sorte und auch jeden Röstgrads zubereitet werden.

DIE MASCHINE VORBEREITEN

Zusätzlich zu den Empfehlungen des Herstellers Ihrer Espressomaschine gibt es ein paar Grundregeln, die die Zubereitung eines guten Espresso zu Hause deutlich erleichtern.

DAS BRAUCHEN SIE

Ausstattung
Espressomaschine
Espressomühle
trockenes Tuch
Tamper
Tamperstation oder -matte
Reinigungspulver
Reinigungsutensilien

Zutaten
geröstete Kaffeebohnen (geruht)

1 Frisches Wasser in die saubere Espressomaschine füllen und Bohnen in die Mühle geben, die nach dem Rösten ein oder zwei Wochen ruhen und ausgasen konnten. Maschine und Siebträger in Ruhe aufwärmen lassen.

2 Den Siebkorb im Siebträger mit einem trockenen Tuch auswischen, um nicht eventuell in der Maschine verbliebenes Pulver erneut aufzubrühen.

ES GIBT VIELE THEORIEN ZU BOHNE
UND RÖSTUNG, ABER IM GRUNDE
HANDELT ES SICH BEI ESPRESSO UM
EINE ZUBEREITUNGSART.

TIPP
Ein guter Espresso
erfordert Übung. Messen
Sie die Zutaten mit Waage
und Messglas ab, bis Sie die
richtige Menge gefunden
haben, und machen Sie sich
Notizen. Vertrauen Sie
auf Ihren Gaumen.

3 Den Brühkopf mit etwas Wasser
durchspülen, um ihn gleichmäßig
zu erhitzen und die Dusche von altem
Kaffeepulver zu reinigen.

4 Den Kaffee mahlen und je nach Größe des Sie-
bes dosieren und in Siebträger füllen. Siebgrö-
ßen variieren zwischen 14 und 20 g und können je
nach Geschmackspräferenz ausgetauscht werden.

DEN »SHOT« AUFBRÜHEN

Es ist nicht ganz leicht, von Mal zu Mal einen großartig schmeckenden Kaffee aufzubrühen, und die Zubereitung eines Espresso zu Hause erfordert noch mehr Aufwand als jede andere Art der Kaffeezubereitung. Hat man einmal in eine gute Maschine investiert, kann das Aufbrühen zu einer Leidenschaft werden. Der Kaffee muss sehr fein gemahlen sein, damit das Wasser auf eine möglichst große Oberfläche trifft. Am Ende steht ein kleiner, starker Kaffee mit einer »Crema« genannten Schaumkrone, der alle Stärken, aber auch Schwächen von Bohne, Röstung und Zubereitung schonungslos offenlegt.

1 Den Siebträger sanft schütteln oder auf die Arbeitsfläche klopfen. Ggf. ein entsprechendes Werkzeug verwenden, um das Pulver gleichmäßig zu verteilen.

TIPP

Wenden Sie beim gleichmäßigen Verteilen des Kaffees keinen Druck an, sondern streichen Sie den Kaffee mit dem Finger oder einem Spatel vorsichtig hin und her, bis er gleichmäßig im Sieb verteilt ist.

2 Einen zum Siebkorb passenden Tamper gerade auf das Kaffeepulver setzen und das Pulver mit festem Druck zu einem kompakten Kaffeekuchen verdichten. Man muss dabei weder mit aller Kraft pressen noch wiederholt tampen oder den Siebträger aufklopfen.

3 Das Ziel besteht darin, den Kaffee zu einem festen, gleichförmigen Kuchen zu formen, der dem Wasserdruck standhält, sodass das Wasser ihn gleichmäßig durchströmen und den Kaffee extrahieren kann.

DAS ESPRESSO-AUFBRÜHEN KANN ZU EINEM HOBBY UND TÄGLICHEN RITUAL WERDEN. ES BRAUCHT ETWAS ÜBUNG, BEREITET ABER AUCH VIEL VERGNÜGEN.

TIPP

Es ist nicht ungewöhnlich, dass mehrere »Shots« danebengehen, ehe Sie den richtigen Mahlgrad erzielen und einen zufriedenstellenden Espresso aufbrühen können. Die häufigsten Fehler finden Sie auf S. 46.

4 Den Siebträger in den Brühkopf einsetzen und ohne Zeitverzögerung entweder die Taste für die voreingestellte Dosierung oder die Taste für den freien manuellen Bezug drücken, um die Pumpe in Gang zu setzen.

5 Eine (oder zwei) vorgewärmte Espressotasse(n) unter den Auslauf (Zweitassenauslauf) des Siebträgers stellen.

6 Nach Aktivierung läuft der Kaffee tiefbraun oder goldbraun in die Tasse(n) und wird im Laufe der Extraktion immer heller. Nach 25 bis 30 Sekunden sollten 40–50 ml Espresso inklusive Crema aufgebrüht sein. Deutsche mögen oft einen »längeren« Espresso.

IST ES GELUNGEN?

Ein gut gemachter Espresso hat eine feinporige, tief goldbraune Crema ohne große Blasen oder Löcher. Sobald sie sich gesetzt hat, sollte die Crema (s. S. 44–45) etwa zwei Millimeter dick sein und nicht allzu schnell zusammenfallen. Der Geschmack des Espresso sollte zwischen süß und säuerlich liegen und die Textur sollte weich und cremig sein und einen angenehm anhaltenden Nachklang hinterlassen. Die Eigenheiten des Kaffees müssen sich ungeachtet von Röstung und Zubereitung zeigen, sei es nun ein schokoladiger Guatemalteke, ein nussiger Brasilianer oder ein johannisbeeriger Kenianer.

WAS KANN SCHIEFGEHEN?
Wenn Sie in der vorgesehenen Zeit (s. S. 45) mehr als 50 ml extrahiert haben, ist möglicherweise:
• die Mahlung zu grob und/oder
• die Kaffeemenge zu gering

Wenn Sie weniger als 50 ml extrahiert haben, ist möglicherweise:
• die Mahlung zu fein und/oder
• die Kaffeemenge zu groß

Wenn der Kaffee zu säuerlich schmeckt, ist möglicherweise:
• das Wasser in der Maschine zu kalt
• die Röstung zu hell
• die Mahlung zu grob
• die Kaffeemenge zu gering

Wenn der Espresso zu bitter schmeckt, ist möglicherweise:
• das Wasser zu heiß
• die Maschine schlecht geputzt
• die Röstung zu dunkel
• das Mahlwerk der Mühle stumpf
• die Mahlung zu fein
• die Kaffeemenge zu groß

Gelungener Espresso

Misslungener Espresso

DIE MASCHINE PUTZEN

Kaffee besteht aus Ölen, Bohnenpartikeln und anderen löslichen Stoffen. Wenn Sie Ihre Utensilien nicht regelmäßig reinigen, sammeln sich diese Substanzen an und geben einen bitteren Aschegeschmack. Spülen Sie zwischen den Bezügen mit Wasser und reinigen Sie die Maschine täglich mit Spezialreiniger.

TIPP

Reinigen Sie die Gummidichtung des Brühkopfs mit einem kleinen Pinsel von Kaffeemehl. Setzen Sie den Siebträger in den Kopf ein, auch wenn Sie die Maschine nicht nutzen, damit die Dichtung nicht herausfällt.

2 Den Trester aus dem Siebträger klopfen und den Träger mit einem trockenen Lappen auswischen.

1 Die Tasse auf die Seite stellen und den Siebträger aus dem Brühkopf lösen.

3 Den Brühkopf mit Wasser durchspülen, um an der Dusche klebenden Kaffee zu entfernen, und auch die Ausläufe durchspülen. Den Siebträger wieder einsetzen, um ihn für den nächsten Bezug vorzuwärmen.

DER PERFEKTE SCHAUM

Eine gute Tasse Kaffee kann man schwarz, ohne Milch, Zucker oder Aromen genießen. Aber niemand wird bestreiten, dass für viele von uns Milch eine optimale Ergänzung ist. Aufgeschäumt zeigt sie ihr ganzes Potenzial.

MILCHARTEN

Aufschäumen kann man jede Milch, egal ob Vollmilch, fettarme oder H-Milch. Der Unterschied liegt im Geschmack und in der Textur des Schaums. Fettarme Milch gibt viel Schaum, der sich aber leicht trocken anfühlt. Vollmilch produziert weniger, dafür weichen und cremigen Schaum. Auch Alternativen wie Soja-, Mandel-, Haselnuss- oder laktosefreie Milch lassen sich aufschäumen. Reismilch gibt kaum Schaum, kann aber bei Nussallergien als Ersatz dienen. Manche dieser Milcharten heizen sich schneller auf und geben einen nicht so stabilen und feinporigen Schaum wie Kuhmilch.

AUFSCHÄUMEN

Nehmen Sie zum Üben mehr Milch, als Sie am Ende benötigen. Dadurch haben Sie Zeit zu experimentieren, bevor die Milch zu heiß wird und Sie abbrechen müssen. Eine halb gefüllte 1-Liter-Aufschäumkanne ist ein guter Anfang, vorausgesetzt, dass die Dampfdüse die Oberfläche der Milch erreicht. Wenn nicht, nehmen Sie eine 750- oder 500-ml-Kanne. Mit einem kleineren Gefäß wird es schwierig, weil sich die Milch zu schnell erhitzt. Sie müssen erst ein Gefühl dafür bekommen, wie Sie die Luft in die Milch hineinbringen und wie die Milch darauf reagiert.

1 Verwenden Sie eine sich nach oben verjüngende Aufschäumkanne, damit die Milch ausreichend Raum zum Rotieren, Ausdehnen und Aufschäumen hat. Die Kanne wie gezeigt bis zur halben Höhe mit kalter frischer Milch füllen.

2 Wasserdampf und Milchrückstände aus dem Dampfrohr blasen, bis reiner Dampf kommt. Das Dampfrohr dabei mit einem Lappen umwickeln, um ein Spritzen zu verhindern. Das brühheiße Dampfrohr nicht mit den bloßen Fingern berühren!

WENN SICH KLEINE LUFTBLASEN IN DER MILCH BILDEN, HÖREN SIE EIN SANFTES, SCHLÜRFENDES GERÄUSCH.

TIPP

Wenn Sie keine Milch verschwenden wollen, verwenden Sie zum Üben Wasser mit einem ganz kleinen Tropfen Spülmittel, bis Sie sich beim Aufschäumen und kontrollierten Schwenken der »Milch« sicher fühlen.

4 Rechtshänder halten den Griff der Kanne mit der rechten Hand und drehen mit der linken den Dampf beherzt auf. Wenn der Dampfdruck nicht stark genug ist, produziert er nicht genügend Blasen, und statt eines schlürfenden entsteht ein lautes, kreischendes Geräusch. Die linke Hand an den Boden der Kanne legen. Mit ihr kontrollieren Sie die Temperatur.

3 Die Kanne gerade halten. Das Dampfrohr schräg und nicht ganz mittig in die Kanne tauchen, ohne die Wand zu berühren. Die Düse sollte knapp unter die Milchoberfläche eintauchen.

5 Der Dampfdruck sollte die Milch in Rotation versetzen. Je länger das schlürfende Geräusch anhält, desto mehr Schaum entsteht. Wenn der Schaum sich auftürmt, fungiert er als Schalldämpfer und das Geräusch wird leiser. Gleichzeitig werden die Blasen kleiner und bilden einen dichteren Schaum.

FORTSETZUNG →

AUFSCHÄUMEN (Fortsetzung)

TIPP
Wenn Milch bis auf eine Temperatur von 60 bis 65 °C aufgeschäumt ist, schmeckt sie süß. Höhere Temperaturen führen jedoch zu einem ei- oder porridgeartigen Geschmack.

7 Nur so lange Luft hinzufügen, wie die Milch kalt ist und der Kannenboden noch nicht Körpertemperatur erreicht hat – Blasen, die sich bei über 37 °C bilden, lassen sich nicht mehr so gut zu feinem Schaum verdichten. Die Luft sollte gleich zu Anfang mit dem Dampf in die Milch kommen, dann ist Zeit genug, den Schaum nach Wunsch zu formen.

6 Wenn sich die Milch erwärmt, dehnt sie sich aus und schließt die Luft aus. Für viel Schaum die Kanne absenken, damit die Düse an der Oberfläche bleibt, für weniger Schaum die Milch über die Düse steigen lassen. Die Milch in Bewegung halten und die größeren Blasen zu einem feinporigen Schaum verdichten.

8 Die Milch rotieren lassen, bis der Kannenboden heiß wird. Die Hand wegnehmen, noch drei Sekunden weiter schäumen, dann den Dampf abdrehen. Die Milch sollte jetzt etwa 60 bis 65 °C warm sein. Hört man ein tiefes grummelndes Geräusch, kocht die Milch und nimmt einen ei- oder porridgeartigen Geschmack an und eignet sich nicht mehr für Kaffee.

MILCH AUFBEWAHREN

Solange Milch frisch ist, kann man sie mit der richtigen Technik aufschäumen. Aber auch bei Milch, die noch haltbar ist, können die Schaum bildenden Proteine so weit denaturiert sein, dass sie keine Blasen mehr bilden. Nehmen Sie also immer die Milch mit der längsten Resthaltbarkeitsdauer. Da auch Tageslicht schädlich ist, kaufen Sie Milch nur in lichtdichter Verpackung und bewahren Sie sie im Kühlschrank auf.

9 Die Kanne beiseite-stellen. Das Dampf-rohr mit einem feuchten Tuch abwischen und einige Sekunden lang Dampf in das Tuch ablassen, um Milchrückstände aus dem Inneren des Rohrs zu spü-len. Große Blasen auf der Milch werden nach einigen Sekunden Ruhe instabil. Die Kanne sanft auf der Arbeitsfläche aufstoßen, um sie platzen zu lassen.

TIPP

Schwenken Sie die Auf-schäumkanne nicht zu stark. Kraft und Richtung des Damp-fes sollten die Arbeit machen, halten Sie die Kanne deshalb in einer Position und achten Sie auf den richtigen Winkel des Dampfrohrs.

10 Sobald keine großen Blasen mehr erkennbar sind, die Milch in der Kanne schwenken, bis sie eine seidig glänzende Textur hat. »Inseln« aus trockenem Schaum lassen sich auflösen, indem man die Milch sanft von einer Seite zur anderen schwenkt und dann erneut kreisen lässt, sobald diese trockenen Stellen ver-schwunden sind.

11 Wenn man die Kanne schwenkt und Milch und Schaum zusammenhalten, bis man sie in die Tasse gießt, braucht man keinen Löffel. Mit etwas Übung kann man wahre Kunstwerke mit dem Milchschaum erzeugen.

LATTE ART

Verzierungen mit Milchschaum sind eine Kunst für sich. Aber wer Geduld hat, wird bald auch das beherrschen. Die Milch muss gießfähig sein, sie sollte einen feinporigen Schaum haben und zart glänzen. Da viele Muster mit einem Herzen beginnen, ist das der perfekte Einstieg.

HERZ

Das Muster eignet sich für eine etwas dickere Schaum-schicht und passt daher gut zum Cappuccino.

2 Sobald die Tasse halb voll ist, die Milchkanne dicht über die Tasse senken und über der Tassenmitte leicht hin und her schwenken. Dadurch sollte sich in der Mitte ein Milchschaum-kreis bilden und ausbreiten.

1 Die aufgeschäumte Milch aus etwa 5 cm über der Tasse in die Mitte der Crema gießen, sodass sie aufsteigt und sich ausbreitet, was die »Malfläche« vergrößert.

3 Wenn die Tasse fast voll ist, die Milchkanne wieder höher halten und den Ausgießer durch die Mitte zum Tassenrand führen, wodurch sich die Herzform bildet.

GIESSEN WIE DIE PROFIS

Gießt man aus zu großer Höhe ein, hebt dies die Crema und die Milch bleibt darunter, bei zu geringer Höhe hingegen ertrinkt die Crema schlicht in weißem Milchschaum. Bei zu langsamem Eingießen entsteht nicht genügend Bewegung in der Tasse, um ein Muster zu bilden, bei zu schnellem Gießen vermischen sich Crema und Milch unkontrollierbar. Für die richtige Höhe und Geschwindigkeit übt man am besten mit einer 500-ml-Kanne und einer großen Tasse.

BLATT

Das Muster ist gut mit dünnerem Milchschaum wie etwa beim Caffè Latte und Flat White zu malen.

1 Schritt 1 wie beim Herz (gegenüber) ausführen, und sobald die Tasse halb voll ist, die Milchkanne zur Tasse absenken. Die Kanne dann schnell in kleinen Bewegungen hin und her schwenken.

2 Durch die kleinen Bewegungen bildet sich ein Zickzack-Muster. Wenn die Tasse fast voll ist, die Zickzack-Bewegung verkleinern und die Kanne Richtung Tassenrand führen.

3 Am Rand angelangt, die Kanne wieder etwas höher halten und eine gerade Linie durch das Muster zum gegenüberliegenden Tassenrand ziehen.

BIS ZUM EINGIESSEN DIE MILCHKANNE LEICHT SCHWENKEN, DAMIT DER SCHAUM SICH NICHT VON DER MILCH ABSETZT.

TIPP

Neben Mustern, wie Herz, Blatt und Tulpe, die aus der freien Hand gegossen werden, gibt es »gemalte« Muster, wie die Herzkette (rechts oben, außen). Dazu wird ein Zahnstocher durch den Milchschaum gezogen.

TULPE

Die Tulpe ist eine verfeinerte Variante des Herzes (s. S. 52), bei der mehrfach angesetzt wird.

1 Wie beim Herz beginnen und einen kleinen Kreis Milchschaum in die Mitte der Tasse gießen.

2 Das Gießen unterbrechen und 1 cm vom ersten Milchkreis wieder ansetzen. Dabei die Milchkanne vorsichtig nach vorne führen, sodass sich der erste Milchschaumkreis zu einem Halbmond formt.

3 Dies so oft wiederholen, wie Blütenblätter gewünscht sind. Mit einem kleinen Herzen abschließen und mit einer dünnen Milchlinie durch die Mitte den Stiel gießen.

VARIATIONEN: Mehrfach-Tulpe, Herzkette, Schwan und Herz in Rosette (im Uhrzeigersinn von links oben).

KAFFEE AUS ALLER WELT

AFRIKA

ÄTHIOPIEN

Der einzigartige Charakter der Kaffees aus Äthiopien mit ihren unverkennbar eleganten, floralen, krautigen und zitrusartigen Noten ist der bunten Vielfalt der einheimischen Arten und Sorten geschuldet.

Äthiopien gilt allgemein als Geburtsland des Arabica-Kaffees, auch wenn neuere Studien darauf hindeuten, dass auch der Südsudan Anspruch auf diesen Titel haben könnte. Äthiopien hat nicht viele Kaffeefarmen, die man unter anderem als Garten, Wald oder Plantage bezeichnet, aber von der Ernte bis zum Export leben rund 15 Millionen Menschen von der Kaffeeproduktion. Kaffee wächst wild und wird von Subsistenzbauern angebaut, die ihn nur über wenige Monate im Jahr verkaufen.

Äthiopien verfügt über eine einzigartige Vielfalt an Arten und Sorten, von denen viele noch nicht identifiziert sind. Bei Mischungen aus den angebauten Heirloom-Sorten wie Mokka und Geisha sind die Bohnen oft von unterschiedlicher Form und Größe. Der Klimawandel bedroht Wildarten, die vielleicht genetische Schlüssel zum Überleben des Kaffees tragen. In der großen Diversität der einheimischen Heirloom-Sorten könnte die Zukunft des Kaffeeanbaus weltweit liegen.

UNREIFE KAFFEEKIRSCHEN
Sobald sie reif sind (s. S. 16–17), werden die Kirschen ein-, zwei- oder dreimal pro Woche geerntet.

KAFFEE-FAKTEN **ÄTHIOPIEN**

WELT-MARKT-ANTEIL: **5 %**

HAUPTERNTE: **OKTOBER–DEZEMBER**

KAFFEETYPEN: **ARABICA** EINHEIMISCHE HEIRLOOM-SORTEN.

AUFBEREITUNG: **NASS UND TROCKEN**

ERNTEVOLUMEN 2012: **8 MIO. SACK**

WELTRANG ALS PRODUZENT: **PLATZ 5**

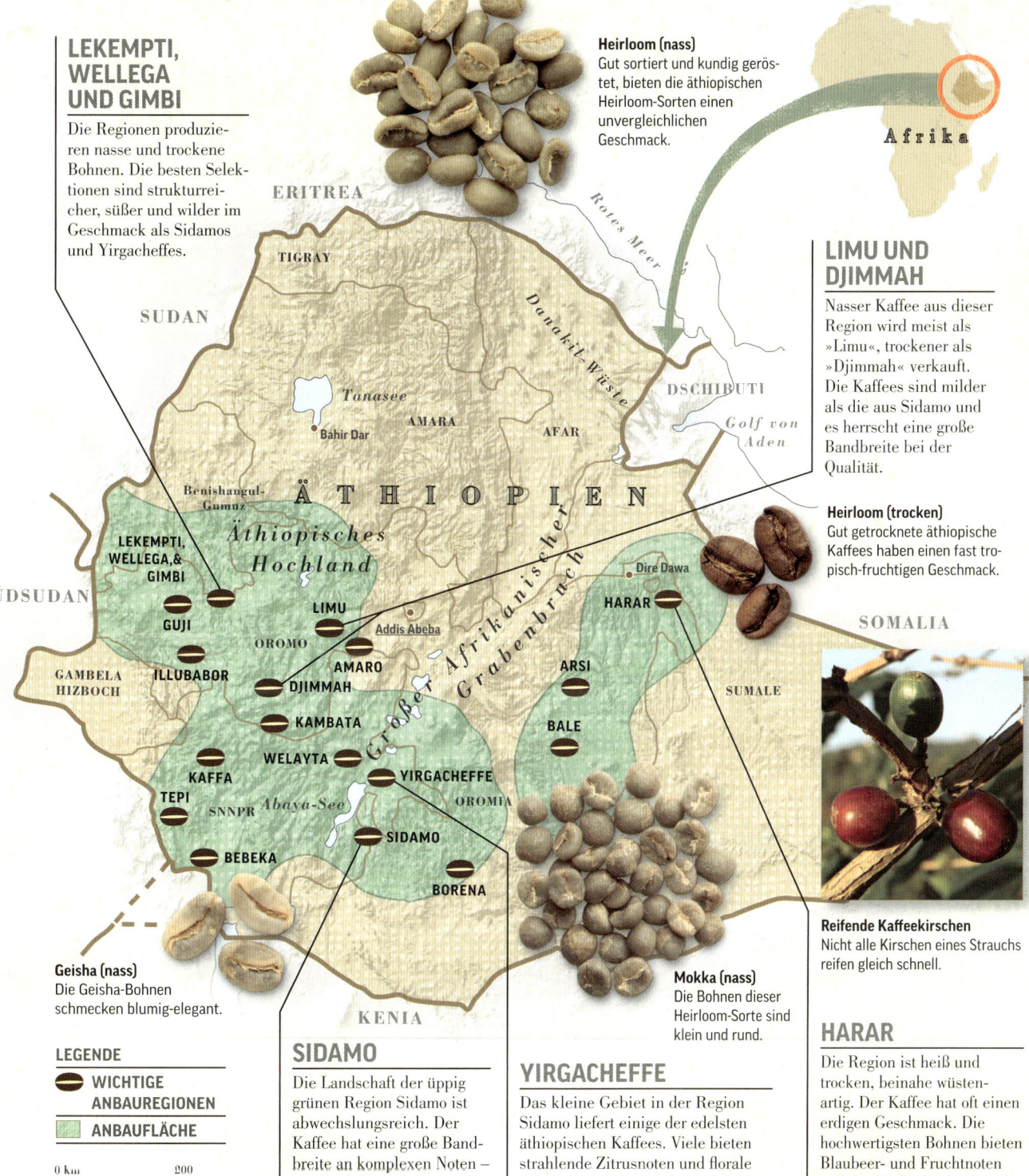

LEKEMPTI, WELLEGA UND GIMBI

Die Regionen produzieren nasse und trockene Bohnen. Die besten Selektionen sind strukturreicher, süßer und wilder im Geschmack als Sidamos und Yirgacheffes.

Heirloom (nass)
Gut sortiert und kundig geröstet, bieten die äthiopischen Heirloom-Sorten einen unvergleichlichen Geschmack.

Afrika

LIMU UND DJIMMAH

Nasser Kaffee aus dieser Region wird meist als »Limu«, trockener als »Djimmah« verkauft. Die Kaffees sind milder als die aus Sidamo und es herrscht eine große Bandbreite bei der Qualität.

Heirloom (trocken)
Gut getrocknete äthiopische Kaffees haben einen fast tropisch-fruchtigen Geschmack.

Kartenbeschriftungen

ERITREA
Rotes Meer
TIGRAY
SUDAN
Danakil-Wüste
DSCHIBUTI
Golf von Aden
Tanasee
AMARA
AFAR
Bahir Dar
Benishangul-Gumuz
ÄTHIOPIEN
Äthiopisches Hochland
SÜDSUDAN
LEKEMPTI, WELLEGA, & GIMBI
Dire Dawa
GUJI
LIMU
Addis Abeba
HARAR
SOMALIA
OROMO
GAMBELA HIZBOCH
ILLUBABOR
AMARO
ARSI
SUMALE
DJIMMAH
KAMBATA
BALE
KAFFA
WELAYTA
TEPI
YIRGACHEFFE
SNNPR
Abaya-See
OROMIA
BEBEKA
SIDAMO
BORENA
Großer Afrikanischer Grabenbruch
KENIA

Reifende Kaffeekirschen
Nicht alle Kirschen eines Strauchs reifen gleich schnell.

Geisha (nass)
Die Geisha-Bohnen schmecken blumig-elegant.

Mokka (nass)
Die Bohnen dieser Heirloom-Sorte sind klein und rund.

HARAR

Die Region ist heiß und trocken, beinahe wüstenartig. Der Kaffee hat oft einen erdigen Geschmack. Die hochwertigsten Bohnen bieten Blaubeer- und Fruchtnoten und der Kaffee ist fast ausschließlich trocken.

LEGENDE

- WICHTIGE ANBAUREGIONEN
- ANBAUFLÄCHE

0 km   200
0 Meilen   200

SIDAMO

Die Landschaft der üppig grünen Region Sidamo ist abwechslungsreich. Der Kaffee hat eine große Bandbreite an komplexen Noten – von fruchtig und zitrusartig bis nussig und herbal.

YIRGACHEFFE

Das kleine Gebiet in der Region Sidamo liefert einige der edelsten äthiopischen Kaffees. Viele bieten strahlende Zitrusnoten und florale Aromen mit einer leichten Textur und einer ausgewogenen Süße.

KENIA

Aus Kenia kommen einige der aromatischsten und säurereichsten Kaffees der Welt. Der Geschmack variiert je nach Region, die meisten bieten komplexe Frucht- und Beerennoten, Zitrussäure und eine saftig-volle Textur.

Nur rund 330 Farmen in Kenia bewirtschaften 15 Hektar Fläche oder mehr. Etwas mehr als die Hälfte der Produzenten sind Kleinbauern mit nur wenigen Hektar Land. Sie arbeiten für regionale Fabriken, die Kooperativen gehören. Jede dieser Gemeinschaftsfabriken verarbeitet Kaffee von Hunderten, manchmal sogar Tausenden Bauern.

Kenia baut Arabica an, vor allem die Sorten SL, K17 und Ruiru. Die meisten Bohnen werden für den Export gewaschen (s. S. 20–21), nur eine kleine Menge natürlich verarbeiteter Kirschen geht auf den heimischen Markt. Die aufbereiteten Bohnen werden auf wöchentlichen Auktionen gehandelt, bei denen Exporteure auf Muster bieten, die sie in der Vorwoche verkostet haben. Damit sind die Bauern zwar von den Schwankungen am Rohstoffmarkt betroffen, erzielen aber mit hochwertigen Kaffees gute Preise und haben somit einen Anreiz, Anbauverfahren zu verbessern und die Qualität ihres Produkts zu steigern.

TYPISCHE ROTE ERDE
Aluminium- und Eisengehalt des Tonbodens tragen zum Geschmack des kenianischen Kaffees bei.

KAFFEE-FAKTEN KENIA

WELT-MARKT-ANTEIL: WENIGER ALS **0,5 %**

KAFFEETYPEN:
ARABICA
SL 28, SL 34, K7, RUIRU 11, BATIAN

ERNTEN:
HAUPTERNTE
OKTOBER-DEZEMBER
KLEINE »FLY CROP«
APRIL-JUNI

AUFBEREITUNG:
NASS, IN GERINGEM UMFANG TROCKEN

WELTRANG ALS PRODUZENT: **PLATZ 22**

TECHNIK VOR ORT
Kenia führt umfangreiche Studien mit wilden Arabica-Bäumen und in kleinerem Umfang mit wilden *Rubiaceae*-Arten durch, die in den Wäldern von Marsabit wachsen.

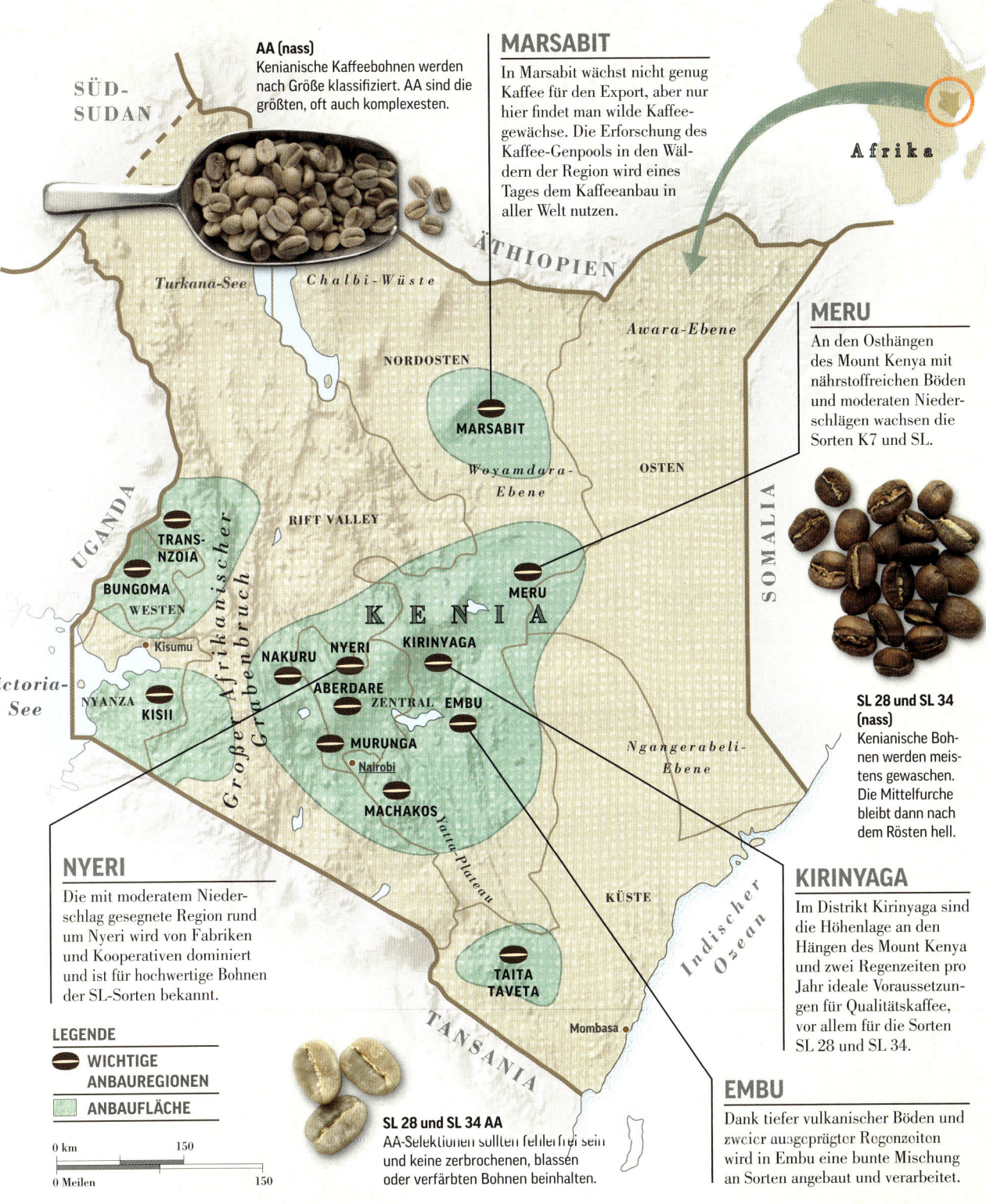

AA (nass)
Kenianische Kaffeebohnen werden nach Größe klassifiziert. AA sind die größten, oft auch komplexesten.

MARSABIT

In Marsabit wächst nicht genug Kaffee für den Export, aber nur hier findet man wilde Kaffeegewächse. Die Erforschung des Kaffee-Genpools in den Wäldern der Region wird eines Tages dem Kaffeeanbau in aller Welt nutzen.

Afrika

SÜD-SUDAN

Turkana-See   *Chalbi-Wüste*

ÄTHIOPIEN

Awara-Ebene

MERU

An den Osthängen des Mount Kenya mit nährstoffreichen Böden und moderaten Niederschlägen wachsen die Sorten K7 und SL.

NORDOSTEN

Woyamdara-Ebene

OSTEN

MARSABIT

UGANDA

RIFT VALLEY

TRANS-NZOIA

BUNGOMA

WESTEN

• Kisumu

K E N I A

SOMALIA

MERU

Victoria-See

NYANZA

KISII

NAKURU NYERI KIRINYAGA

ABERDARE

ZENTRAL EMBU

MURUNGA

• Nairobi

Ngangerabeli-Ebene

SL 28 und SL 34 (nass)
Kenianische Bohnen werden meistens gewaschen. Die Mittelfurche bleibt dann nach dem Rösten hell.

MACHAKOS

Große Afrikanischer Grabenbruch

Yatta-Plateau

NYERI

Die mit moderatem Niederschlag gesegnete Region rund um Nyeri wird von Fabriken und Kooperativen dominiert und ist für hochwertige Bohnen der SL-Sorten bekannt.

KÜSTE

Indischer Ozean

KIRINYAGA

Im Distrikt Kirinyaga sind die Höhenlage an den Hängen des Mount Kenya und zwei Regenzeiten pro Jahr ideale Voraussetzungen für Qualitätskaffee, vor allem für die Sorten SL 28 und SL 34.

LEGENDE

⬤ WICHTIGE ANBAUREGIONEN

▦ ANBAUFLÄCHE

0 km   150

0 Meilen   150

TAITA TAVETA

TANSANIA

Mombasa •

SL 28 und SL 34 AA
AA-Selektionen sollten fehlerfrei sein und keine zerbrochenen, blassen oder verfärbten Bohnen beinhalten.

EMBU

Dank tiefer vulkanischer Böden und zweier ausgeprägter Regenzeiten wird in Embu eine bunte Mischung an Sorten angebaut und verarbeitet.

TANSANIA

Tansanische Kaffees teilen sich grob in die schweren, süßen, trockenen Robustas und Arabicas vom Victoria-See und die leichten, zitrusfrischen, beerentönigen nassen Arabicas aus dem Rest des Landes.

Der Kaffee kam 1898 mit katholischen Missionaren nach Tansania. Das Land baut auch Robusta an, es dominieren aber Arabica-Sorten wie Bourbon, Kent, Nyassa und die berühmte Blue Mountain. Die Produktionsmenge schwankt stark, etwa zwischen 534 000 Sack im Jahr 2011 und 1 Million Sack 2012. Etwa 20 Prozent der Exporterträge Tansanias stammen aus dem Kaffeehandel. Fast alle Bohnen werden von Kleinbauern erzeugt: Etwa 450 000 Familien leben vom Kaffeeanbau und die

gesamte Kaffeeindustrie bietet rund 2,5 Millionen Arbeitsplätze. Zu den besonderen Schwierigkeiten zählen ein geringer Ertrag pro Baum, niedrige Preise und ein allgemeiner Mangel an Know-how und Ausrüstung.

Der Kaffee wird auf Auktionen verkauft, aber es gibt auch eine »direkte« Option für Käufer, die von den Erzeugern selbst kaufen wollen. Auf diesem Weg erzielen hochwertige Bohnen höhere Preise, was wiederum die Entwicklung einer nachhaltigen Landwirtschaft ermöglicht.

REIFENDE KIRSCHEN
Die Kirschen reifen unterschiedlich schnell. Die Pflücker müssen jeden Baum mehrfach abernten.

KAFFEE-FAKTEN TANSANIA

WELTMARKTANTEIL: 0,6 %

KAFFEETYPEN:
70 % ARABICA
BOURBON, KENT, NYASSA, BLUE MOUNTAIN
30 % ROBUSTA

HAUPTERNTE:
ARABICA **JULI-FEBRUAR**
ROBUSTA **APRIL-DEZEMBER**

AUFBEREITUNG:
ARABICA **NASS**
ROBUSTA **TROCKEN**

WELTRANG ALS PRODUZENT: **PLATZ 18**

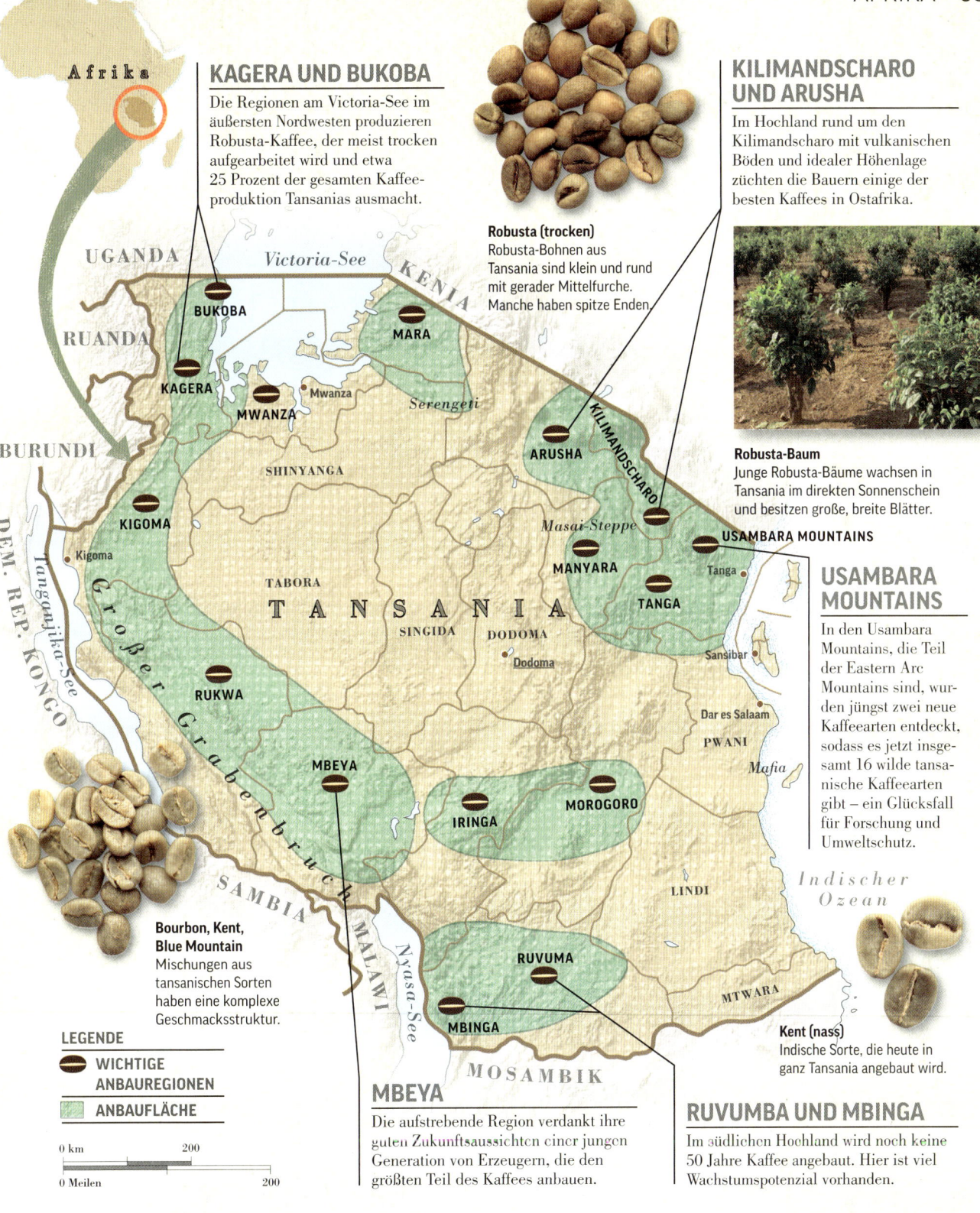

Afrika

KAGERA UND BUKOBA

Die Regionen am Victoria-See im äußersten Nordwesten produzieren Robusta-Kaffee, der meist trocken aufgearbeitet wird und etwa 25 Prozent der gesamten Kaffee-produktion Tansanias ausmacht.

Robusta (trocken)
Robusta-Bohnen aus Tansania sind klein und rund mit gerader Mittelfurche. Manche haben spitze Enden.

KILIMANDSCHARO UND ARUSHA

Im Hochland rund um den Kilimandscharo mit vulkanischen Böden und idealer Höhenlage züchten die Bauern einige der besten Kaffees in Ostafrika.

Robusta-Baum
Junge Robusta-Bäume wachsen in Tansania im direkten Sonnenschein und besitzen große, breite Blätter.

USAMBARA MOUNTAINS

In den Usambara Mountains, die Teil der Eastern Arc Mountains sind, wur-den jüngst zwei neue Kaffeearten entdeckt, sodass es jetzt insge-samt 16 wilde tansa-nische Kaffeearten gibt – ein Glücksfall für Forschung und Umweltschutz.

Bourbon, Kent, Blue Mountain
Mischungen aus tansanischen Sorten haben eine komplexe Geschmacksstruktur.

Kent (nass)
Indische Sorte, die heute in ganz Tansania angebaut wird.

LEGENDE

- ⬤ WICHTIGE ANBAUREGIONEN
- ▢ ANBAUFLÄCHE

0 km   200
0 Meilen   200

MBEYA

Die aufstrebende Region verdankt ihre guten Zukunftsaussichten einer jungen Generation von Erzeugern, die den größten Teil des Kaffees anbauen.

RUVUMBA UND MBINGA

Im südlichen Hochland wird noch keine 50 Jahre Kaffee angebaut. Hier ist viel Wachstumspotenzial vorhanden.

Map labels: UGANDA, Victoria-See, KENIA, RUANDA, BURUNDI, BUKOBA, KAGERA, MWANZA, Mwanza, MARA, Serengeti, SHINYANGA, ARUSHA, KILIMANDSCHARO, DEM. REP. KONGO, Tanganjika-See, KIGOMA, Kigoma, Großer Grabenbruch, TABORA, Masai-Steppe, MANYARA, USAMBARA MOUNTAINS, Tanga, TANGA, Sansibar, Dar es Salaam, PWANI, Mafia, SINGIDA, DODOMA, Dodoma, RUKWA, MBEYA, IRINGA, MOROGORO, LINDI, Indischer Ozean, SAMBIA, MALAWI, Nyasa-See, RUVUMA, MBINGA, MTWARA, MOSAMBIK, T A N S A N I A

RUANDA

Kaffeeliebhaber in aller Welt schätzen das fein ausgewogene Aroma der Bohnen aus Ruanda. Sie zählen zu den weichesten, süßesten und blumigsten ostafrikanischen Kaffees.

Die ersten Kaffeebäume in Ruanda wurden 1904 gepflanzt, der Export begann um 1917. Höhenlage und verlässliche Niederschläge sichern ein hohes Qualitätspotenzial. Etwa die Hälfte seiner Exporterträge erwirtschaftet das Land mit der Kaffeeproduktion und so sieht die Regierung den Kaffee mittlerweile als Vehikel für den sozioökonomischen Fortschritt. Überall im Land werden Aufbereitungsstationen gebaut, über sie haben die 500 000 Kleinbauern leichteren Zugang zu Ressourcen und Know-how.

Eine besondere Herausforderung für die Kaffeebauern ist der »Kartoffel-Defekt«, ein Bakterienbefall, der einzelne Bohnen nach rohen Kartoffeln riechen oder schmecken lässt. Der hohe Bestand an alten Bourbon-Bäumen sowie ideale Höhenlagen und fruchtbare Böden garantieren jedoch, dass ruandische Kaffeebohnen zu den besten auf dem Markt zählen.

NORTHERN PROVINCE

Ausgewogenheit und Süße der Kaffees aus dem Süden der Nordprovinz entstehen durch deren Zitrus-, Steinfrucht- und Karamellnoten.

WESTERN PROVINCE

In den Distrikten am Kiwu-See stehen einige der bekanntesten Waschstationen Ruandas, die zuverlässig komplexe, blumige, elegante und saftige Kaffees von höchster Güte produzieren.

Bourbon (nass)
Hell geröstete ruandische Kaffees besitzen herrlich süße Aromen.

UGANDA

DEM. REP. KONGO

Virunga-Vulkane

MUSANZE

BURERA

RUBAVU

NYABIHU

GAKENKE

RULINDO

NORTHERN PROVINCE

Gisenyi

R U A N D A

RUTSIRO

NGORORERO

MUHANGA

KAMONYI

NYARUGENGE

Kiwu-See

Gitarama

Zentrales Hochplateau

KARONGI

WESTERN PROVINCE

SOUTHERN PROVINCE

RUHANGO

Großer Grabenbruch

NYAMASHEKE

NYAMAGABE

NYANZA

Cyangugu

RUSIZI

HUYE

Butare

GISAGARA

KIVU

NYARUGURU

BURUNDI

Afrika

NYAGATARE

TANSANIA

GATSIBO

Östliche Hochebene

GICUMBI

KAYONZA

Ihema-See

EASTERN PROVINCE

GASABO

Kabuga

KICUKIRO

RWAMAGANA

Cyambwe-See

NGOMA

KIREHE

BUGESERA

Rugwero-See

KAFFEE-FAKTEN **RUANDA**

WELT-MARKT-ANTEIL: **0,2 %**

HAUPTERNTE:
ARABICA
MÄRZ–AUGUST
ROBUSTA
MAI–JUNI

KAFFEETYPEN:
99 % ARABICA
BOURBON, CATURRA, CATUAI
1 % ROBUSTA

AUFBEREITUNG:
HAUPT-SÄCHLICH NASS

WELTRANG ALS PRODUZENT: **PLATZ 32**

Catuai (nass)
Die Böden Ruandas fördern bei Sorten wie Catuai blumige und Steinfruchtnoten, die sich nach dem Rösten entfalten.

Unreife Arabica-Kirschen
Sobald die Kirschen reif sind, werden sie von Hand gepflückt.

EASTERN PROVINCE

Im Südosten Ruandas wirtschaftet eine kleine Anzahl von Waschstationen und Farmen, die sich langsam einen Ruf für Kaffee mit vollen Schokoladen- und Waldfruchtnoten erarbeiten.

SOUTHERN PROVINCE

Die höheren Lagen der Südprovinz produzieren Kaffees mit klassischen blumigen und Zitrusnoten und zarten cremigen Texturen – fein und süß.

Bourbon (nass)
Die Bohnen der vielen alten Bourbon-Bäume in Ruanda sind eine begehrte Spezialität.

LEGENDE

 **WICHTIGE ANBAUREGIONEN**

ANBAUFLÄCHE

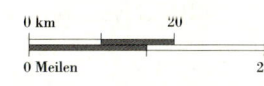
0 km   20
0 Meilen   20

KAFFEE SELBST RÖSTEN

Rösten Sie Rohkaffee selbst und nach Ihren eigenen Geschmacksvorstellungen. Dazu benötigen Sie entweder einen elektrischen Haushaltsröster, mit dem Sie den Röstvorgang steuern können, oder einen Wok und einen Löffel zum Umrühren.

SO GEHT'S

Es braucht etwas Übung, das richtige Verhältnis von Zeit, Temperatur und Röstgrad zu finden, aber das Selberrösten ist eine faszinierende und effektive Möglichkeit, das Geschmackspotenzial von Kaffee zu erkunden. Innerhalb bestimmter Grenzen können Sie nach Herzenslust experimentieren, bis Sie Ihre ideale Röstmethode gefunden haben. Ein allgemeines Rezept für einen gut schmeckenden und gut aussehenden Kaffee gibt es nicht.

Führen Sie Buch über Ihre Röstversuche und die Resultate. Auf diese Weise lernen Sie schnell, wie Sie den Röstvorgang am besten steuern können. Die gesamte Röstdauer sollte 10 bis 20 Minuten betragen. Bei einer kürzeren Röstung bleibt der Kaffee grün und bekommt einen adstringierenden Geschmack, bei längerer Röstung schmeckt er schnell flach und leer. Halten Sie sich ggf. an die Gebrauchsanweisung zu Ihrem Gerät.

DIE STUFEN DER RÖSTUNG

Die Kaffeebohnen verändern über die Dauer der Röstung ihre Größe, ihre Oberfläche und ihr Aroma.

6 MINUTEN

DRUCKAUFBAU

Das Wasser in den Bohnen heizt sich auf, der Dampfdruck im Inneren steigt und die Färbung vertieft sich weiter. Manche Bohnen nehmen jetzt ein Braun an, das sie fast fertig scheinen lässt, werden aber noch einmal vorübergehend blasser, bevor sie die nächste Phase erreichen, das erste Knacken.

0 MINUTEN

UNGERÖSTETE GRÜNE BOHNEN

Die rohen Kaffeebohnen sind grün und würden stark nach Pflanze schmecken, wenn man sie jetzt aufbrühte.

3 MINUTEN

TROCKENPHASE

Am Anfang der Röstung trocknen die Bohnen und verändern ihre Farbe von Grün über Gelb nach Hellbraun. In dieser Phase verdampft Wasser, die Aminosäuren der Bohnen reagieren miteinander und der pflanzliche Geschmack verschwindet. Die Bohnen riechen nach Popcorn oder Toast und sehen durch die Farbwechsel runzelig aus.

GRÜNE KAFFEEBOHNEN

Verwenden Sie frische hochwertige grüne Bohnen, die Sie über das Internet oder im Fachhandel beziehen können, und Sie werden schon bald einen Kaffee rösten, mit dem kein Supermarktkaffee mithalten kann. Das Rösten erfordert allerdings Übung und Sie sollten damit rechnen, dass Sie so manche hochwertige Charge ruinieren werden. Einen Trick, alten oder minderwertigen Kaffee geschmacklich aufzuwerten, gibt es übrigens nicht. Sie können die Bohnen höchstens so dunkel rösten, dass die Röstaromen alles andere überdecken.

TIPP
Sobald Sie mit der Röstung zufrieden sind, die Bohnen zwei bis vier Minuten abkühlen und ein bis zwei Tage ausgasen lassen, ehe Sie sie mahlen und aufbrühen. Espressobohnen brauchen etwa eine Woche zum Ausgasen.

13 MINUTEN

RÖSTPHASE
Zucker, Säuren und andere Verbindungen reagieren und erzeugen Aromen. Säuren zerfallen, karamellisieren den Zucker und verändern die Zellstruktur.

16 MINUTEN

ZWEITES KNACKEN
Steigender Gasdruck sorgt für das zweite Knacken und Öle treten an die Oberfläche der spröden Bohnen. Viele Espressobohnen werden bis zum Beginn oder bis zur Mitte des zweiten Knackens geröstet.

9 MINUTEN

ERSTES KNACKEN
Der Dampfdruck wird so hoch, dass die Zellwände platzen, was ein wenig wie röstendes Popcorn klingt. Jetzt nimmt das Volumen der Bohnen zu, die Oberfläche wird glatter, die Färbung gleichmäßiger und es beginnt, nach Kaffee zu riechen. Für Handfilter und Presskanne sollten Sie die Röstung ein bis zwei Minuten nach dem ersten Knacken beenden.

20 MINUTEN

NACH DEM ZWEITEN KNACKEN
Jetzt ist nur noch sehr wenig vom ursprünglichen Kaffeegeschmack der Bohne vorhanden und es dominieren Röst-, Asche- und Bitteraromen. Das austretende Öl oxidiert und schmeckt sehr schnell streng und bitter.

BURUNDI

Der Geschmack burundischer Kaffees reicht von weich, blumig und süßlich-zitrusfrisch bis zu schokoladig und nussig. Sie gelten als Spezialität. Regionale Geschmacksunterschiede sind wenig ausgeprägt.

In Burundi wird Kaffee erst seit den 1930er-Jahren angebaut und es hat lange gedauert, bis Kenner ihn überhaupt zur Kenntnis genommen haben. Ein schwieriges Klima macht der Kaffeeindustrie ebenso zu schaffen wie die politische Instabilität im Land und der fehlende Zugang zum Meer, der den Export erschwert.

Es werden kleine Mengen von Robusta angebaut, aber der Großteil der Ernte ist Arabica: nasse Bourbon, Jackson oder Mibirizi, die meist biologisch angebaut werden, weil kein Geld für Dünger oder Pestizide vorhanden ist. Es gibt etwa 600 000 Kleinbauern mit je 200 bis 300 Bäumen, die meist auch noch andere Produkte anbauen oder Vieh halten. Sie beliefern lokale Waschstationen (siehe unten), die in »Sogestals« organisiert sind. Das sind Handelsfirmen, die sich um Transport und Vertrieb des Kaffees kümmern.

Der Kaffee neigt zum »Kartoffel-Defekt« (s. S. 64), aber einheimische Wissenschaftler arbeiten an dessen Bekämpfung.

BOURBON-KIRSCHEN
Burundi baut hauptsächlich Bourbon an, die mit französischen Missionaren nach La Réunion kam.

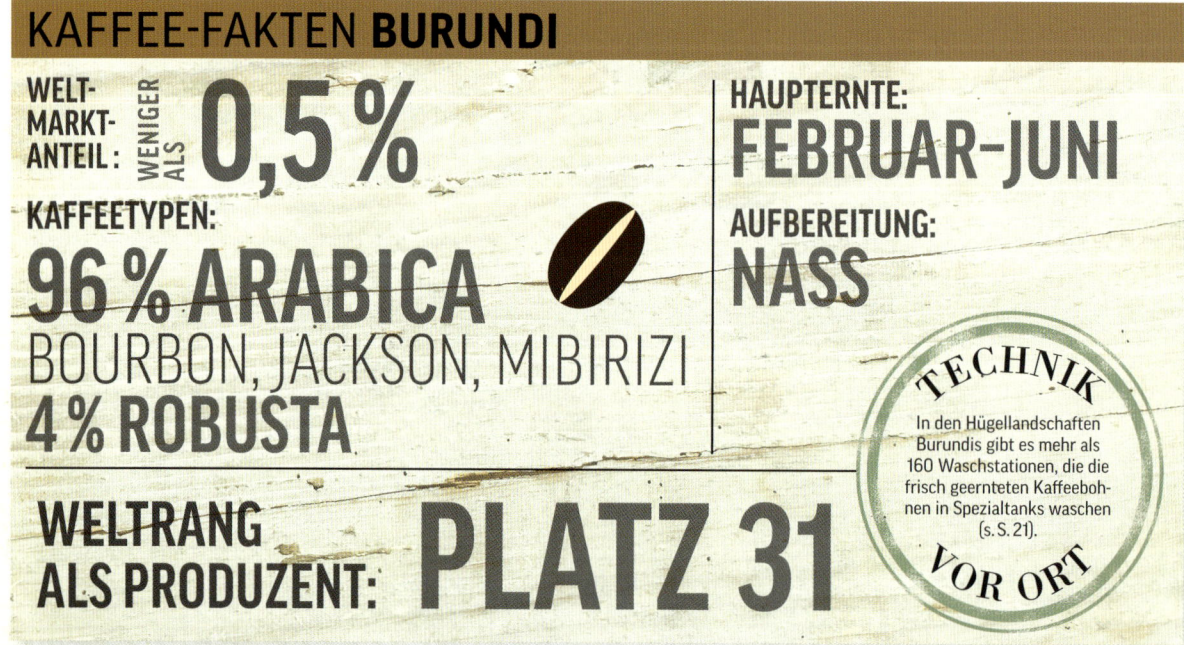

KAFFEE-FAKTEN BURUNDI

WELT-MARKT-ANTEIL: WENIGER ALS **0,5 %**

KAFFEETYPEN:
96 % ARABICA
BOURBON, JACKSON, MIBIRIZI
4 % ROBUSTA

WELTRANG ALS PRODUZENT: PLATZ 31

HAUPTERNTE:
FEBRUAR–JUNI

AUFBEREITUNG:
NASS

TECHNIK VOR ORT
In den Hügellandschaften Burundis gibt es mehr als 160 Waschstationen, die die frisch geernteten Kaffeebohnen in Spezialtanks waschen (s. S. 21).

Afrika

KAYANZA

Die Provinz Kayanza liegt im Norden Burundis, direkt an der Grenze zu Ruanda, und liefert traditionell Kaffeebohnen von sehr guter Qualität.

Bourbon (nass)
Bourbon-Bäume wachsen hier seit Jahrzehnten ungestört.

Bourbon (nass)
Die süße und zitrusfrische Burundi-Bourbon profitiert von einer hellen Röstung.

Rugwero-See

RUANDA

DEM. REP. KONGO

CIBITOKE

KIRUNDO

MUYINGA

Muyinga

NGOZI

KAYANZA

BUBANZA

KARUZI

CANKUZO

Mugamba

MURAMVYA

KIRIMIRO

MUMIRWA

B U R U N D I

Bujumbura

BUJUMBURA

MWARO

GITEGA

RUYIGI

Tanganjika-See

BURURI

RUTANA

Blühende Arabica
In Burundi blühen die Kaffeebäume zwischen Juni und August.

MAKAMBA

MUMIRWA

Die Region liegt im Westen, in den Bergen von Kumugaruro, südwestlich des Kibira-Nationalparks. Die Höhenlagen bieten perfekte Bedingungen für den Kaffeeanbau.

KIRIMIRO

Nahe der Stadt Gitega im Zentrum des Landes betreibt die Sogestal Kirimiro die höchstgelegenen Waschstationen Burundis.

LEGENDE

◉ WICHTIGE ANBAUREGIONEN

▨ ANBAUFLÄCHE

0 km   30

0 Meilen   30

UGANDA

Die Robusta ist in Uganda heimisch und wächst an einigen Stellen noch wild. Das Land ist der zweitgrößte Exporteur von Robusta-Kaffee.

Die Arabica kam Anfang des 20. Jh. nach Uganda und wächst vor allem am Fuß des Mount Elgon. Etwa drei Millionen Familien leben vom Kaffeeanbau. Neben Robusta werden auch Arabica-Sorten wie Typica und SL produziert.

Sowohl bei Robusta als auch bei Arabica haben neue Produktions- und Verarbeitungstechniken die Qualität verbessert. Die generell als weniger wertig geltende und traditionell im Flachland angebaute Robusta gedeiht hier in Höhen bis zu 1500 m. Die Bohnen werden ausschließlich nass aufbereitet. Durch die gestiegene Qualität profitieren die Bauern zunehmend von einem sorgfältigen Anbau.

Robusta (trocken)
Die Ugander nennen nassen Kaffee »Wugar« und trockenen »Drugar«.

Afrika

BUGISU

Die kleinen Farmen in Bugisu und am Mount Elgon liegen 1600 bis 1900 m über dem Meeresspiegel und produzieren nasse Arabicas mit schwerer Textur und süßen und schokoladigen Noten.

DEM. REP. KONGO

WEST NILE

Nangeya-Mountains

Gulu

NORTHERN REGION

Lira

Albert-See

U G A N D A

Kyoga-See

Mbale

BUGISU

WESTERN REGION

CENTRAL & SOUTHWEST

Mukono   Jinja

Kampala

LAKE VICTORIA BASIN

Großer Grabenbruch

Kasese

Eduard-See

Masaka

Victoria-See

KENIA

Mbarara

TANSANIA

KAFFEE-FAKTEN UGANDA

WELT-MARKT-ANTEIL: **2%**

KAFFEETYPEN:
80 % ROBUSTA
20 % ARABICA
TYPICA, SL 14, SL 28, KENT

HAUPTERNTE:
ARABICA
OKTOBER–FEBRUAR
ROBUSTA
GANZJÄHRIG, VOR ALLEM NOVEMBER–FEBRUAR

AUFBEREITUNG:
NASS UND TROCKEN

WELTRANG ALS PRODUZENT: **PLATZ 11**

WESTERN REGION

Die schneebedeckten Ruwenzori Mountains im Westen sind die Heimat der trocken aufgearbeiteten Arabicas, genannt »Drugar«. Der Kaffee kann weinartig mit fruchtigen Noten und guter Säure sein.

LAKE VICTORIA BASIN

Robusta gedeiht hervorragend auf lehmigen Tonböden, das macht das Becken des Victoria-Sees für den Anbau so geeignet. Darüber hinaus sorgt die Höhe für mehr Säure und Komplexität.

LEGENDE

🔴 **WICHTIGE ANBAUREGIONEN**

🟩 **ANBAUFLÄCHE**

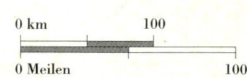

0 km   100

0 Meilen   100

MALAWI

Malawi ist einer der kleinsten Erzeuger weltweit und produziert feine, florale Kaffees.

Der Kaffee gelangte 1891 mit den Briten nach Malawi. Neben Agaro, Mundo Novo, Bourbon und Blue Mountain finden sich ungewöhnlicherweise die Arabica-Sorten Geisha und Catimor. Außerdem wird kenianischer SL 28 für den Spezialitätenmarkt angebaut.

Anders als in anderen afrikanischen Ländern stehen die Kaffeebäume oft auf Terrassen, um die Bodenerosion einzudämmen. Malawi produziert im Schnitt 20 000 Sack im Jahr und kaum für den eigenen Markt. Es gibt etwa 500 000 Kleinbauern, die Kaffee anbauen.

Afrika

TANSANIA

MISUKU HILLS

Karonga

PHOKA HILLS

SAMBIA

Mzuzu

NKHATA BAY HIGHLANDS

VIPHYA NORTH

Nyasa-See

SOUTHEAST MZIMBA

Kasunga

M A L A W I

Lilongwe

Chipoka

MISUKU HILLS

Die 1700 bis 2000 m über dem Meer gelegene Region produziert mit den besten Kaffee des Landes. Sie liegt am Fluss Songwe und profitiert von regelmäßigen Niederschlägen und stabilen Temperaturen.

PHOKA HILLS

In Livingstonia, zwischen dem Nyika-Nationalpark und Chilamba Bay, wächst der Kaffee in Höhen von rund 1700 m über dem Meer. Die Region produziert süße, fein blumige und elegante Kaffees.

NKHATA BAY HIGHLANDS

Im Südosten und -westen von Mzuzu erstreckt sich auf bis zu 2000 m Höhe das Hochland des Distrikts Nkhata Bay mit feuchtheißem Klima. Manche Kaffees erinnern an die aus Äthiopien.

Catimor (nass)
In den Höhenlagen Malawis gewinnt die Catimor eine angenehme Säure, die sich beim Rösten entfaltet.

Malombe-See

ZOMBA

Zomba

Chilwa-See

CHIRADZULU HIGHLANDS

Blantyre

MOSAMBIK

THYOLD HIGHLANDS

Bourbon, Geisha und Agaro (nass)
Die Vielfalt der malawischen Sorten lockt vor allem Spezialitätenhändler an.

KAFFEE-FAKTEN **MALAWI**

WELT-MARKT-ANTEIL: 0,01%

HAUPTERNTE: JUNI-OKTOBER

AUFBEREITUNG: NASS

KAFFEETYPEN: ARABICA
AGARO, GEISHA, CATIMOR, MUNDO NOVO, BOURBON, BLUE MOUNTAIN, CATURRA, SL 28

WELTRANG ALS PRODUZENT: PLATZ 43

LEGENDE

● **WICHTIGE ANBAUREGIONEN**

▦ **ANBAUFLÄCHE**

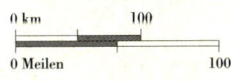

0 km — 100
0 Meilen — 100

KAFFEE AUS ALLER WELT
NDONESIEN, ASIEN UND OZEANIEN

INDIEN

Indische Arabica- und Robusta-Bohnen werden gern für Espressoröstungen verwendet, weil sie körperreich und säurearm sind. Es gibt ausgeprägte regionale Geschmackseigenarten und immer neue kommen dazu.

In Indien wächst der Kaffee unter Schatten, meist neben anderen Früchten wie Pfeffer, Kardamom, Ingwer, Nüssen, Orangen, Vanille, Bananen, Mangos und Jackfrucht. Die Kirschen werden sowohl nass als auch trocken aufgearbeitet oder »monsooned« (siehe unten), eine Aufbereitungsmethode, die es nur in Indien gibt.

Neben Arabica-Sorten wie Catimor, Kent und S 795 wächst hauptsächlich Robusta. Die rund 250 000 indischen Erzeuger sind fast ausschließlich Kleinbauern, der Kaffee bietet nahezu einer Million Menschen ein Auskommen. Generell gibt es zwei Robusta-Ernten im Jahr, die aber regional je nach Klima um mehrere Wochen auseinanderliegen können.

In den letzten fünf Jahren lag die Produktion im Schnitt bei knapp unter 5 Millionen Sack. Davon gehen rund 80 Prozent in den Export, aber auch die Inder selber trinken immer häufiger Kaffee. Eine traditionelle Spezialität ist Filterkaffee, der aus drei Vierteln Kaffee und einem Viertel Chicorée aufgebrüht wird.

ROBUSTA-KIRSCHEN
Ein Teil der indischen Robusta-Bohnen wird nach der Ernte zu Monsun-Kaffee verarbeitet.

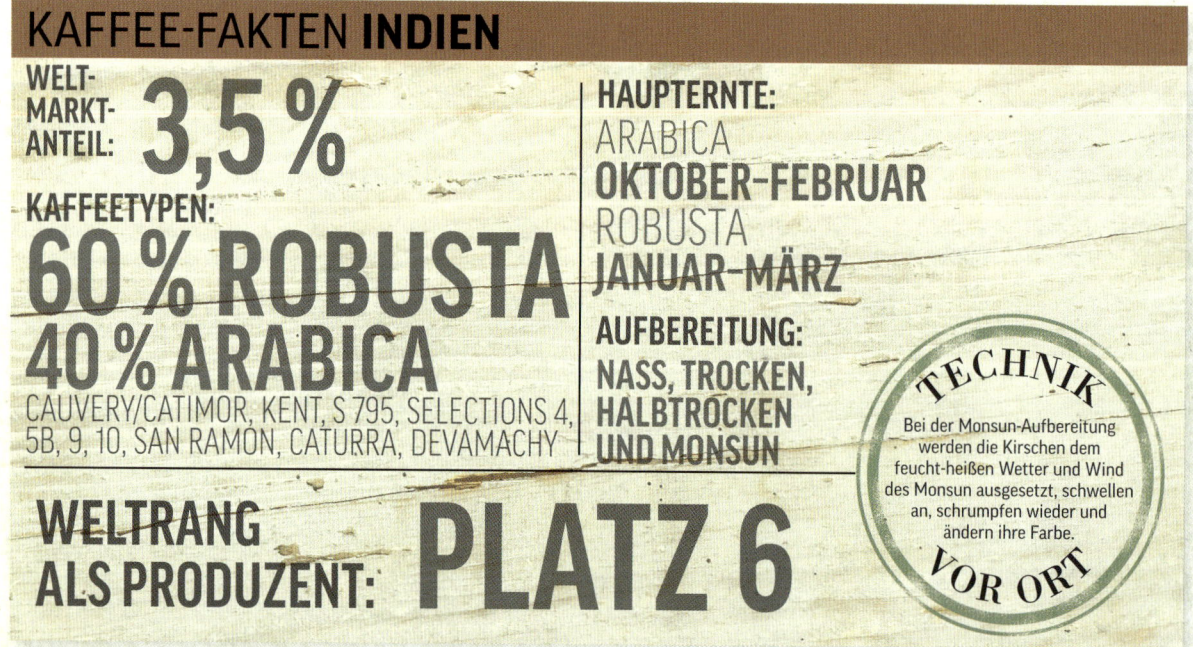

KAFFEE-FAKTEN INDIEN

WELT-MARKT-ANTEIL: **3,5 %**

KAFFEETYPEN:
60 % ROBUSTA
40 % ARABICA
CAUVERY/CATIMOR, KENT, S 795, SELECTIONS 4, 5B, 9, 10, SAN RAMON, CATURRA, DEVAMACHY

HAUPTERNTE:
ARABICA
OKTOBER-FEBRUAR
ROBUSTA
JANUAR-MÄRZ

AUFBEREITUNG:
NASS, TROCKEN, HALBTROCKEN UND MONSUN

WELTRANG ALS PRODUZENT: **PLATZ 6**

TECHNIK VOR ORT
Bei der Monsun-Aufbereitung werden die Kirschen dem feucht-heißen Wetter und Wind des Monsun ausgesetzt, schwellen an, schrumpfen wieder und ändern ihre Farbe.

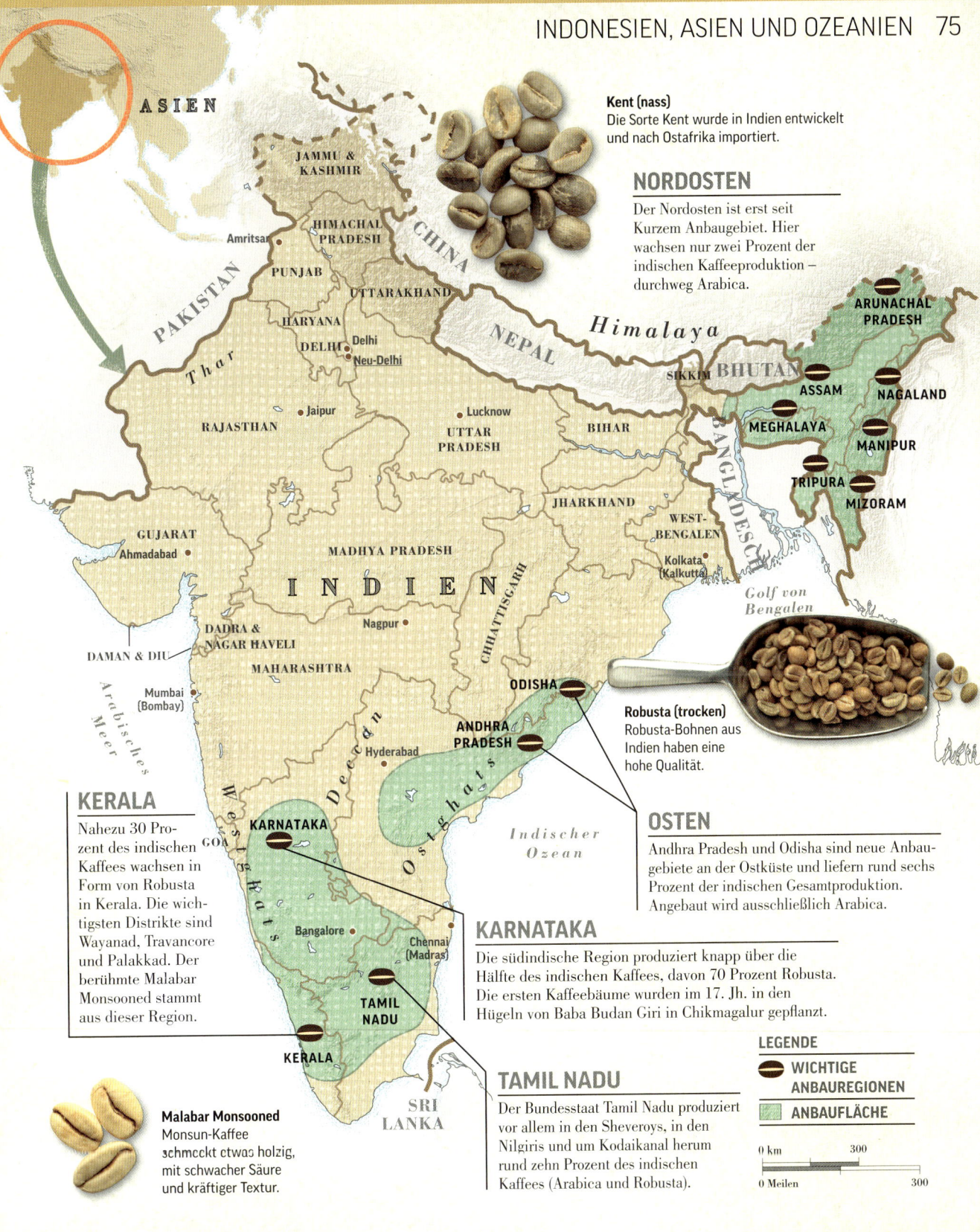

ASIEN

Kent (nass)
Die Sorte Kent wurde in Indien entwickelt
und nach Ostafrika importiert.

NORDOSTEN

Der Nordosten ist erst seit
Kurzem Anbaugebiet. Hier
wachsen nur zwei Prozent der
indischen Kaffeeproduktion –
durchweg Arabica.

JAMMU &
KASHMIR

HIMACHAL
PRADESH

Amritsar

CHINA

PUNJAB

PAKISTAN

HARYANA

Thar

DELHI   Delhi
         Neu-Delhi

Himalaya

NEPAL

SIKKIM BHUTAN

ARUNACHAL
PRADESH

ASSAM

NAGALAND

MEGHALAYA

MANIPUR

UTTARAKHAND

Jaipur

Lucknow

BIHAR

RAJASTHAN

UTTAR
PRADESH

BANGLADESCH

TRIPURA

MIZORAM

JHARKHAND

WEST-
BENGALEN

GUJARAT

Ahmadabad

MADHYA PRADESH

Nagpur

INDIEN

CHHATTISGARH

Kolkata
(Kalkutta)

Golf von
Bengalen

DADRA &
NAGAR HAVELI

DAMAN & DIU

MAHARASHTRA

Mumbai
(Bombay)

Arabisches Meer

Deccan

Hyderabad

ODISHA

ANDHRA
PRADESH

Westghats

Ostghats

Indischer
Ozean

Robusta (trocken)
Robusta-Bohnen aus
Indien haben eine
hohe Qualität.

KERALA

Nahezu 30 Pro-
zent des indischen
Kaffees wachsen in
Form von Robusta
in Kerala. Die wich-
tigsten Distrikte sind
Wayanad, Travancore
und Palakkad. Der
berühmte Malabar
Monsooned stammt
aus dieser Region.

KARNATAKA

GOA

Bangalore

Chennai
(Madras)

TAMIL
NADU

KERALA

SRI
LANKA

OSTEN

Andhra Pradesh und Odisha sind neue Anbau-
gebiete an der Ostküste und liefern rund sechs
Prozent der indischen Gesamtproduktion.
Angebaut wird ausschließlich Arabica.

KARNATAKA

Die südindische Region produziert knapp über die
Hälfte des indischen Kaffees, davon 70 Prozent Robusta.
Die ersten Kaffeebäume wurden im 17. Jh. in den
Hügeln von Baba Budan Giri in Chikmagalur gepflanzt.

TAMIL NADU

Der Bundesstaat Tamil Nadu produziert
vor allem in den Sheveroys, in den
Nilgiris und um Kodaikanal herum
rund zehn Prozent des indischen
Kaffees (Arabica und Robusta).

Malabar Monsooned
Monsun-Kaffee
schmeckt etwas holzig,
mit schwacher Säure
und kräftiger Textur.

LEGENDE

● WICHTIGE
  ANBAUREGIONEN

▨ ANBAUFLÄCHE

0 km   300

0 Meilen   300

SUMATRA

Kaffees aus Sumatra haben holzige Noten, eine schwere Textur und schwache Säure. Geschmacklich reichen sie von erdig, zedrig und würzig bis zu vergorenen Früchten, Kakao, Kräutern, Leder und Tabak.

Indonesien produziert überwiegend rustikalen Robusta und in geringem Umfang Arabica. Die ersten Plantagen auf Sumatra wurden 1888 angelegt und sind heute die größten Erzeuger von indonesischem Robusta. Sie liefern 75 Prozent der landesweiten Gesamtproduktion.

Unter den Arabica-Sorten ist Typica die häufigste. Daneben werden auch Bourbon, S-Hybriden, Caturra, Catimor, Hibrido de Timor (Tim Tim) und äthiopische Linien namens Rambung und Abyssinia angebaut. Die Erzeuger legen oft Flächen mit Mischbepflanzung an, was zu einer regen natürlichen Hybridisierung führt. Wasser ist knapp, deshalb nutzen Kleinbauern meist die traditionelle Giling-Basah-Methode (siehe unten), die dem Kaffee eine blaugrüne Farbe verleiht. Leider ist sie aber auch für beschädigte Bohnen und Fehlnoten verantwortlich.

Die Qualität der indonesischen Kaffees schwankt und die schlechte Logistik vor Ort erschwert das Auffinden von Premium-Selektionen.

REIFE ROBUSTA-FRÜCHTE
Robusta-Bäume wachsen auf Sumatra überwiegend in der Mitte und im Süden der Insel.

KAFFEE-FAKTEN SUMATRA

WELT-MARKT-ANTEIL: RUND **7 %** (INDONESIEN)

HAUPTERNTE: **OKTOBER–MÄRZ**

KAFFEETYPEN:
75 % ROBUSTA
25 % ARABICA
TYPICA, CATURRA, BOURBON, S-HYBRIDEN, CATIMOR, TIM TIM

AUFBEREITUNG: GILING BASAH UND NASS

TECHNIK VOR ORT
Giling-Basah-Methode: Die Kirschen werden entpulpt (s. S. 20), etwa einen Tag lang getrocknet und dann von der Pergamenthaut befreit, solange die Bohnen noch viel Feuchtigkeit enthalten.

WELTRANG ALS PRODUZENT: **PLATZ 3**

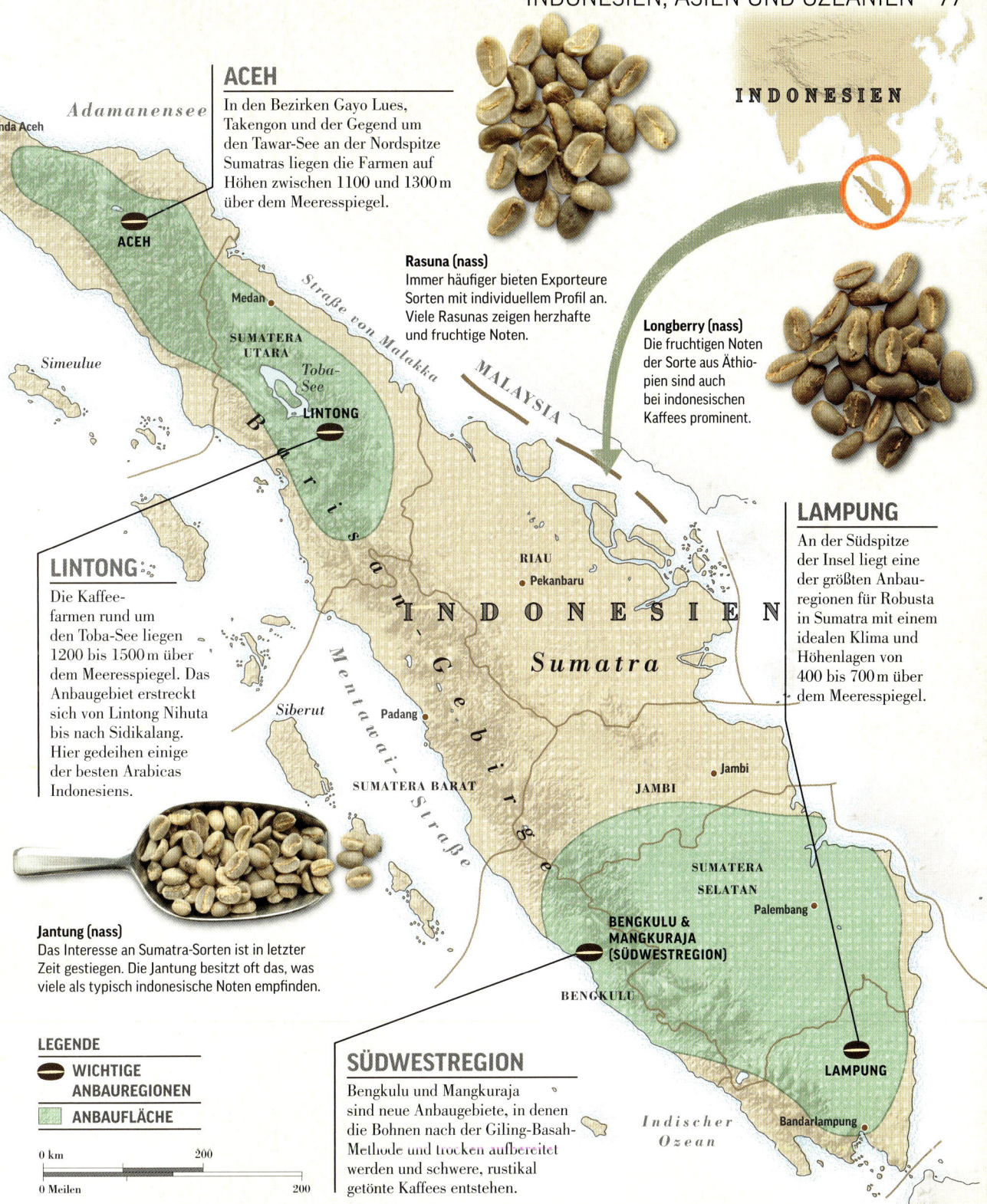

ACEH

In den Bezirken Gayo Lues, Takengon und der Gegend um den Tawar-See an der Nordspitze Sumatras liegen die Farmen auf Höhen zwischen 1100 und 1300 m über dem Meeresspiegel.

INDONESIEN

Rasuna (nass)
Immer häufiger bieten Exporteure Sorten mit individuellem Profil an. Viele Rasunas zeigen herzhafte und fruchtige Noten.

Longberry (nass)
Die fruchtigen Noten der Sorte aus Äthiopien sind auch bei indonesischen Kaffees prominent.

Adamanensee

Banda Aceh

ACEH

Straße von Malakka

Medan

SUMATERA
UTARA

Simeulue

Toba-
See

LINTONG

MALAYSIA

LAMPUNG

An der Südspitze der Insel liegt eine der größten Anbauregionen für Robusta in Sumatra mit einem idealen Klima und Höhenlagen von 400 bis 700 m über dem Meeresspiegel.

LINTONG

Die Kaffeefarmen rund um den Toba-See liegen 1200 bis 1500 m über dem Meeresspiegel. Das Anbaugebiet erstreckt sich von Lintong Nihuta bis nach Sidikalang. Hier gedeihen einige der besten Arabicas Indonesiens.

RIAU

Pekanbaru

INDONESIEN

Sumatra

Mentawai-Straße

Siberut

Padang

SUMATERA BARAT

Jambi

JAMBI

SUMATERA
SELATAN

Palembang

BENGKULU &
MANGKURAJA
(SÜDWESTREGION)

BENGKULU

Jantung (nass)
Das Interesse an Sumatra-Sorten ist in letzter Zeit gestiegen. Die Jantung besitzt oft das, was viele als typisch indonesische Noten empfinden.

LAMPUNG

*Indischer
Ozean*

Bandarlampung

LEGENDE

⬤ **WICHTIGE
ANBAUREGIONEN**

🟩 **ANBAUFLÄCHE**

0 km — 200
0 Meilen — 200

SÜDWESTREGION

Bengkulu und Mangkuraja sind neue Anbaugebiete, in denen die Bohnen nach der Giling-Basah-Methode und trocken aufbereitet werden und schwere, rustikal getönte Kaffees entstehen.

SULAWESI

Sulawesi ist die indonesische Insel mit den meisten Arabica-Bäumen. Gut aufbereitete Kaffees besitzen Noten von Grapefruit, Beeren, Nüssen und Gewürzen. Sie schmecken herzhaft, haben geringe Säure und eine dichte Textur.

Mit rund 7000 Tonnen Arabica pro Jahr steuert Sulawesi nur etwa zwei Prozent zur indonesischen Kaffeeernte bei. Es wird auch etwas Robusta angebaut, der aber überwiegend vor Ort konsumiert wird und nicht in den Export geht.

Auf den eisenreichen Böden Sulawesis gedeihen in großer Höhe alte Typica, S 795 und Jember. Die meisten Erzeuger sind Kleinbauern, nur fünf Prozent der Ernte kommen von größeren Plantagen. Die Aufbereitung erfolgt wie auf Sumatra (s. S. 76)

nach der traditionellen Giling-Basah-Methode. Dadurch zeigen die Bohnen eine Spur der klassischen indonesischen dunkelgrünen Färbung.

Einige Erzeuger haben begonnen, ihre Bohnen wie in Südamerika zu waschen (s. S. 20–21), was die Qualität ihrer Kaffees hebt. Das ist vor allem japanischen Importeuren geschuldet, die die größte Kundengruppe darstellen und umfangreich in die sulawesische Kaffeeindustrie investiert haben, um eine konstant hohe Qualität garantieren zu können.

REIFENDE ROBUSTA
Die wenigen Robusta-Bäume auf Sulawesi finden sich überwiegend im Nordosten der Insel.

KAFFEE-FAKTEN **SULAWESI**

WELT-MARKT-ANTEIL: RUND **7%** (INDONESIEN)

KAFFEETYPEN:
95% ARABICA
TYPICA, S 795, JEMBER
5% ROBUSTA

HAUPTERNTE:
JULI-SEPTEMBER

AUFBEREITUNG:
GILING BASAH UND NASS

WELTRANG ALS PRODUZENT: **PLATZ 3**

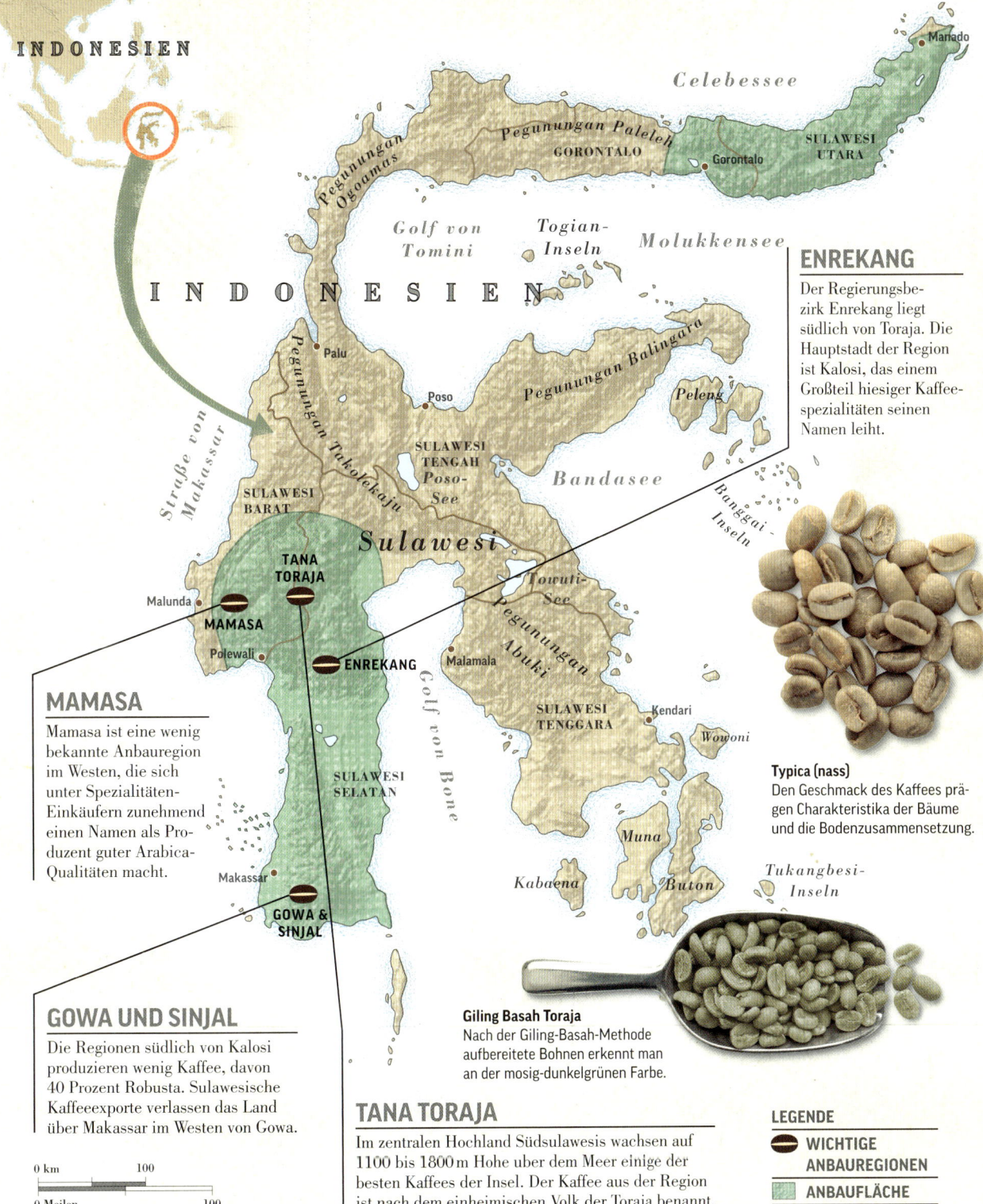

INDONESIEN

Celebessee

Manado

Pegunungan Paleleh

GORONTALO

Gorontalo

SULAWESI UTARA

Pegunungan Ogoamas

Golf von Tomini

Togian-Inseln

Molukkensee

I N D O N E S I E N

Palu

Pegunungan Balingara

Peleng

Poso

Pegunungan Takolekaju

SULAWESI TENGAH Poso-See

Banggai-Inseln

SULAWESI BARAT

Bandasee

Straße von Makassar

Sulawesi

TANA TORAJA

Malunda

MAMASA

Polewali

ENREKANG

Towuti-See

Pegunungan Abuki

Malamala

Golf von Bone

SULAWESI TENGGARA

Kendari

Wowoni

SULAWESI SELATAN

Makassar

GOWA & SINJAL

Muna

Buton

Kabaena

Tukangbesi-Inseln

ENREKANG

Der Regierungsbezirk Enrekang liegt südlich von Toraja. Die Hauptstadt der Region ist Kalosi, das einem Großteil hiesiger Kaffeespezialitäten seinen Namen leiht.

Typica (nass)
Den Geschmack des Kaffees prägen Charakteristika der Bäume und die Bodenzusammensetzung.

MAMASA

Mamasa ist eine wenig bekannte Anbauregion im Westen, die sich unter Spezialitäten-Einkäufern zunehmend einen Namen als Produzent guter Arabica-Qualitäten macht.

Giling Basah Toraja
Nach der Giling-Basah-Methode aufbereitete Bohnen erkennt man an der mosig-dunkelgrünen Farbe.

GOWA UND SINJAL

Die Regionen südlich von Kalosi produzieren wenig Kaffee, davon 40 Prozent Robusta. Sulawesische Kaffeeexporte verlassen das Land über Makassar im Westen von Gowa.

0 km   100

0 Meilen   100

TANA TORAJA

Im zentralen Hochland Südsulawesis wachsen auf 1100 bis 1800 m Hohe über dem Meer einige der besten Kaffees der Insel. Der Kaffee aus der Region ist nach dem einheimischen Volk der Toraja benannt.

LEGENDE

⬤ **WICHTIGE ANBAUREGIONEN**

▮ **ANBAUFLÄCHE**

JAVA

Regionale Geschmacksunterschiede sind auf Java gering, die Kaffees meist säurearm, nussig oder erdig und körperreich. Einige reifen zu einem rustikalen Geschmack.

INDONESIEN

WESTLICHES HOCHLAND

Im Westen Javas entstehen neue private Pflanzungen. Hier gedeihen experimentelle Sorten wie Andung Sari, Sigararuntang oder Kartika ebenso wie Ateng, Jember und sehr alte Typica-Sorten und versprechen neue und aufregende Kaffees.

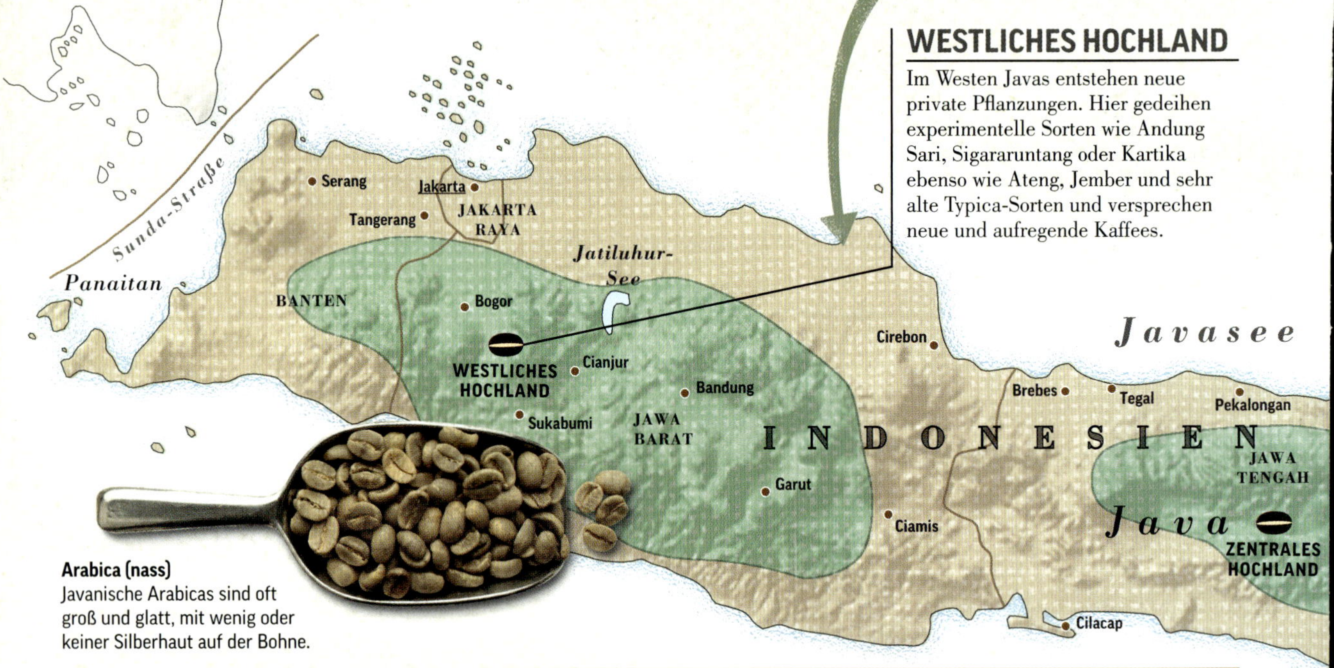

Sunda-Straße

Panaitan

Serang

Jakarta

Tangerang

JAKARTA RAYA

BANTEN

Bogor

Jatiluhur-See

WESTLICHES HOCHLAND

Cianjur

Bandung

Sukabumi

JAWA BARAT

Garut

Cirebon

Brebes

Tegal

Pekalongan

Javasee

INDONESIEN

JAWA TENGAH

Java

ZENTRALES HOCHLAND

Ciamis

Cilacap

Arabica (nass)
Javanische Arabicas sind oft groß und glatt, mit wenig oder keiner Silberhaut auf der Bohne.

KAFFEE-FAKTEN JAVA

WELT-MARKT-ANTEIL: RUND **7%** (INDONESIEN)

HAUPTERNTE: JUNI–OKTOBER

AUFBEREITUNG: NASS

KAFFEETYPEN: **90% ROBUSTA** **10% ARABICA**
ANDUNG SARI, S-LINIEN, KARTIKA, ATENG, SIGARARUNTANG, JEMBER, TYPICA

TECHNIK VOR ORT
Auf Java wird überwiegend nass aufbereitet, das senkt das Risiko von Fehlnoten und Defekten, wie sie bei der traditionellen Giling-Basah-Methode vorkommen (s. S. 76).

WELTRANG ALS PRODUZENT: **PLATZ 3**

Indonesien war das erste nicht-afrikanische Land, das Kaffee in großem Maßstab anbaute. Der Anbau begann 1696 rund um Jakarta im Westen Javas. Die erste Saat vernichtete eine Flut, ein zweiter Versuch drei Jahre später hatte Erfolg. Die Produktion florierte, bis 1876 die meisten Typica-Bäume dem Blattrost zum Opfer fielen und in der Folge durch Robusta ersetzt wurden.

Neue Arabica-Pflanzungen entstanden erst in den 1950er-Jahren und machen heute nur zehn Prozent des Gesamtvolumens aus. Auf Java wächst überwiegend Robusta, dazu kommen Arabica-Sorten wie Ateng, Jember und Typica.

Der meiste Kaffee kommt von staatlichen (PTP) Plantagen, die sich auf dem Ijen-Plateau im Osten der Insel konzentrieren. Sie produzieren nasse Kaffees, die reiner sind als viele andere indonesische Kaffees. Im Westen Javas entstehen rund um den Mount Pangalengan neue, privat geführte Pflanzungen. Sie machen die Region für die Zukunft interessant.

ROBUSTA-TRAUBE
Kaffeekirschen reifen unterschiedlich schnell, was die lange Erntezeit auf Java erklärt.

Old Brown Java
Bohnen, die älter als ein Jahr sind, gelten als minderwertig. Diese Ausnahme ist eher eine Kuriosität als eine Spezialität.

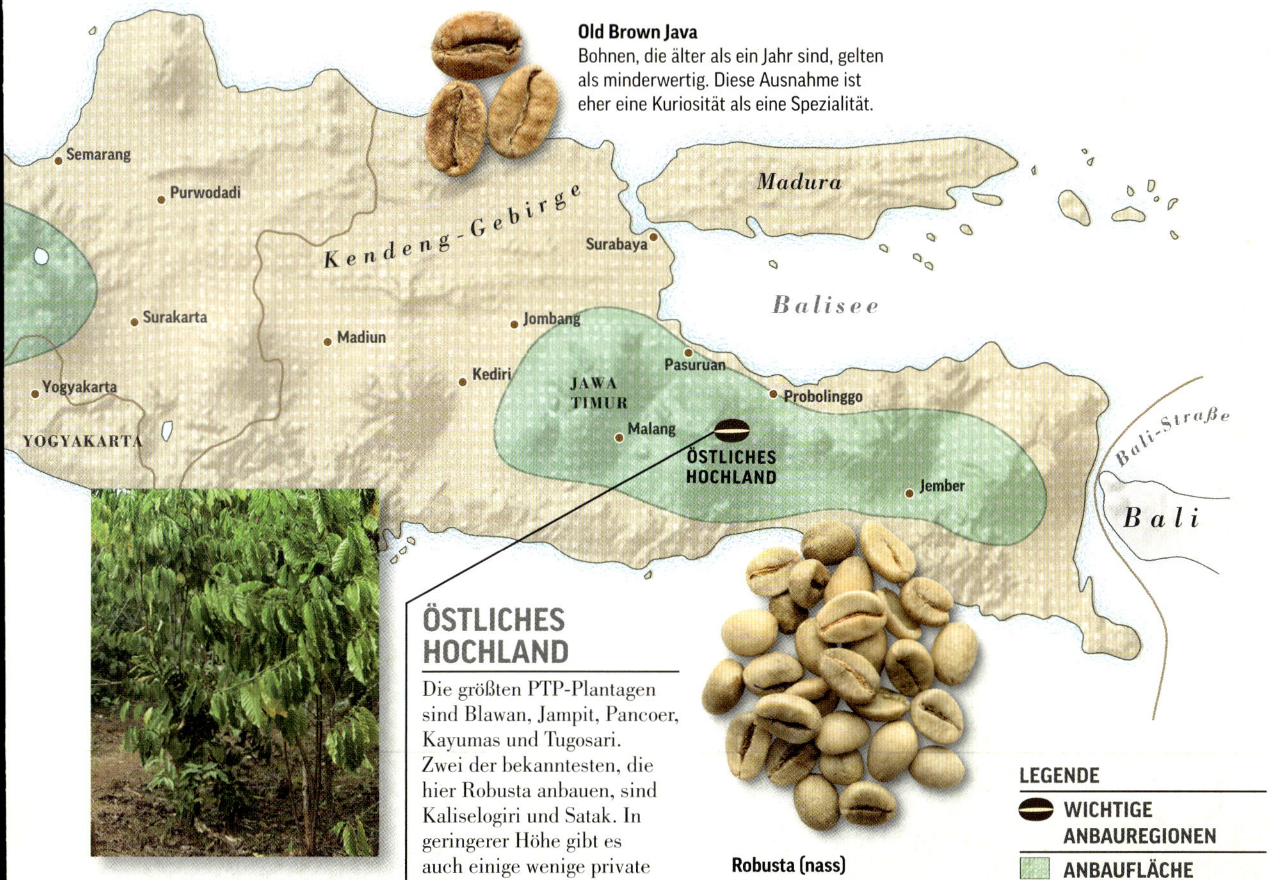

Semarang

Purwodadi

Kendeng-Gebirge

Madura

Surabaya

Surakarta

Madiun

Jombang

Balisee

Yogyakarta

Kediri

Pasuruan

JAWA TIMUR

Probolinggo

YOGYAKARTA

Malang

ÖSTLICHES HOCHLAND

Jember

Bali-Straße

Bali

ÖSTLICHES HOCHLAND

Die größten PTP-Plantagen sind Blawan, Jampit, Pancoer, Kayumas und Tugosari. Zwei der bekanntesten, die hier Robusta anbauen, sind Kaliselogiri und Satak. In geringerer Höhe gibt es auch einige wenige private Plantagen wie Kalibendo und Ayer Dingin. Sie bereiten den Kaffee nach der Giling-Basah-Methode (s. S. 76) auf.

Beschnittene Robusta-Bäume
Die Bäume auf Java werden nicht grundsätzlich beschnitten, aber es erleichtert die Ernte.

Robusta (nass)
Hochwertige Robustas aus Java, mit einem reinen, nussigen Geschmack, werden gern für Espressoröstungen verwendet.

LEGENDE

⬤ **WICHTIGE ANBAUREGIONEN**

🟩 **ANBAUFLÄCHE**

0 km   50

0 Meilen   50

KAFFEE-FAQ

Kaffee werden die unterschiedlichsten Wirkungen nachgesagt. Es ist nicht immer einfach herauszufinden, was davon auf den eigenen Körper zutrifft, zumal Koffein bei jedem Menschen etwas anders wirkt.

MACHT KAFFEE ABHÄNGIG?

Kaffee ist keine Droge, die süchtig macht, und sämtliche »Entzugserscheinungen« lassen sich innerhalb kurzer Zeit durch eine sanfte Reduzierung des Konsums beheben.

DEHYDRIERT KAFFEE?

Kaffee kann harntreibend wirken, aber eine Tasse Kaffee besteht zu 98 Prozent aus Wasser. Dadurch wird jeder eventuelle Flüssigkeitsverlust ausgeglichen.

98 % WASSER

IST KAFFEETRINKEN GUT FÜR DIE GESUNDHEIT?

Kaffee und seine Antioxidantien (Koffein und andere organische Verbindungen) haben in Studien bei einer Vielzahl von gesundheitlichen Problemen eine positive Wirkung gezeigt.

KANN KAFFEE DIE KONZENTRATIONSFÄHIGKEIT STEIGERN?

Mit Kaffee lassen sich Hirnfunktionen wie Gedächtnis und Aufmerksamkeit vorübergehend verbessern.

WIE HÄLT KAFFEE MICH WACH?

Koffein blockiert einen schlafinduzierenden Botenstoff im Gehirn, das Adenosin. Durch diese Blockade wird die Adrenalinausschüttung gesteigert, sodass wir uns wacher fühlen.

WELCHE AUSWIRKUNG HAT KOFFEIN BEI SPORTLERN?

Koffein in Maßen kann beim aeroben Training die Ausdauer und beim anaeroben Training die Leistungsfähigkeit steigern. Es weitet die Bronchien, was das Atmen erleichtert, und transportiert vermehrt energietragenden Zucker ins Blut.

ENTHALTEN DUNKLE RÖSTUNGEN MEHR KOFFEIN?

Sehr dunkle Röstungen haben sogar weniger Koffein und wirken definitiv nicht mehr aufputschend.

WARUM SPÜRE ICH KEINE WIRKUNG?

Wer jeden Tag zur selben Zeit Kaffee trinkt, desensibilisiert sich auf diese Weise. Um das zu verhindern, sollte man hin und wieder seine Gewohnheiten ändern.

PAPUA-NEUGUINEA

Kaffees aus Papua-Neuguinea haben eine dichte Textur, schwache bis mittlere Säure und eine Reihe von krautigen, holzigen und tropischen oder Tabaknoten.

Neben einigen zu einem geringen Teil staatlich kontrollierten Plantagen sind die meisten Erzeuger Kleinbauern. Fast der gesamte Kaffee ist nasser Arabica aus dem Hochland, in Sorten wie Bourbon, Arusha und Mundo Novo. Zwei bis drei Millionen Menschen leben vom Kaffeeanbau.

Die meisten Kaffee anbauenden Provinzen verfolgen das Ziel, die Pflanzendichte zu erhöhen und hochwertigere Kaffees zu erzeugen.

OZEANIEN

EASTERN HIGHLANDS

Angesichts von Höhenlagen von 1500 bis 1900 m über dem Meeresspiegel und ergiebigen Niederschlägen entstehen hier die komplexesten Kaffees.

Mundo Novo Perlbohne (nass)
Perlbohnen (s. S. 16) mit weinartigem, saftigem Charakter

LEGENDE

⬬ WICHTIGE ANBAUREGIONEN

🟩 ANBAUFLÄCHE

0 km — 150
0 Meilen — 150

Vanimo
SANDAUN
Wewak
New Ireland
NEW IRELAND
EAST SEPIK
Karkar
Bismarck-see
Zentralmassiv
MADANG
Madang
Rabaul
WEST NEW BRITAIN
NORD-SALOMONEN
ENGA & WESTERN HIGHLANDS
Vitiaz-Straße
Kimbe
Neu-guinea
Goroka
New Britain
EAST NEW BRITAIN
Salomonen
CHIMBU
MOROBE
Bougainville
Arawa
SOUTHERN HIGHLANDS
EASTERN HIGHLANDS
Lae
Salomonensee
Murray-See
GULF
JIWAKA

PAPUA-NEUGUINEA

Golf von Papua
Owen-Stanley-Gebirge
Popondetta
Kiriwina
D'Entrecasteaux Inseln
Port Moresby
MILNE BAY
Alotau
Korallenmeer

Typica Bourbon (nass)
Diese Sorte war eine der ersten Bohnen in Papua-Neuguinea.

ENGA UND WESTERN HIGHLANDS

Die relativ trockenen Höhenlagen zwischen 1200 und 1800 m über dem Meer liefern säureschwächere Bohnen mit krautigen, nussigen Noten.

CHIMBU UND JIWAKA

Hier liegen auf 1600 bis 1900 m über dem Meeresspiegel einige der höchsten Plantagen Papua-Neuguineas. Die besten Kaffees sind strahlend mit sanften Fruchtnoten.

KAFFEE-FAKTEN PNG

WELT MARKT ANTEIL: WENIGER ALS **0,7 %**

KAFFEETYPEN:
95 % ARABICA
ALTE FORMEN VON TYPICA, BOURBON, ARUSHA, BLUE MOUNTAIN, MUNDO NOVO
5 % ROBUSTA
HAUPTERNTE: APRIL–SEPTEMBER

WELTRANG ALS PRODUZENT: PLATZ 17

AUSTRALIEN

Australiens Kaffees sind oft nussig, schokoladig und weich in der Säure, mit einer Neigung zu süßen Zitrus- und Fruchtnoten.

Seit 2000 Jahren wird hier Arabica angebaut. Die Kaffeeindustrie hat Höhen und Tiefen durchlebt. Mit Einführung der mechanisierten Ernte entstanden in den letzten 30 Jahren neue Farmen, die sie neu beleben.

Einige Erzeuger haben sich sogar nach Norfolk Island vor der Ostküste gewagt. Neben alten Typica und Bourbon werden dort auch neue Sorten wie die beliebten K7, Catuai und Mundo Novo angepflanzt.

KAFFEE-FAKTEN **AUSTRALIEN**

WELT-MARKT-ANTEIL-: WENIGER ALS **0,01%**

HAUPTERNTE: JUNI–OKTOBER

KAFFEETYPEN: ARABICA
K7, CATUAI, MUNDO NOVO, TYPICA, BOURBON

AUFBEREITUNG: NASS HALBTROCKEN TROCKEN

WELTRANG ALS PRODUZENT: **PLATZ 50**

ATHERTON HIGHLANDS

Die Region im äußersten Norden von Queensland produziert die Hälfte der australischen Kaffees. Hier finden sich fast alle großen Farmen. Die Kaffees sind meist süß, schokoladig und nussig.

CENTRAL UND SOUTHWEST QUEENSLAND

In diesem kleineren Gebiet liegen kleine Farmen neben großen Industrieplantagen. Die Kaffees sind meist mild, süß und säurearm.

Catuai (nass)
Australien kultiviert Sorten wie Catuai, die zum Klima passen.

Bourbon (trocken)
Die trockene Aufbereitung eignet sich für Regionen mit ausgeprägten Trockenzeiten.

NORTHERN NEW SOUTH WALES

In kühleren Höhenlagen reifen die Kirschen langsamer. Das führt zu ausgeprägteren Aromen und potenziell zu weniger Koffein.

LEGENDE

◖ WICHTIGE ANBAUREGIONEN

▨ ANBAUFLÄCHE

THAILAND

In Thailand dominiert die Robusta, aber die besten Arabicas haben eine weiche Textur, wenig Säure und das Potenzial für angenehm blumige Noten.

In Thailand wird fast ausschließlich Robusta angebaut. Das Gros wird trocken aufbereitet und zu Instantkaffee verarbeitet. In den 1970er-Jahren wurden die Farmer ermutigt, Arabica-Sorten wie Caturra, Catuali und Catimor anzubauen. Leider ging man dabei nicht konsequent vor, sodass die Erzeuger wenig Anreiz hatten, die Bäume zu pflegen. In den letzten Jahren ist das Interesse an thailändischen Kaffees gewachsen und Investitionen helfen bei der Erzeugung von hochwertigen Kaffees.

NORDEN

Der kleine Anteil Arabica wächst im Norden des Landes auf Höhen von 800 bis 1500 m über dem Meeresspiegel. Die Bohnen werden gewaschen, um die Premiumpreise, die sie gegenüber der Robusta erzielen, noch zu steigern.

KAFFEE-FAKTEN **THAILAND**

WELT-MARKT-ANTEIL: **0,5 %**

HAUPTERNTE: **OKTOBER–MÄRZ**

KAFFEETYPEN: **98 % ROBUSTA 2 % ARABICA** CATURRA, CATUAI, CATIMOR, GEISHA

AUFBEREITUNG: TROCKEN, SELTENER NASS

WELTRANG ALS PRODUZENT: PLATZ 21

MYANMAR

CHIANG RAI

Chiang Mai

MAE HONG SON

CHIANG MAI

LAMPANG

Tane-Kette

TAK

Phitsanulok

Udon Thani

SÜDOST-ASIEN

Nakhon Sawan

T H A I L A N D

Bilauktaung-Kette

Bankok

Isthmus von Kra

Trocken aufbereitete Kirschen
Kirschen aller Reifegrade werden in Thailand oft in einem Durchgang geerntet.

Arabica Perlbohnen (nass)
Vor allem im Norden werden Perlbohnen (s. S. 16) ausgesondert und als Spezialität verkauft.

SÜDEN

Die Robusta gedeiht im Süden gut und macht den Löwenanteil des in Thailand erzeugten Kaffees aus.

CHUMPHON

RANONG

SURAT THANI

Nakhon Si Thammarat

PHANG NA

KRABI

NAKON SI THAMMARAT

Songkhla

LEGENDE

⬤ **WICHTIGE ANBAUREGIONEN**

🟩 **ANBAUFLÄCHE**

0 km   150

0 Meilen   150

VIETNAM

Vietnams weiche, süße und nussige Sorten sind für den Spezialitätenmarkt von Interesse.

In Vietnam wird seit 1857 Kaffee angebaut. Anfang des 20. Jh. steigerten die Bauern ihre Kaffeeproduktion, um von den guten Marktpreisen zu profitieren. Innerhalb von zehn Jahren arbeitete sich das Land zum zweitgrößten Kaffeeproduzenten der Welt empor. Als Folge fluteten minderwertige Robustas den Markt und drückten Qualität und Preise. Heute versucht die Regierung, Angebot und Nachfrage im Gleichgewicht zu halten. Das Gros der Ernte ist Robusta, aber es wird auch Arabica kultiviert.

Arabica (nass)
Vietnamesische Arabica sind im Kommen, haben aber noch kein Geschmacksprofil.

ZENTRALE NORDKÜSTE

Berge schützen Thua Thien Hue, Quang Tri, Ha Tinh, Nghe An und Thanh Hoa vor den Monsunwinden, sodass hier großflächig Arabica angebaut werden kann.

ZENTRALE SÜDKÜSTE

Einige Farmer rund um Quang Nam, Quang Ngai, Binh Dinh, Phu Yen und Khanh Hoa bewässern ihre Bäume in der Trockenzeit, um die Blüte zu steuern und zu einer günstigeren Zeit ernten zu können.

ZENTRALES WESTLICHES HOCHLAND

In den Regionen um Dak Lak, Gia Lai, Kontum und Lam Dong wächst der Kaffee auf 500 bis 700 m Höhe. Hier gibt es heiße Tage, kühle Nächte sowie Regen- und Trockenzeiten.

SÜDOSTEN

In dem heißen, feuchten Klima rund um Dong Nai, Ba Ria-Vung tau und Binh Phuoc gedeiht die Robusta. Der Boden ist fruchtbar. Geerntet wird zur Trockenzeit.

LEGENDE
- WICHTIGE ANBAUREGIONEN
- ANBAUFLÄCHE

0 km — 150
0 Meilen — 150

KAFFEE-FAKTEN VIETNAM

WELTMARKTANTEIL: 14 %

KAFFEETYPEN: 95 % ROBUSTA 5 % ARABICA CATIMOR, CHARI (EXCELSA)

HAUPTERNTE: OKTOBER – APRIL

AUFBEREITUNG: TROCKEN, SELTEN NASS

WELTRANG ALS PRODUZENT: PLATZ 2

CHINA

Chinesische Kaffees sind weich und süß, mit zarter Säure und nussigen Noten bis fast zu Karamell- und Schokoladennoten.

Kaffee, von den Missionaren nach Yunnan gebracht, wird in China seit 1887 angebaut. Es sollte jedoch ein Jahrhundert dauern, bis die Regierung auf die Produktion aufmerksam wurde und eine Technisierung einleitete. Seither wächst die Gesamtproduktion jedes Jahr um etwa 15 Prozent. Der Pro-Kopf-Verbrauch liegt derzeit bei zwei bis drei Tassen pro Jahr, wächst aber ebenfalls. Unter anderem werden die Arabica-Sorten Catimor und Typica angebaut.

YUNNAN

In den Regionen Pu'er, Kunming, Lincang Wenshan und Dehong wachsen 95 Prozent der chinesischen Kaffees, vor allem Catimor, wobei sich in der Präfektur Baoshan auch alte Bourbon und Typica finden. Die Kaffees sind meist säurearm, nussig oder getreidig.

ASIEN

Typica (nass)
Chinesischer Typica ist oft süß, strukturiert und von mittlerem Körper.

Shanghai

Sichuan Pendi

SICHUAN

Hengduan Shan

Yungui-Gaoyuan

GUIZHOU
Guiyang

Changsha
HUNAN

Nanchang   **ZHEJIANG**

JIANGXI

Fuzhou

FUJIAN

C H I N A

Taiwan

YUNNAN

Kunming

GUANGXI ZHUANGZU ZIZHIQU

Nanning

GUANGDONG
Guangzhou

Hongkong

MYANMAR   **VIETNAM**

LAOS

Südchinesisches Meer

Haikou
Hainan Dao

HAINAN

HAINAN

Die Insel Hainan vor der Südküste Chinas produziert jährlich etwa 300 bis 400 kg Robusta. Die Produktion ist zwar rückläufig, aber es gibt eine starke Kaffeekultur in der einheimischen Bevölkerung. Der Kaffee ist meist mild, holzig und körperreich.

Catimor (nass)
Die am häufigsten kultivierte Sorte in China ist Catimor.

FUJIAN

Die Küstenprovinz gegenüber von Taiwan ist ein großes Teeanbaugebiet, aber es gibt auch Robusta-Pflanzungen, die einen kleinen Anteil an der chinesischen Jahresproduktion haben. Die Kaffees sind meist säurearm und körperreich.

LEGENDE

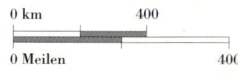

● **WICHTIGE ANBAUREGIONEN**

▬ **ANBAUFLÄCHE**

KAFFEE-FAKTEN **CHINA**

WELT-MARKT-ANTEIL: **0,5 %**

KAFFEETYPEN:
95 % ARABICA
CATIMOR, BOURBON, TYPICA
5 % ROBUSTA

WELTRANG ALS PRODUZENT: PLATZ 20

HAUPTERNTE: NOVEMBER–APRIL

AUFBEREITUNG: NASS UND TROCKEN

Trocknende Kaffeekirschen
Viele Bauernfamilien trocknen die Kirschen für den Verkauf und Eigenbedarf vor der eigenen Tür.

0 km   400

0 Meilen   400

JEMEN

Einige der interessantesten Arabicas der Welt mit »wilden« Noten von Gewürzen, Erde, Früchten und Tabak wachsen im Jemen.

In keinem anderen Land außerhalb Afrikas gibt es schon so lange Kaffee wie im Jemen. Der erste Exporthafen war die Kleinstadt Mocha.

Hier und dort wächst immer noch wilder Kaffee, aber auf den Kulturflächen werden alte Typica und alte äthiopische Sorten angebaut. Einheimische Sorten heißen oft so wie die Region, in der sie angebaut werden, was eine Bestimmung erschwert.

HARAZI

Die Kaffeegärten im Harazgebirge auf halber Strecke zwischen Sana'a und der Küste produzieren klassische komplexe, fruchtige und weinartige Kaffees.

MATARI

Westlich von Sana'a, in Richtung der Hafenstadt Hodeidah, produzieren die hoch gelegenen Plantagen mit Matari-Kaffees einige der säurereicheren Bohnen des Jemens.

ASIEN

SAUDI-ARABIEN

Rub al-Chali

OMAN

Ramlat Dahm

J E M E N

Ramlat as Sab'atayn

Al Mahrah

Hadhramaut

Al Mukallā

MATARI

Sana'a

HARAZI

Hodeidah

ISMAILI

DHAMARI

Ta'izz

Aden

Golf von Aden

Rotes Meer

Reifende Kaffeekirschen
Im Jemen lässt man die Kirschen oft am Baum ausreifen und eintrocknen.

KAFFEE-FAKTEN JEMEN

WELT-MARKT-ANTEIL: 0,1 %

KAFFEETYPEN:
ARABICA
TYPICA, HEIRLOOM

HAUPTERNTE:
JUNI–DEZEMBER

AUFBEREITUNG:
TROCKEN

WELTRANG ALS PRODUZENT: PLATZ 33

TECHNIK

Anbau und Aufbereitung sind seit 800 Jahren unverändert. Es werden keine Chemikalien eingesetzt. Aus Mangel an Wasser werden die Bohnen trocken aufbereitet und sie können ungleichmäßig sein.

VOR ORT

DHAMARI

Südlich von Sana'a produzieren die westlichen Distrikte des Gouvernements Dhamar Kaffees klassischen jemenitischen Zuschnitts, die aber oft weicher und runder sind als die aus dem Westen des Landes.

ISMAILI

Der Name ist von einer islamischen Glaubensgemeinschaft abgeleitet und bezeichnet sowohl eine einheimische Sorte als auch die Region, in der einige eher rustikale Kaffes entstehen.

Heirloom (trocken)
Unbekannte Heirloom-Sorten werden trocken aufbereitet und geben einen einmaligen Charakter.

LEGENDE

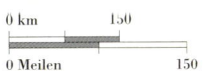 WICHTIGE ANBAUREGIONEN

ANBAUFLÄCHE

0 km — 150

0 Meilen — 150

KAFFEE AUS ALLER WELT
SÜD- UND
MITTELAMERIKA

BRASILIEN

Brasilien ist der weltweit größte Kaffeeerzeuger. Regionale Unterschiede sind schwer auszumachen, aber generell produziert das Land weiche gewaschene Arabicas und süße ungewaschene Kaffees mit milder Säure und mittlerer Textur.

GERADE REIHEN
Zwecks maschineller Ernte setzen Brasiliens Kaffeebauern schnurgerade Baumreihen auf ebenem Boden.

1920 produzierte Brasilien etwa 80 Prozent des weltweit angebauten Kaffees. Als andere Länder ihre Produktion steigerten, schrumpfte Brasiliens Marktanteil auf die gegenwärtigen 35 Prozent, aber es ist nach wie vor der größte Erzeuger vor allem von Arabica-Sorten wie Mundo Novo und Icatu.

Nach der Frostkatastrophe von 1975 legten viele Farmer neue Pflanzungen in Minas Gerais an, die heute alleine fast die Hälfte des brasilianischen Kaffees liefern – fast so viel wie der zweitgrößte Kaffeeproduzent Vietnam.

Produktionsschwankungen in Brasilien beeinflussen den Weltmarkt und haben Auswirkungen auf das Einkommen von Millionen Menschen. Das ist der Preis, den wir alle für den Genuss von Kaffee zahlen. Aktuell gibt es etwa 300 000 Farmen im ganzen Land, von einem halben Hektar Anbaufläche bis zu mehr als 10 000 Hektar. Brasilien verbraucht rund die Hälfte seines Kaffees selbst.

KAFFEE-FAKTEN **BRASILIEN**

WELT-MARKT-ANTEIL: **35 %**

AUFBEREITUNG:
TROCKEN, HALBTROCKEN, HALBNASS UND NASS

KAFFEETYPEN:
80 % ARABICA
BOURBON, CATUAI, ACAIA, MUNDO NOVO, ICATU
20 % ROBUSTA

HAUPTERNTE:
MAI-SEPTEMBER

WELTRANG ALS PRODUZENT: **PLATZ 1**

TECHNIK VOR ORT
Die brasilianische Kaffeeproduktion ist stark mechanisiert. Anders als in anderen Ländern werden die Bohnen erst nach der Ernte sortiert.

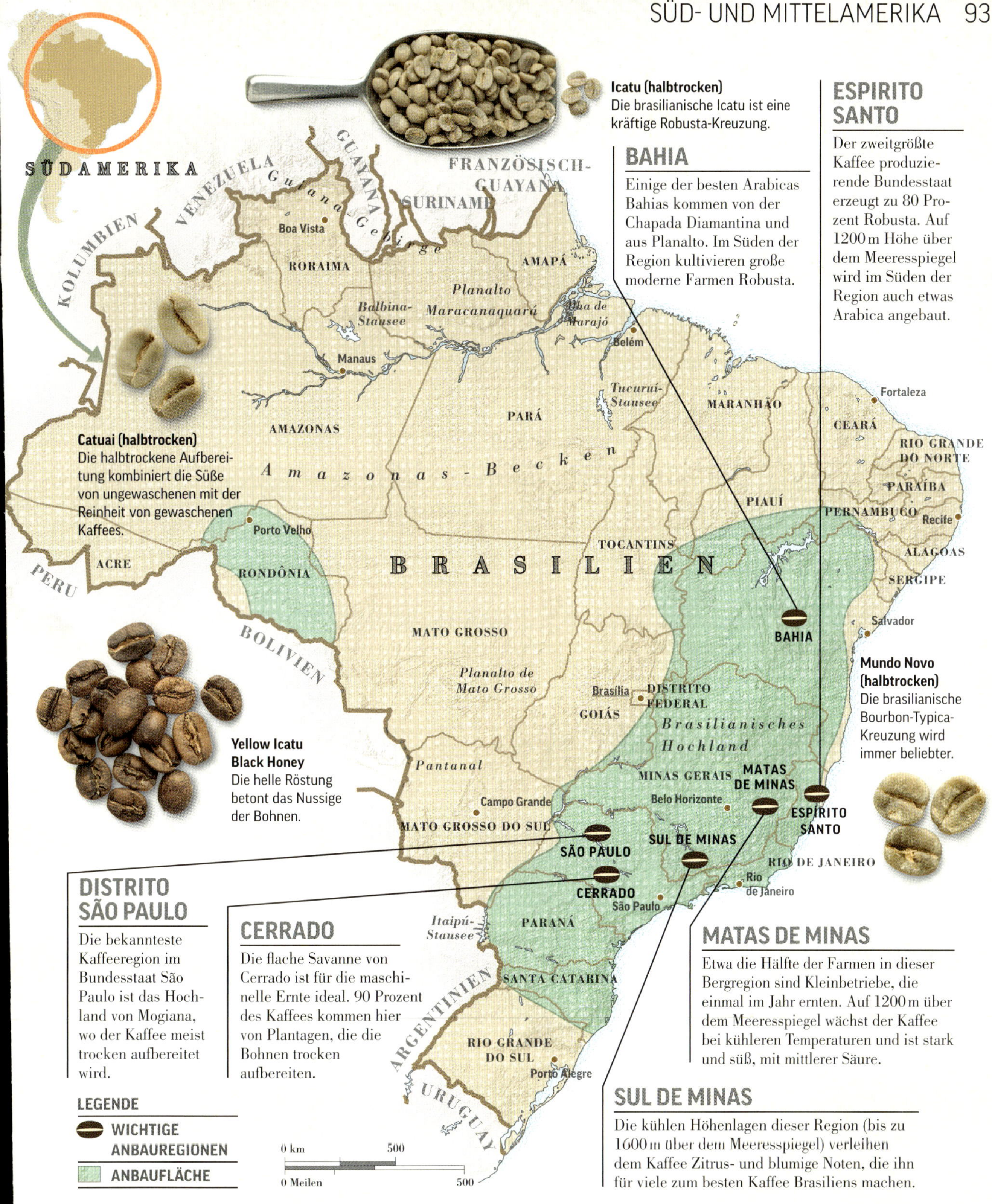

Icatu (halbtrocken)
Die brasilianische Icatu ist eine kräftige Robusta-Kreuzung.

ESPIRITO SANTO

Der zweitgrößte Kaffee produzierende Bundesstaat erzeugt zu 80 Prozent Robusta. Auf 1200 m Höhe über dem Meeresspiegel wird im Süden der Region auch etwas Arabica angebaut.

BAHIA

Einige der besten Arabicas Bahias kommen von der Chapada Diamantina und aus Planalto. Im Süden der Region kultivieren große moderne Farmen Robusta.

Catuai (halbtrocken)
Die halbtrockene Aufbereitung kombiniert die Süße von ungewaschenen mit der Reinheit von gewaschenen Kaffees.

Yellow Icatu Black Honey
Die helle Röstung betont das Nussige der Bohnen.

Mundo Novo (halbtrocken)
Die brasilianische Bourbon-Typica-Kreuzung wird immer beliebter.

DISTRITO SÃO PAULO

Die bekannteste Kaffeeregion im Bundesstaat São Paulo ist das Hochland von Mogiana, wo der Kaffee meist trocken aufbereitet wird.

CERRADO

Die flache Savanne von Cerrado ist für die maschinelle Ernte ideal. 90 Prozent des Kaffees kommen hier von Plantagen, die die Bohnen trocken aufbereiten.

MATAS DE MINAS

Etwa die Hälfte der Farmen in dieser Bergregion sind Kleinbetriebe, die einmal im Jahr ernten. Auf 1200 m über dem Meeresspiegel wächst der Kaffee bei kühleren Temperaturen und ist stark und süß, mit mittlerer Säure.

SUL DE MINAS

Die kühlen Höhenlagen dieser Region (bis zu 1600 m über dem Meeresspiegel) verleihen dem Kaffee Zitrus- und blumige Noten, die ihn für viele zum besten Kaffee Brasiliens machen.

LEGENDE
- WICHTIGE ANBAUREGIONEN
- ANBAUFLÄCHE

KOLUMBIEN

Kolumbianische Kaffees sind meist voll und körperreich und bieten eine Fülle von Noten: von süß, nussig und schokoladig bis zu blumig, fruchtig und beinahe tropisch. Die Anbauregionen sind gut zu unterscheiden.

Die Berge Kolumbiens erzeugen eine Vielzahl von Mikroklimata, die dem Kaffee einzigartige Charakteristika verleihen. Angebaut wird ausschließlich Arabica, besonders Typica und Bourbon, die nass aufbereitet wird. Je nach Region finden eine oder zwei Ernten pro Jahr statt. Manchmal liegt die Haupterntezeit zwischen September und Oktober, mit einer kleineren zweiten Ernte im April oder Mai. In anderen Fällen wird von März bis Juni geerntet und dann erneut von Oktober bis November. Zwei Millionen Kolumbianer leben vom Kaffee. Die meisten von ihnen arbeiten für eine Gruppe kleiner Farmen, aber etwa 650 000 sind Erzeuger mit nur ein bis zwei Hektar eigenem Land. Seit einigen Jahren arbeitet die Spezialitätenindustrie direkt mit einzelnen Farmern, kauft kleine Volumina auf und ist bereit, für hochwertige Ernten auch entsprechend zu bezahlen.

Immer mehr kolumbianischer Kaffee fließt in den heimischen Markt. Aktuell sind es rund 20 Prozent der Gesamternte.

BOHNEN WENDEN
Die Bohnen trocknen normalerweise auf Betonplatten. Wo das Gelände zu steil ist, nutzt man Flachdächer.

KAFFEE-FAKTEN KOLUMBIEN

WELT-MARKT-ANTEIL: 6 %

KAFFEETYPEN:
ARABICA
TYPICA, BOURBON, TABI, CATURRA, COLOMBIA, MARAGOGIPE, CASTILLO

SCHWIERIGKEITEN:
KONTROLLE DER TROCKNUNG, MANGELNDE FINANZEN, BODENEROSION, KLIMAWANDEL, WASSERMANGEL, KRIMINALITÄT

ERNTEN:
MÄRZ–JUNI UND SEPTEMBER–DEZEMBER

AUFBEREITUNG:
NASS

TECHNIK VOR ORT
Die meisten Farmer haben eigene Aufbereitungsanlagen und übernehmen die Trocknung selbst (s. S. 20–21). Die Lagerung auf erhöhten Flächen erleichtert das Wenden der Bohnen.

WELTRANG ALS PRODUZENT: PLATZ 4

SÜD-AMERIKA

Caturra (nass)
Leichte bis mittlere Röstungen betonen die Zitrusnoten der hiesigen Kaffees.

CAUCA

Die bekanntesten Gemeinden Caucas sind Inza und Popayan. Insgesamt liefert das Departamento acht Prozent der kolumbianischen Ernte. Die Kaffees sind süß und leicht mit floralen und Beerennoten.

SANTANDER

Im äußersten Norden des Landes erzeugen Santander und Norte de Santander neun Prozent des kolumbianischen Kaffees, meist unter Schatten und in geringer Höhe, was weichere, erdigere Kaffees mit wenig Säure gibt.

Kolumbianische Farm
Die in ordentlichen Reihen bepflanzten Kaffeefarmen werden vorbildlich geführt.

Tekisik (nass)
Die aus El Salvador stammende Tekisik ist weit verbreitet.

NARIÑO

Als südlichstes Kaffee produzierendes Departamento genießt Nariño einen Ruf für weiche, cremige Kaffees mit Obertönen von Steinfrüchten, produziert aber nur drei Prozent des Gesamtvolumens.

Caturra und Bourbon (nass)
Sowohl Bourbon als auch die komplexere Caturra gedeihen in Kolumbien, wo man Sorten gerne gemischt anpflanzt.

HUILA

Zwölf Prozent des kolumbianischen Kaffees kommen aus den Bergen von Huila, die viele für das beste Anbaugebiet im Land halten. Sie sind oft fruchtig und säurereich, mit dichter Textur und komplexem Geschmack.

TOLIMA

Das Departamento del Tolima liefert zwölf Prozent der kolumbianischen Bohnen, meist weiche, süße Kaffees mit gelegentlichen leichten und ausgewogenen blumigen Noten.

LEGENDE
- ● WICHTIGE ANBAUREGIONEN
- ▬ ANBAUFLÄCHE

0 km 200
0 Meilen 200

Map labels: Karibisches Meer, LA GUAJIRA, Barranquilla, ATLÁNTICO, MAGDALENA, CESAR, VENEZUELA, SUCRE, CÓRDOBA, BOLÍVAR, NORTE DE SANTANDER, ANTIOQUIA, Medellín, SANTANDER, ARAUCA, CASANARE, CHOCÓ, CALDAS, BOYACÁ, RISARALDA, CUNDINAMARCA, VALLE DEL CAUCA, QUINDÍO, Bogotá, Llanos, VICHADA, TOLIMA, Cali, KOLUMBIEN, HUILA, META, GUAINÍA, CAUCA, ANDEN, ECUADOR, NARIÑO, GUAVIARE, VAUPÉS, PUTUMAYO, CAQUETÁ, AMAZONAS, Pazifischer Ozean, PERU, BRASILIEN

BOLIVIEN

Bisher sind nur wenige regionale Geschmackprofile aus Bolivien bekannt. Der Kaffee ist meist süß und ausgewogen, blumig und krautig oder cremig und schokoladig. Ein kleiner Erzeuger mit großem Qualitätspotenzial.

Die Kaffeeindustrie des Landes umfasst rund 23 000 kleine Familienbetriebe mit zwei bis neun Hektar Anbaufläche und Bolivien verbraucht gut 40 Prozent seines Kaffees selbst.

Wegen Problemen in der Logistik, beim Unterhalt der Anlagen und mit der Aufbereitung ist die Qualität bolivianischer Kaffees schwankend, weshalb Spezialitätenhändler erst seit Kurzem Interesse zeigen. Der Kaffee muss meist über Peru verschifft werden, weil Bolivien keinen eigenen Hafen besitzt. Mit Investitionen in Ausbildung und neue Aufbereitungsanlagen vor Ort konnte das Niveau gehoben werden und die Exporteure erkunden heute internationale Märkte.

Bolivien baut vor allem Arabica-Sorten wie Typica, Caturra und Catuai an, fast flächendeckend im biologischen Landbau. Hauptanbauregionen sind die Provinzen Nor und Sud Yungas, Franz Tamayo, Caranavi, Inquisivi und Larecaja des Departamento La Paz. Die Erntezeiten variieren je nach Höhenlage, Niederschlag und Temperaturen.

ANBAU UND ERNTE
Bolivianischer Kaffee wird meist biologisch angebaut, weil für Dünger und Pestizide das Geld fehlt.

KAFFEE-FAKTEN BOLIVIEN

WELT-MARKT-ANTEIL: WENIGER ALS **0,1%**

KAFFEETYPEN:
ARABICA
TYPICA, CATURRA, CRIOLLO, CATUAI, CATIMOR

AUFBEREITUNG:
NASS, SELTENER TROCKEN

HAUPTERNTE:
JULI–NOVEMBER

SCHWIERIGKEITEN:
UNZUVERLÄSSIGE LOGISTIK, MANGEL AN AUFBEREITUNGS-TECHNIK UND WARTUNG

WELTRANG ALS PRODUZENT: **PLATZ 35**

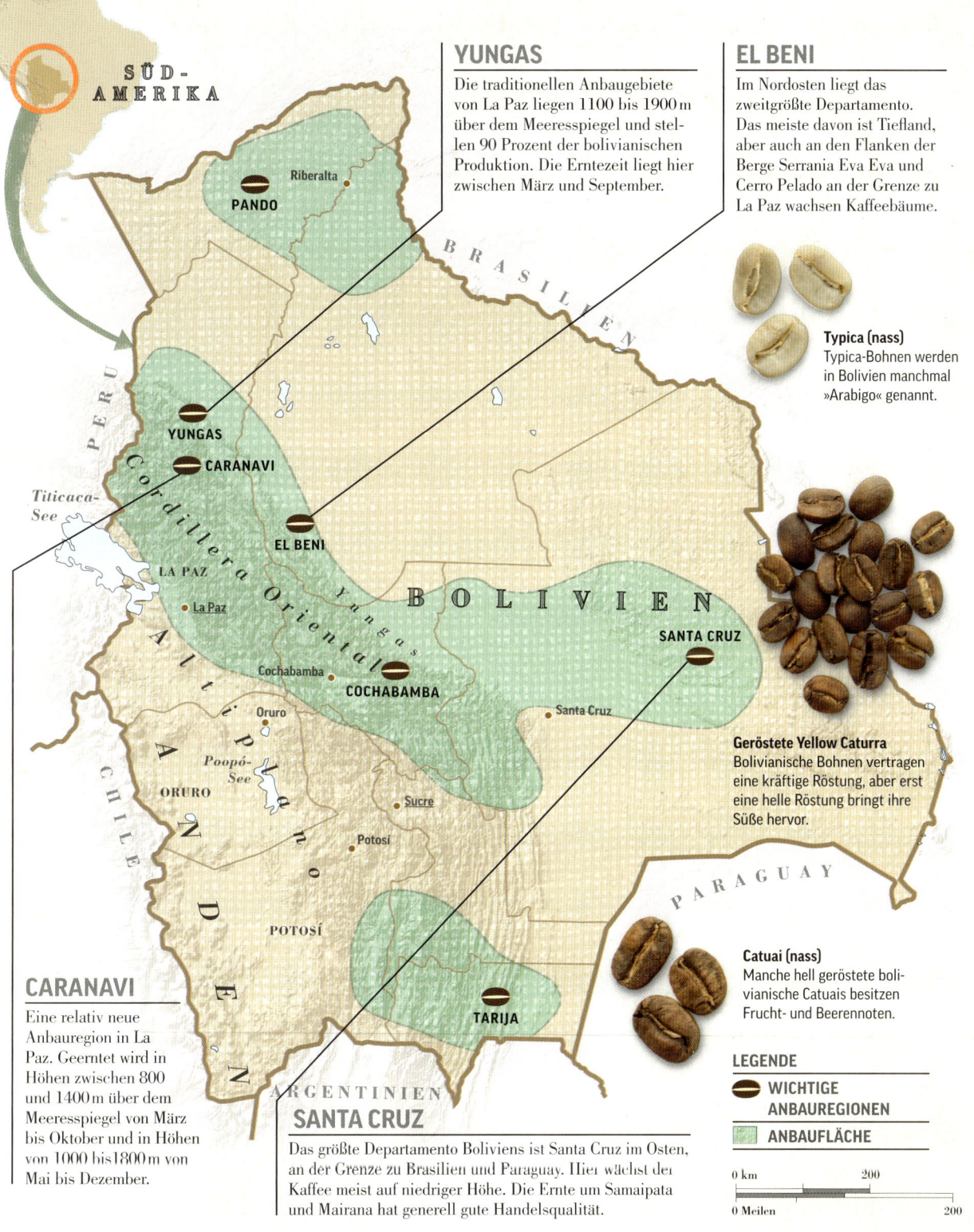

SÜD-AMERIKA

YUNGAS

Die traditionellen Anbaugebiete von La Paz liegen 1100 bis 1900 m über dem Meeresspiegel und stellen 90 Prozent der bolivianischen Produktion. Die Erntezeit liegt hier zwischen März und September.

EL BENI

Im Nordosten liegt das zweitgrößte Departamento. Das meiste davon ist Tiefland, aber auch an den Flanken der Berge Serrania Eva Eva und Cerro Pelado an der Grenze zu La Paz wachsen Kaffeebäume.

Typica (nass)
Typica-Bohnen werden in Bolivien manchmal »Arabigo« genannt.

Riberalta

PANDO

BRASILIEN

PERU

YUNGAS

CARANAVI

Titicaca-See

EL BENI

Cordillera Oriental

LA PAZ

La Paz

B O L I V I E N

Yungas

Cochabamba

COCHABAMBA

Santa Cruz

SANTA CRUZ

Oruro

Poopó-See

ORURO

A l t i p l a n o

Geröstete Yellow Caturra
Bolivianische Bohnen vertragen eine kräftige Röstung, aber erst eine helle Röstung bringt ihre Süße hervor.

Sucre

A N D E N

Potosí

POTOSÍ

P A R A G U A Y

CHILE

Catuai (nass)
Manche hell gerösteten bolivianische Catuais besitzen Frucht- und Beerennoten.

CARANAVI

Eine relativ neue Anbauregion in La Paz. Geerntet wird in Höhen zwischen 800 und 1400 m über dem Meeresspiegel von März bis Oktober und in Höhen von 1000 bis 1800 m von Mai bis Dezember.

TARIJA

ARGENTINIEN

SANTA CRUZ

Das größte Departamento Boliviens ist Santa Cruz im Osten, an der Grenze zu Brasilien und Paraguay. Hier wächst der Kaffee meist auf niedriger Höhe. Die Ernte um Samaipata und Mairana hat generell gute Handelsqualität.

LEGENDE

🫘 **WICHTIGE ANBAUREGIONEN**

🟩 **ANBAUFLÄCHE**

0 km — 200

0 Meilen — 200

PERU

Peru produziert in kleinem Umfang gut strukturierte, ausgewogene Kaffees mit erdigen und krautigen Noten.

Trotz hochwertiger Kaffees hat Peru Schwierigkeiten mit der Qualitätssicherung. Ein Hauptgrund ist die fehlende Logistik, aber die Regierung investiert stark in Ausbildung und Infrastruktur, insbesondere in den Straßenbau, sowie in neue Anbaugebiete, vor allem im Norden, wo neue Arabica angebaut werden. Das Land produziert vorwiegend Arabica-Sorten wie Typica, Bourbon und Caturra. Rund 90 Prozent des Kaffees produzieren rund 120 000 kleine Farmen, die zum größten Teil etwa zwei Hektar Anbaufläche bewirtschaften.

SÜDAMERIKA

NORDEN
Etwa 70 Prozent des Kaffees kommen aus dem Norden, wo neue Arabica meist biologisch angebaut wird.

Caturra (nass)
Gut aufbereitete, geröstete peruanische Bohnen sind rein und süß.

MITTE
In Höhenlagen zwischen 1200 und 2000 m über dem Meeresspiegel wachsen meist biologisch angebaute Kaffees mit eleganter, aber weicher Säure und guter Struktur.

Caturra, Typica, Bourbon (nass)
Peruanische Sorten werden meist als Mix angebaut und auch verkauft. Die Sortierung könnte den Wert jeder einzelnen erhöhen.

SÜDEN
In der kleinsten Anbauregion des Landes wird der Kaffee meist en gros oder über Kooperativen verkauft, was die Herkunftsbestimmung erschwert.

KAFFEE-FAKTEN **PERU**

WELT-MARKT-ANTEIL: **3 %**

HAUPTERNTE:
MAI–SEPTEMBER

AUFBEREITUNG:
NASS

KAFFEETYPEN:
ARABICA
TYPICA, BOURBON, CATURRA, PACHE, CATIMOR

WELTRANG ALS PRODUZENT: **PLATZ 9**

LEGENDE
● WICHTIGE ANBAUREGIONEN
▨ ANBAUFLÄCHE

0 km   300
0 Meilen   300

ECUADOR SÜDAMERIKA

Die Geschmackprofile sind so vielfältig wie die Landesnatur, aber die meisten Kaffees sind typische Südamerikaner.

Das heißt, sie besitzen einen mittleren Körper, strukturierte Säure und angenehme Süße. Die Kaffeeindustrie kämpft mit Problemen, die der Produktqualität schaden: Finanzmangel, schwache Erträge und hohe Arbeitskosten. Die Gesamtanbaufläche hat sich seit 1985 halbiert. Ecuador produziert Robusta und minderwertigen Arabica. Der Kaffee wächst, meist biologisch, unter Schatten und die meisten Kleinbauern bereiten ihre Bohnen selber auf. In den höchsten Lagen gibt es dennoch Potenzial für bessere Qualität und neben Typica und Bourbon werden dort auch Caturra, Catuai, Pacas und Sarchimor gepflanzt.

Robusta (nass)
Die trockene Aufbereitung überwiegt, aber immer mehr Robusta wird gewaschen.

MANABÍ
Manabí ist das größte Anbaugebiet und produziert 50 Prozent des ecuadorianischen Arabicas in nasser und trockener Aufbereitung. In der trockenen Küstenregion wächst der Kaffee auf 300 bis 700 m Höhe.

Typica (nass)
Kaffeebäume werden oft nach 10 bis 15 Jahren ersetzt, aber in Ecuador sind viele Bäume älter als 40 Jahre.

ZAMORA CHINCHIPE
Die Provinz im Südosten profitiert von Höhenlagen von 1000 bis 1800 m über dem Meeresspiegel und produziert überwiegend Arabicas, die strahlend und süß mit Spuren von Beeren sein können.

LOJA UND EL ORO
Die alten Anbauregionen im Süden auf 500 bis 1800 m über dem Meeresspiegel produzieren 20 Prozent der ecuadorianischen Arabicas. Das Klima ist trocken, deshalb werden 90 Prozent trocken aufbereitet.

Kartenbeschriftungen: Esmeraldas, ESMERALDAS, CARCHI, IMBABURA, KOLUMBIEN, PICHINCHA, Quito, MANABÍ, Portoviejo, COTOPAXI, NAPO, SUCUMBÍOS, ORELLANA, ECUADOR, LOS RÍOS, BOLIVAR, TUNGURAHUA, PASTAZA, Riobamba, CHIMBORAZO, GUAYAS, Guayaquil, CAÑAR, MORONA SANTIAGO, AZUAY, EL ORO, PERU, LOJA, Loja, ZAMORA CHINCHIPE

KAFFEE-FAKTEN ECUADOR

WELT-MARKT-ANTEIL: **0,5 %**

KAFFEETYPEN:
60 % ARABICA
40 % ROBUSTA

AUFBEREITUNG: NASS UND TROCKEN

HAUPTERNTE: MAI–SEPTEMBER

WELTRANG ALS PRODUZENT: PLATZ 19

LEGENDE
⬤ **WICHTIGE ANBAUREGIONEN**
🟩 **ANBAUFLÄCHE**

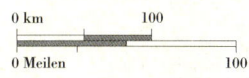

0 km — 100
0 Meilen — 100

ENTKOFFEINIERTER KAFFEE

Um die gesundheitlichen Vorzüge und Risiken von Kaffee mit und ohne Koffein ranken sich zahlreiche Mythen. Wenn Sie den Geschmack von gutem Kaffee lieben, aber beim Koffein etwas kürzer treten wollen, ist das möglich.

IST KOFFEIN UNGESUND?

Koffein ist ein Purinalkaloid, eine geruchlose, leicht bittere Verbindung, die in ihrer reinsten Form ein äußerst giftiges weißes Pulver ist. In seinem natürlichen Vorkommen in aufgebrühtem Kaffee ist Koffein ein Stimulans, das schnell auf das zentrale Nervensystem wirkt und den Körper ebenso schnell wieder verlässt. Die Wirkung ist von Mensch zu Mensch unterschiedlich. Es kann den Stoffwechsel anregen und Müdigkeit lindern, aber auch nervös machen. Je nach Geschlecht, Gewicht, Veranlagung und Gesundheit kann Koffein angenehm anregend sein oder auch Unwohlsein verursachen. Man sollte also darauf achten, wie man sich nach dem Konsum fühlt und ob das Koffein gesundheitliche Auswirkungen hat.

WIE UNTERSCHEIDEN SICH DIE BOHNEN?

Rohe entkoffeinierte Bohnen sind dunkler gefärbt, auch nach dem Rösten. Wegen der durchlässigeren Zellstruktur glänzen sie hell geröstet manchmal ölig. Sie wirken glatter und gleichmäßiger gefärbt.

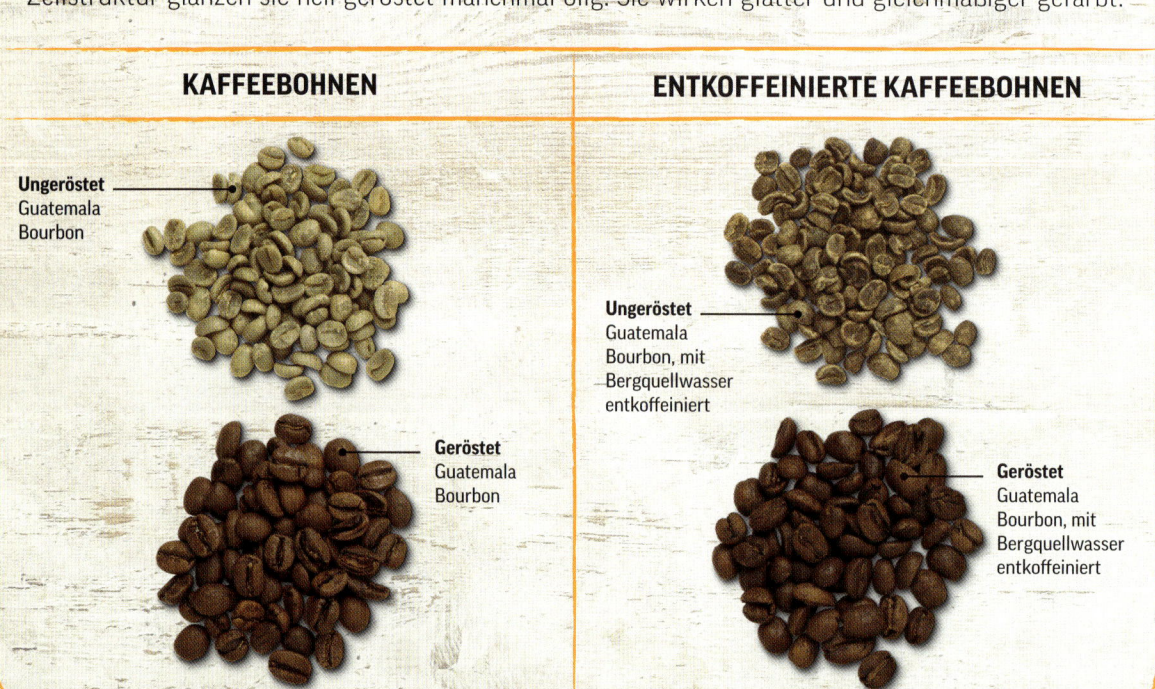

KAFFEEBOHNEN

Ungeröstet
Guatemala
Bourbon

Geröstet
Guatemala
Bourbon

ENTKOFFEINIERTE KAFFEEBOHNEN

Ungeröstet
Guatemala
Bourbon, mit
Bergquellwasser
entkoffeiniert

Geröstet
Guatemala
Bourbon, mit
Bergquellwasser
entkoffeiniert

DIE WAHRHEIT ÜBER »DECAF«

Entkoffeinierten Kaffee gibt es heute überall zu kaufen. Meist wurden ihm 90 bis 99 Prozent des Koffeins entzogen, sodass der Koffeingehalt deutlich unter dem von Schwarzem Tee und etwa auf dem Niveau von Trinkschokolade liegt.

Leider werden die meisten »Decafs« aus minderwertigem Rohkaffee gewonnen und oftmals dunkel geröstet, um den unangenehmen Geschmack zu überdecken. Wenn der Erzeuger aber frische hochwertige Bohnen verwendet und diese gekonnt röstet, bleibt der Geschmack vollkommen unbeeinträchtigt. Man kann den Unterschied zwischen Kaffee mit und ohne Koffein nicht mehr schmecken und ihn einfach genießen.

DIE TECHNIK

Es gibt mehrere Möglichkeiten, Kaffee das Koffein zu entziehen, sowohl mit Lösungsmitteln als auch auf natürliche Weise. Achten Sie dazu auf die Angaben auf dem Etikett des Produkts.

EXTRAKTION MIT LÖSUNGSMITTELN

Die Bohnen werden mit Wasserdampf behandelt oder in heißem Wasser eingeweicht, um ihre Zellstruktur aufzuschließen. Dann wird das Koffein mit Ethylacetat oder Dichlormethan aus den Bohnen bzw. dem Einweichwasser gespült. Allerdings lösen sie das Koffein nicht selektiv, das heißt, auch andere Inhaltsstoffe werden extrahiert, und der Prozess kann die Struktur der Bohnen schwächen, was später zu Problemen bei Lagerung und Röstung führt.

EXTRAKTION MIT WASSER

Die Bohnen werden in Wasser eingeweicht, um ihre Zellstruktur aufzuschließen. Anschließend wird das Koffein mit einem wasserbasierten Rohkaffeeextrakt ausgewaschen. Der Extrakt wird durch Kohle gefiltert, um das Koffein zu eliminieren, und erneut verwendet, um mehr Koffein auszuwaschen, bis der gewünschte Koffeingehalt erreicht ist. Der chemikalienfreie Prozess ist sanft und lässt den natürlichen Geschmack der Bohnen weitgehend intakt.

EXTRAKTION MIT CO_2

Bei niedrigen Temperaturen und hohem Druck wird das Koffein mit flüssigem Kohlendioxid aus den Bohnen gespült. So bleiben die Geschmacksstoffe des Kaffees nahezu unbeeinträchtigt. Das CO_2 gibt das Koffein als Extrakt wieder ab und man kann die Flüssigkeit wiederverwenden, um mehr Koffein auszuspülen. Der Prozess ist sanft und chemikalienfrei und gilt als biologisches Verfahren.

Mit CO_2 entkoffeinierte Bohnen
Mit CO_2 bearbeitete Bohnen sind glatt, glänzend und tief grün gefärbt.

GUATEMALA

Guatemaltekische Kaffees können sehr unterschiedlich ausfallen: Mal schmecken sie süß mit Kakao- und Toffee-Noten, mal krautig und zitrusartig oder auch blumig mit einer knackigen Säure.

In Guatemala finden sich die unterschiedlichsten Mikroklimata, von Berghängen bis zu Tiefebenen, die zusammen mit Niederschlag und fetten Böden für geschmackliche Vielfalt sorgen.

Kaffee wächst in nahezu allen Departamentos und der nationale Kaffeeverband hat acht Hauptregionen mit eigenem Geschmacksprofil festgelegt. Innerhalb dieser Regionen gibt es große Unterschiede in Aroma und Geschmack, die den unterschiedlichen Mikroklimata geschuldet sind.

Rund 270 000 Hektar stehen unter Kaffee, fast durchgängig gewaschene Arabica-Sorten wie Bourbon und Caturra. Im Südwesten wächst auf niedriger Höhe auch etwas Robusta.

Von den nahezu 100 000 Erzeugern bewirtschaftet ein Großteil kleine Farmen von zwei bis drei Hektar. Die meisten Farmen liefern ihre Kaffeekirschen für die Aufbereitung an Waschstationen, aber immer mehr Bauern richten sich ihre eigenen kleinen Aufbereitungsanlagen ein, die »beneficios« genannt werden.

HANGLAGE
Die grünen Hänge der hoch gelegenen Anbauregionen Guatemalas liegen oft in den Wolken.

KAFFEE-FAKTEN GUATEMALA

WELT-MARKT-ANTEIL: RUND **2,5 %**

KAFFEETYPEN:
98 % ARABICA
BOURBON, CATURRA, CATUAI, TYPICA, MARAGOGIPE, PACHE
2 % ROBUSTA

WELTRANG ALS PRODUZENT: PLATZ 10

AUFBEREITUNG:
NASS, IN GERINGEM UMFANG **TROCKEN**

HAUPTERNTE:
NOVEMBER-APRIL

TECHNIK VOR ORT
Injerto-reina-Methode: Der Stamm eines Arabica-Baums wird auf den Wurzelstock eines Robusta-Baums gepfropft, damit er resistenter wird, ohne Geschmack einzubüßen.

MITTEL-
AMERIKA

Sierra del Lacandón

Bourbon (nass)
Bourbon gilt als die erste Kaffeesorte, die in Guatemala produziert wurde.

PETÉN

Flores

BELIZE

HUEHUETENANGO

Die nicht-vulkanische Hochebene des Departamentos ist die höchst gelegene Anbaufläche im Land, mit wenig Regen und einer späten Ernte. Der Kaffee ist blumig und fruchtig und gilt als der beste und komplexeste Kaffee Guatemalas.

Red Catuai (nass)
Catuai-Bäume sind kompakt, robust und ertragreich. In Guatemala sind sie beliebt.

Maya-Berge

COBÁN

Das von Regenwald bedeckte Cobán liegt 1300 bis 1400 m über dem Meeresspiegel, aber die Temperaturen sind kühl und Niederschläge und Feuchtigkeit sind hoch. Der Kaffee ist schwer und ausgewogen, fruchtig und manchmal würzig.

MEXIKO

Golf von Honduras

G U A T E M A L A

HUEHUETENANGO

QUICHÉ

ALTA VERAPAZ

COBÁN

IZABAL

Puerto Barrios

Izabal-See

Sierra de Chuacús

BAJA VERAPAZ

Sierra de las Minas

S i e r r a

TOTONICAPÁN

ZACAPA

SAN MARCOS

Quezaltenango

EL PROGRESO

M a d r e

Caturra (nass)
Die Farmen halten die Sorten separat, um ihre Eigenheiten zu unterstreichen.

QUEZALTENANGO

SOLOLÁ

CHIMALTENANGO

GUATEMALA

Atitlán-See

ACATENANGO

ATITLÁN

SACATEPÉQUEZ

Guatemala Stadt

JALAPA

CHIQUIMULA

RETALHULEU

ANTIGUA

FRAIJUNES

NUEVO ORIENTE

Escuintla

SUCHITEPÉQUEZ

JUTIAPA

LEGENDE

⬤ **WICHTIGE ANBAUREGIONEN**

▨ **ANBAUFLÄCHE**

ESCUINTLA

SANTA ROSA

0 km ———— 50
0 Meilen ———— 50

ATITLÁN

Atitlán liegt auf der gleichen Höhe wie Antigua, hat aber mehr Regen und höhere Luftfeuchtigkeit. Rund um den Atitlán-See wächst klassischer guatemaltekischer Kaffee: klar und frisch, schokoladig, körperreich und duftend.

ANTIGUA

In der besten Kaffeeregion Guatemalas wachsen die Kaffees auf 1300 bis 1600 m Höhe über dem Meeresspiegel. Das Klima ist kühl und trocken und der Kaffee ist süß und ausgewogen mit Nuss-, Gewürz- und Schokoladennoten.

ACATENANGO

Die 1300 bis 1400 m über dem Meeresspiegel gelegene Region Acatenango ist heiß und trocken und besitzt fruchtbare vulkanische Böden. Der Kaffee ist säurereich und äußerst komplex.

EL SALVADOR

El Salvador produziert einige der aromatischsten Kaffees der Welt: süß und cremig, mit Noten von Trockenobst, Zitrusfrüchten, Schokolade und Karamell.

Die ältesten Arabica-Bäume auf den Farmen El Salvadors überstanden den Bürgerkrieg und die wirtschaftlichen Wirren, in denen das Land in den 1980er-Jahren versank, unbeschadet. Fast zwei Drittel des angebauten Kaffees sind Bourbon, das letzte Drittel besteht aus Pacas und Pacamara, einer beliebten einheimischen Kreuzung.

Es gibt etwa 20 000 Kaffeebauern in El Salvador, davon bewirtschaften 95 Prozent kleine Farmen mit weniger als 20 Hektar, die auf 500 bis 1200 m Höhe über dem Meeresspiegel liegen. Knapp die Hälfte dieser Farmen befindet sich in der Region Apaneca-Llamatepec. Da der Kaffee unter Schatten wächst, sind die Plantagen von Bedeutung im Kampf gegen Entwaldung und den Verlust von Lebensräumen. Ohne diese Bäume hätte das Land praktisch keine Waldflächen mehr.

In jüngerer Zeit haben die Erzeuger viel daran gesetzt, die Qualität ihrer Kaffees zu steigern und sie an Spezialitätenhändler zu verkaufen. Dieser Handel ist unempfindlicher gegen Schwankungen als Rohstoffmärkte.

LEGENDE

🔸 **WICHTIGE ANBAUREGIONEN**

🟩 **ANBAUFLÄCHE**

0 km — 30
0 Meilen — 30

APANECA-LLAMATEPEC

Die Gebirgsregion der Departamentos Santa Ana, Sonsonate und Ahuachapán ist das größte Anbaugebiet des Landes. Hier liegt das Gros der mittleren bis kleinen Farmen.

Lago de Güija
ALOPTEPEC-METAPAN
SANTA ANA
Santa Ana
APANECA-LLAMATEPEC
Ahuachapán
AHUACHAPÁN
E
LA LIBERTAD
Nueva San Salvador
Sonsonate
SONSONATE
EL BALSAMO-QUETZALTEPEC

Bourbon (nass, CO_2-entkoffeiniert)
Frische, intensiv aromatische Hochlandbohnen überstehen die Entkoffeinierung am besten.

ALOPTEPEC-METAPAN

Die kleine Vulkanregion im Nordwesten umfasst bekannte Departamentos wie Santa Ana und Chalatenango. Hier liegen die wenigsten Farmen, sie gelten aber als Heimat einiger der besten Kaffees.

EL BALSAMO-QUETZALTEPEC

Im Süden des zentralen Kaffeegürtels sind die Balsamo-Kette und der Vulkan San Salvador Heimat für fast 4000 Farmer, die körperreiche Kaffees von klassisch mittelamerikanischer Ausgewogenheit produzieren.

KAFFEEPLANTAGE
Kaffee wird oft gemeinsam mit Zierbananen, anderen Obstbäumen oder Nutzholzbäumen gepflanzt.

Pacamara gewaschen
Die Kreuzung aus Pacas und Maragogype besitzt oft krautige und herzhafte Noten.

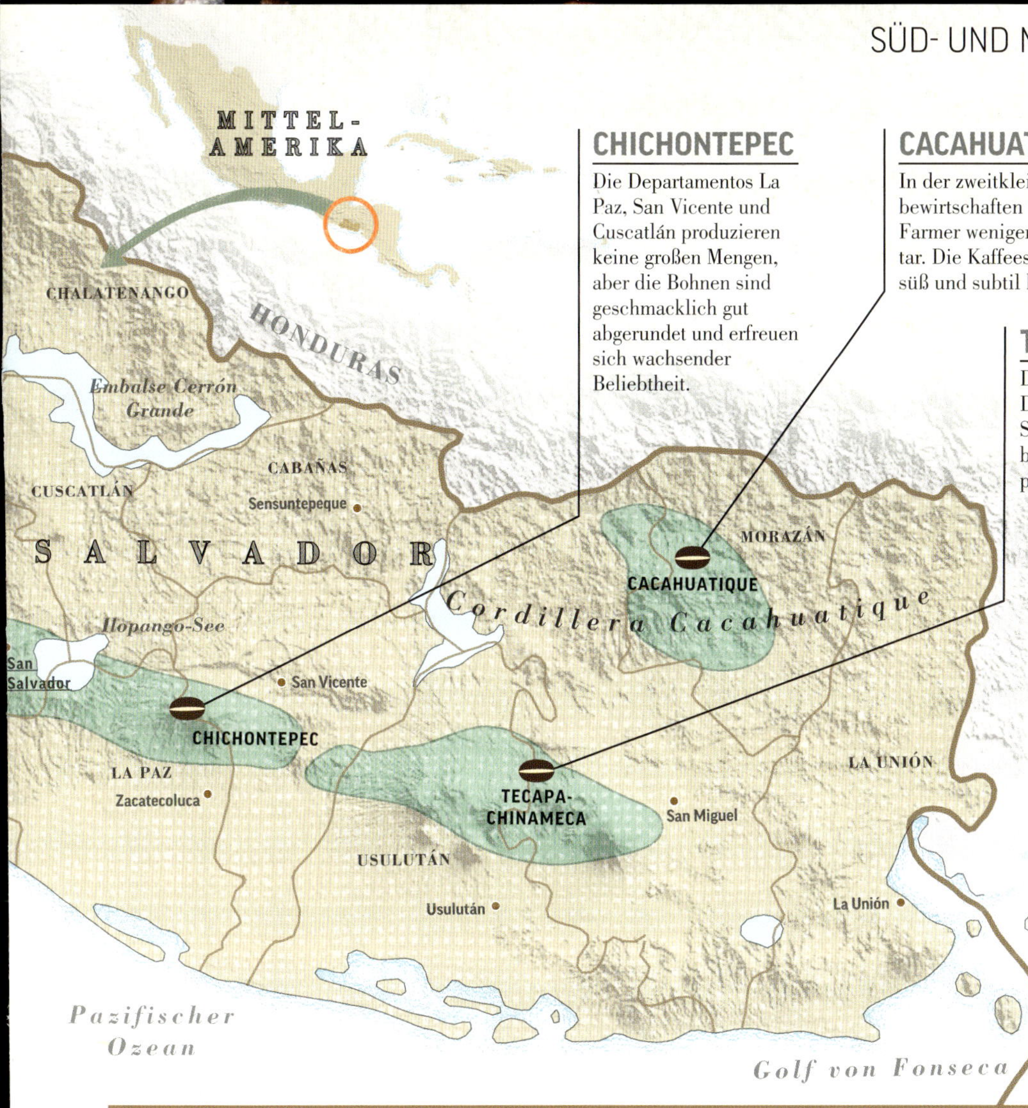

MITTEL-
AMERIKA

CHALATENANGO

HONDURAS

Embalse Cerrón
Grande

CABAÑAS

CUSCATLÁN

Sensuntepeque

S A L V A D O R

Ilopango-See

San
Salvador

San Vicente

CHICHONTEPEC

LA PAZ

Zacatecoluca

USULUTÁN

Usulután

Pazifischer
Ozean

MORAZÁN

CACAHUATIQUE

C o r d i l l e r a   C a c a h u a t i q u e

TECAPA-
CHINAMECA

San Miguel

LA UNIÓN

La Unión

Golf von Fonseca

CHICHONTEPEC

Die Departamentos La
Paz, San Vicente und
Cuscatlán produzieren
keine großen Mengen,
aber die Bohnen sind
geschmacklich gut
abgerundet und erfreuen
sich wachsender
Beliebtheit.

CACAHUATIQUE

In der zweitkleinsten Region
bewirtschaften 90 Prozent der
Farmer weniger als sieben Hektar. Die Kaffees sind oft leicht,
süß und subtil blumig.

TECAPA-CHINAMECA

Die östliche Region mit den
Departamentos Usulután und
San Miguel ist wenig bekannt,
bringt aber einige sehr komplexe, edle Kaffees hervor.

Tekisik (nass)
Der salvadorianische
Kultivar ist eine kom-
pakte Zwergversion des
Bourbon-Baums.

KAFFEE-FAKTEN **EL SALVADOR**

WELT-
MARKT-
ANTEIL: **0,9 %**

HAUPTERNTE:
**OKTOBER –
MÄRZ**

AUFBEREITUNG:
**NASS,
SELTENER
TROCKEN**

KAFFEETYPEN:
ARABICA
BOURBON, PACAS,
PACAMARA, CATURRA,
CATUAI, CATISIC

WELTRANG
ALS PRODUZENT: **PLATZ 15**

COSTA RICA

Kaffees aus Costa Rica sind gut trinkbar. Sie zeigen eine komplexe Süße, kombiniert mit feiner Säure, sanfter Textur und einer Reihe von Zitrus- und blumigen Noten.

Costa Rica ist stolz auf seine Kaffees und hat die Anpflanzung von Robusta verboten, um seine Arabica-Sorten wie Typica, Caturra und Villa Sarchi zu schützen. Darüber hinaus hat die Regierung strenge Umweltrichtlinien erlassen, um empfindliche Ökosysteme und die Zukunft der Kaffeeproduktion zu sichern.

Das Land hat mehr als 50 000 Kaffeeerzeuger, 90 Prozent davon kleine Farmer mit weniger als fünf Hektar Land. Die einheimische Industrie hat bei der Produktion von Qualitätskaffee eine Art Revolution hinter sich. In den Anbauregionen wurden zahlreiche kleine Aufbereitungsanlagen eingerichtet, in denen einzelne Bauern oder auch kleine Gruppen die eigene Ernte aufbereiten und auf diese Weise aufwerten und außerdem selber an Aufkäufer aus aller Welt verkaufen können. Diese Entwicklung hat es den jüngeren Generationen ermöglicht, ihre Familienbetriebe trotz unsicherer Märkte weiterzuführen, was im Rest der Welt leider selten geworden ist.

Yellow Honey Villalobos
Die natürliche Süße der Villalobos lässt sich mit dem Honey Process weiter intensivieren.

KAFFEE-FAKTEN **COSTA RICA**

WELT-MARKT-ANTEIL: **1%**

HAUPTERNTE: VARIIERT JE NACH REGION

AUFBEREITUNG: NASS, HONEY, TROCKEN

KAFFEETYPEN: **ARABICA** TYPICA, CATURRA, CATUAI, VILLA SARCHI, BOURBON, GESHA, VILLALOBOS

TECHNIK VOR ORT
Honey Process: halbtrockene Aufbereitung (s. S. 20), bei der unterschiedliche Mengen Pulpe an der Pergamenthaut belassen werden. Die Stufen sind White, Yellow, Red, Black und Gold.

WELTRANG ALS PRODUZENT: **PLATZ 14**

Yellow Honey Villa Sarchi
Fruchtige und blumige Noten machen die Villa Sarchi zu einer sehr individuellen Bohne.

VALLE CENTRAL

Die erste Anbauregion in Mittelamerika ist heute auch die am dichtesten besiedelte. Der Kaffee wächst meist auf 1000 bis 1400 m über dem Meeresspiegel und wird zwischen November und März geerntet.

Catuai (nass)
Die meisten costa-ricanischen Kaffees sind nass aufbereitet und schmecken knackig frisch.

Hoch gelegene Plantage
Aufgrund des Klimawandels legen viele costa-ricanische Erzeuger ihre Arabica-Pflanzungen lieber in größerer Höhe an.

Arenal Laguna

ALAJUELA

HEREDIA

C O S T A R I C A

Cordillera

VALLE OCCIDENTAL

PUNTARENAS

• Puntarenas

Heredia

San José

SAN JOSÉ

VALLE CENTRAL
CARTAGO
• Cartago
TRES RIOS
• OROSI
TURRIALBA

LIMÓN

Limón

Golf von Nicoya

TARRAZÚ

Central

Cordillera de Talamanca

PANAMA

PUNTARENAS

Fila Costeña

BRUNCA

Golfito

Península de Osa

Golfo Dulce

VALLE OCCIDENTAL

Die Flanken der Cordillera Central bieten auf bis zu 2000 m über dem Meeresspiegel einige der höchsten Lagen für den Kaffeeanbau. Die Region ist reicher als andere und 75 Prozent ihrer Farmen stehen als Wälder unter Naturschutz. Erntezeit ist von November bis April.

TARRAZÚ

Tarrazú ist die bekannteste Kaffeeregion Costa Ricas und erzeugt unter Schatten auf 1200 bis 1900 m über dem Meeresspiegel vor allem Caturra und Catuai. In zahlreichen Unterregionen findet man individuelle Eigenarten und komplexe Noten. Von November bis März wird geerntet.

TRES RIOS

Tres Rios, eine kleine Region zwischen Tarrazú und Valle Central, produziert auf 1200 bis 1650 m über dem Meeresspiegel klassische, ausgewogene Kaffees. Geerntet wird von August bis Februar.

BRUNCA

Im äußersten Süden des Landes wird erst seit den 1950er-Jahren Kaffee angebaut. Die beiden Hauptanbaugebiete sind das kühlere, feuchtere Coto Brus und das etwas höher, auf 1700 m gelegene Perez Zeledon. Die Erntezeit geht von September bis Februar.

Yellow Honey Caturra
Die großflächig angepflanzten Caturras sind häufig süß und schokoladig.

LEGENDE

WICHTIGE ANBAUREGIONEN

ANBAUFLÄCHE

0 km   50

0 Meilen   50

NICARAGUA

Die besten nicaraguanischen Kaffees zeigen eine Bandbreite von süß, Karamell und Milchschokolade bis zu floral, zart und säurestark, krautig, herzhaft und honigtönig. Die Geschmacksprofile variieren von Region zu Region.

Das große, dünn besiedelte Land ist zweifelsohne fähig, hervorragende Kaffees hervorzubringen. Allerdings haben verheerende Stürme, politische und finanzielle Krisen der Produktion und dem Ruf des Kaffees aus Nicaragua schwer geschadet. Nichtsdestotrotz ist Kaffee das Hauptexportgut und die Erzeuger bemühen sich, das Vertrauen der Spezialitätenmärkte zurückzugewinnen. Dafür verbessern sie ihre Anbaumethoden ebenso wie die Infrastruktur.

Von den etwa 40 000 Kaffeeerzeugern bewirtschaften 80 Prozent auf 800 bis 1900 m Höhe über dem Meer weniger als drei Hektar pro Farm. Das Gros des angebauten Kaffees sind Arabica-Sorten wie Bourbon und Pacamara. Ohne Geld für Chemikalien wird meist biologisch angebaut. Die Bauern sind schwer zu identifizieren, weil sie ihre Ernte bei großen Aufbereitungsanlagen abliefern. Vereinzelt beginnen Farmen auch, direkt mit Spezialitäteneinkäufern zu handeln.

STEIGENDE ERTRÄGE
Die Farmer steigern ihre Erträge durch fachkundiges Beschneiden und Düngen der Kaffeebäume.

KAFFEE-FAKTEN **NICARAGUA**

WELT-MARKT-ANTEIL: 1,2 %

HAUPTERNTE: OKTOBER–MÄRZ

KAFFEETYPEN:
ARABICA
CATURRA, BOURBON, PACAMARA, MARAGOGYPE, MARACATURRA, CATUAI, CATIMOR

AUFBEREITUNG:
NASS, SELTENER TROCKEN UND HALBTROCKEN

WELTRANG ALS PRODUZENT: PLATZ 13

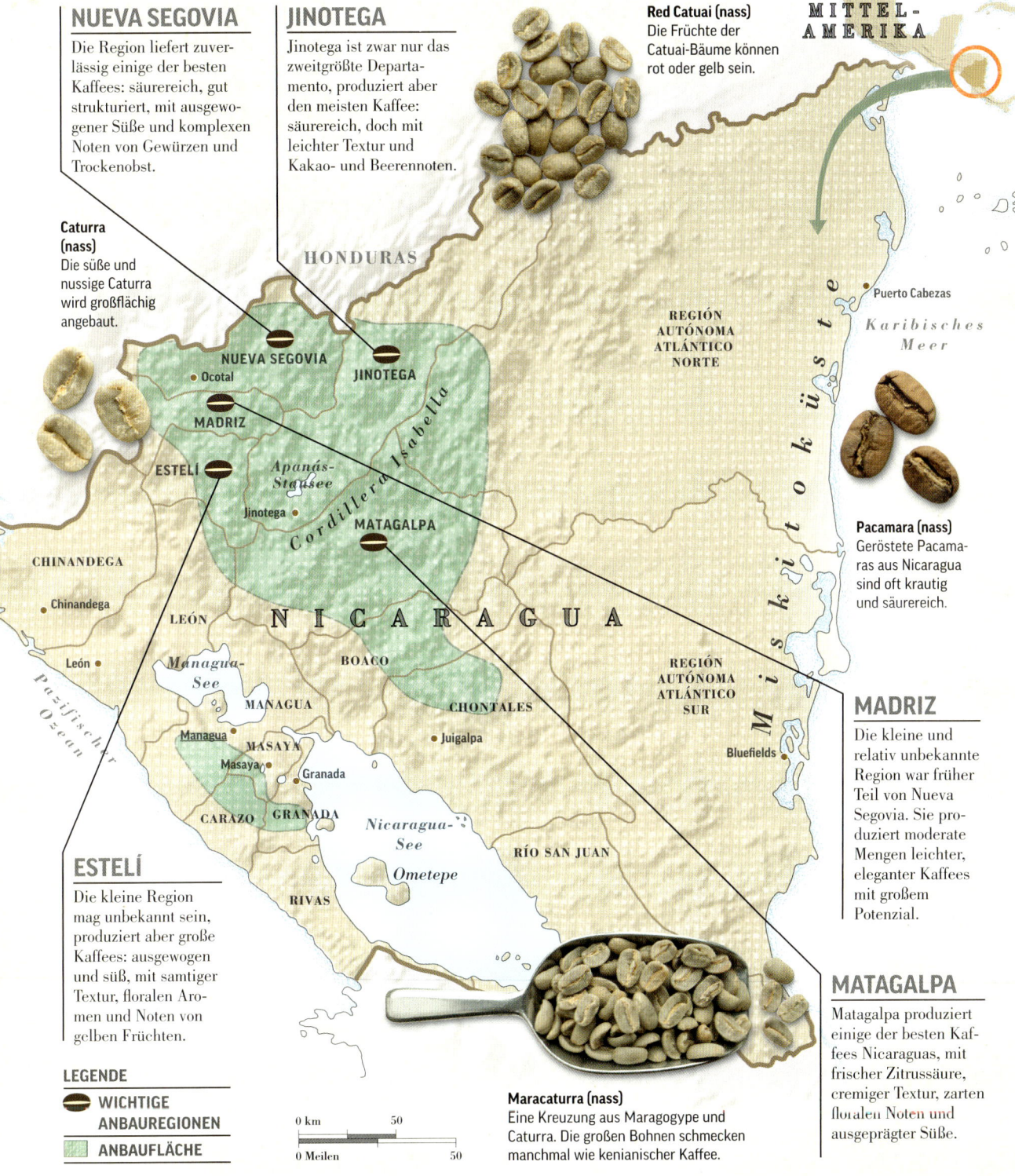

NUEVA SEGOVIA

Die Region liefert zuverlässig einige der besten Kaffees: säurereich, gut strukturiert, mit ausgewogener Süße und komplexen Noten von Gewürzen und Trockenobst.

JINOTEGA

Jinotega ist zwar nur das zweitgrößte Departamento, produziert aber den meisten Kaffee: säurereich, doch mit leichter Textur und Kakao- und Beerennoten.

Red Catuai (nass)
Die Früchte der Catuai-Bäume können rot oder gelb sein.

MITTEL-AMERIKA

Caturra (nass)
Die süße und nussige Caturra wird großflächig angebaut.

HONDURAS

NUEVA SEGOVIA
• Ocotal

JINOTEGA

MADRIZ

ESTELÍ

Apanás-Stausee

Cordillera Isabella

• Jinotega

MATAGALPA

CHINANDEGA

• Chinandega

LEÓN

Managua-See

• León

NICARAGUA

BOACO

MANAGUA

Managua
MASAYA
Masaya
• Granada

CARAZO   GRANADA

Nicaragua-See

Ometepe

RIVAS

CHONTALES

• Juigalpa

RÍO SAN JUAN

REGIÓN AUTÓNOMA ATLÁNTICO NORTE

• Puerto Cabezas

Karibisches Meer

REGIÓN AUTÓNOMA ATLÁNTICO SUR

• Bluefields

Mosquitoküste

Pazifischer Ozean

Pacamara (nass)
Geröstete Pacamaras aus Nicaragua sind oft krautig und säurereich.

MADRIZ

Die kleine und relativ unbekannte Region war früher Teil von Nueva Segovia. Sie produziert moderate Mengen leichter, eleganter Kaffees mit großem Potenzial.

MATAGALPA

Matagalpa produziert einige der besten Kaffees Nicaraguas, mit frischer Zitrussäure, cremiger Textur, zarten floralen Noten und ausgeprägter Süße.

ESTELÍ

Die kleine Region mag unbekannt sein, produziert aber große Kaffees: ausgewogen und süß, mit samtiger Textur, floralen Aromen und Noten von gelben Früchten.

LEGENDE

⬤ **WICHTIGE ANBAUREGIONEN**

🟩 **ANBAUFLÄCHE**

0 km   50
0 Meilen   50

Maracaturra (nass)
Eine Kreuzung aus Maragogype und Caturra. Die großen Bohnen schmecken manchmal wie kenianischer Kaffee.

HONDURAS

Honduras produziert vielfältigste Geschmacksprofile, von weich, säurearm, nussig und toffeeartig bis zu säurereichen Kaffees kenianischen Zuschnitts.

Das Land kann reine, komplexe Kaffees liefern, kämpft aber mit einer schlechten Infrastruktur und unzuverlässiger Aufbereitung. Mehr als die Hälfte des Kaffees kommt aus nur drei Departamentos. Kleinbauern bauen überwiegend Arabica wie Pacas und Typica an. Die Bäume werden ohne Chemikalien und durchgängig unter Schatten kultiviert. Der heimische Spezialitätenkaffee wird mit Ausbildungsinvestitionen gefördert.

PLANTAGE IN AGALTA
Die ersten Kaffeebäume wurden in Olancho gepflanzt. Heute wachsen sie fast in jedem Departamento.

Pacas (nass)
Honduranische Pacas haben fruchtige Aromen.

LEGENDE
⬤ WICHTIGE ANBAUREGIONEN
▦ ANBAUFLÄCHE

0 km   50
0 Meilen   50

MONTECILLOS

Die Region umfasst das Departamento La Paz, Teile von Comayagua, Intibucá und Santa Barbara. Hier gibt es mit die höchst gelegenen Farmen. Sie liefern klare, zitrustönige und gut strukturierte Kaffees.

COPÁN

Das regionale Profil der Departamentos Copán, Ocotepeque, Cortés, Santa Barbara und Teile von Lempira machen körperreiche Kaffees mit Kakao und schwerer Süße aus.

AGALTA

Agalta umfasst die Departamentos Olancho und Yoro. Die Kaffees sind teilweise tropisch und süß, mit hoher Säure und Schokoladennoten.

KAFFEE-FAKTEN HONDURAS

WELTMARKTANTEIL: **3 %**

HAUPTERNTE: **NOVEMBER–APRIL**

AUFBEREITUNG: NASS
KAFFEETYPEN: **ARABICA** CATURRA, CATUAI, PACAS, TYPICA

WELTRANG ALS PRODUZENT: **PLATZ 7**

PANAMA

Panamaische Kaffees sind süß und ausgewogen, manchmal blumig oder zitrustönig, rund und gut trinkbar. Seltene Sorten wie Geisha sind sehr teuer.

Caturra (nass)
Die Sorte findet sich im ganzen Land, aber in Chiriqui ist sie vorherrschend.

Der meiste Kaffee wächst in der Provinz Chiriqui im Westen, wo Klima und fruchtbare Böden perfekte Bedingungen bieten und die Höhenlagen eine langsame Reifung begünstigen. Hier wachsen vor allem Arabicas wie Caturra und Typica. Die Farmen sind kleine bis mittelgroße Familienbetriebe, Aufbereitungsanlagen und Infrastruktur des Landes funktionieren gut. Die Farmen sind allerdings von Landerschließung bedroht, die Zukunft des Kaffees ist daher ungewiss.

VOLCAN
Hier finden sich einige der höchst gelegenen Farmen. Regelmäßige Niederschläge und fette Böden machen die Baru-Kaffees besonders komplex und süß.

Wine-Process
Aufbereitungsart, bei der man die Kirschen am Baum überreif werden lässt.

Geisha (nass)
Dank ihres Erfolgs in Panama wird die Geisha heute weltweit angebaut.

RENACIMIENTO
Panamas nördlichste Anbauregion ist schwer zugänglich und nahezu unbekannt. Direkt an der Grenze zu Costa Rica liegen die Farmen auf bis zu 2000 m Höhe über dem Meeresspiegel und haben großes Potenzial für reine, säurereiche Kaffees.

BOQUETE
Der älteste und bekannteste Kaffee-Distrikt Panamas ist kühl und neblig und die Heimat einiger der begehrtesten Kaffees der Welt. Der Geschmack reicht von Kakao über Früchte bis zu subtiler Säure.

LEGENDE
- ⬯ WICHTIGE ANBAUREGIONEN
- ▦ ANBAUFLÄCHE

0 km   50
0 Meilen   50

KAFFEE-FAKTEN **PANAMA**

WELT-MARKT-ANTEIL: **0,08 %**

AUFBEREITUNG: **NASS UND TROCKEN**

WELTRANG ALS PRODUZENT: **PLATZ 36**

KAFFEETYPEN:
ARABICA
CATURRA, CATUAI, TYPICA, GEISHA, MUNDO NOVO
ETWAS ROBUSTA

HAUPTERNTE:
DEZEMBER-MÄRZ

KAFFEE AUS ALLER WELT
KARIBIK UND NORDAMERIKA

MEXIKO

Dank seiner süßen, weichen, milden und ausgewogenen Noten ist Kaffee aus Mexiko auf dem Spezialitäten-markt zunehmend gefragt.

Etwa 70 Prozent des mexikanischen Kaffees wachsen auf 400 bis 900 m über dem Meeresspiegel. Die Kaffeeindustrie ernährt mehr als 300 000 Menschen, die meisten davon Erzeuger mit kleinen Farmen von weniger als 25 Hektar. Niedrige Erträge, begrenzte finanzielle Mittel, mangelnde Infrastruktur und wenig technische Ausstattung machen es ihnen schwer, gute Qualität zu produzieren. Allerdings sind Spezialitätenhändler und Erzeuger mit Potenzial für hochwertige Bohnen

dabei, zueinanderzufinden. Parallel dazu beginnen Kooperativen und Farmen, die ihren Kaffee auf Höhenlagen von bis zu 1700 m kultivieren, charakterstarke Kaffees mit guter Komplexität zu exportieren.

In Mexiko werden nahezu ausschließlich gewaschene Arabicas wie Bourbon und Typica produziert. Die Ernte beginnt im November im Flachland und endet im März in den Höhenlagen.

KAFFEE-FAKTEN **MEXIKO**

WELT-MARKT-ANTEIL: **3 %**

KAFFEETYPEN:
90 % ARABICA
BOURBON, TYPICA, CATURRA, MUNDO NOVO, MARAGOGYPE, CATIMOR, CATUAI, GARNICA
10 % ROBUSTA

HAUPTERNTE:
NOVEMBER–MÄRZ

AUFBEREITUNG:
NASS, SELTENER TROCKEN

SCHWIERIGKEITEN:
NIEDRIGE ERTRÄGE, BEGRENZTE FINANZMITTEL UND **TECHNIK, MANGELNDE INFRASTRUKTUR**

WELTRANG ALS PRODUZENT: **PLATZ 8**

NORD-
AMERIKA

Caturra, Catuai, Bourbon (nass)
Mexikanische Farmer pflanzen oft
mehrere Sorten nebeneinander.

Sämlinge in der Pflanzschule
In Mexiko beginnen die Kaffeebaum-Sämlinge, wie
anderswo, auch ihr Leben geschützt und unter
Schatten in einer Pflanzschule (s. S. 16–17)

PUEBLA

Puebla ist die viertgrößte
Kaffee produzierende
Region. Der Kaffee
wächst hier auf 1400 m
über dem Meeresspiegel
und ist meist weich und
fein mit nussigen Noten.

CHIAPAS

Kaffees aus Chiapas besitzen Stein-
frucht- und Kakaonoten. Der tropische
Dschungel im Südosten, an der
Grenze zu Guatemala, ist das größte
und beliebteste Kaffeeanbaugebiet
Mexikos.

VERACRUZ

Entlang der Küste
des Golfs von
Mexiko gedeihen
sowohl Hoch- als
auch Tieflandkaf-
fees mit einer Fülle
von Noten und
Charakteristika.

OAXACA

In der Region an der Südküste Mexikos
wächst auf bis zu 1700 m über dem Meeresspiegel Kaffee mit mittlerem Körper, Schoko-
laden- und Mandelnoten und feiner Säure.

**Caturra, Catuai,
Bourbon (nass)**
Die säurearmen Arabicas wer-
den bevorzugt hell geröstet.

LEGENDE

— **WICHTIGE
ANBAUREGIONEN**

ANBAUFLÄCHE

0 km   200

0 Meilen   200

PUERTO RICO

Puerto Rico, eines der kleinsten Kaffeeproduktionsländer, kultiviert süße, säurearme Kaffees mit weicher, runder Textur und Zedern-, Kraut- und Mandelnoten.

Die Kaffeeproduktion ist in den letzten Jahren aufgrund politischer Instabilität, Klimawandel und hoher Produktionskosten zurückgegangen. Schätzungsweise bleibt nahezu die Hälfte der Ernte am Baum, weil es an Erntehelfern fehlt.

Die Farmen konzentrieren sich in der Bergregion zwischen Rincon und Orocovis und die Bäume stehen meist auf 750 bis 850 m über dem Meeresspiegel. Allerdings bieten auch die höheren Lagen ein riesiges Potenzial, zum Beispiel in Ponce, wo sich der höchste Gipfel 1339 m hoch auftürmt.

Hier werden vor allem Arabica-Sorten wie Bourbon, Typica, Pacas und Catimor angebaut. Nur ein Drittel des Kaffees, den die Puerto Ricaner trinken, produzieren sie selbst, der Rest kommt aus der Dominikanischen Republik und Mexiko. Die Exportmengen sind gering.

ADJUNTAS

Einwanderer aus dem Mittelmeerraum brachten den Kaffee in die »puertoricanische Schweiz« mit ihrem kühlen Klima und Höhenlagen von bis zu 1000 m über dem Meeresspiegel.

JAYUYA

Der auch als Hauptstadt der indigenen Bevölkerung bekannte Ort liegt im Nebelwald der Cordillera Central. Seine Umgebung ist das zweithöchste Anbaugebiet Puerto Ricos.

LAS MARIAS · Arecibo · San Juan · Bayamón · Carolina · Mayagüez · JAYUYA · ADJUNTAS · Caguas · Sierra de Luquillo · Cordillera · Central · Sierra de Cayey · Ponce · PUERTO RICO · Karibisches Meer

LAS MARIAS

Las Marias ist für seine Zitrusfrüchte bekannt, daneben wird hier aber auch Kaffee angebaut. Viele der alten Kaffee-Haciendas liegen auf der Route der puerto-ricanischen Kaffeeaufkäufer.

KAFFEE-FAKTEN **PUERTO RICO**

WELT-MARKT-ANTEIL:	WENIGER ALS **0,01 %**	KAFFEETYPEN: **ARABICA**
HAUPTERNTE: **AUGUST–MÄRZ**		BOURBON, TYPICA, CATURRA, CATUAI, PACAS, SARCHIMOR
AUFBEREITUNG: **NASS**		LIMANI, CATIMOR-PEDIMENT

WELTRANG ALS PRODUZENT: PLATZ 52

Pacas (nass)
Die aus El Salvador importierte Pacas gedeiht gut auf puerto-ricanischen Böden.

LEGENDE

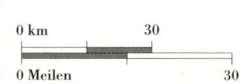 WICHTIGE ANBAUREGIONEN

ANBAUFLÄCHE

0 km   30
0 Meilen   30

Geröstete Catimor (nass)
Wie in den meisten Regionen gedeiht die Hybride aus Robusta und Arabica auch in Puerto Rico gut.

HAWAII

Hawaiianische Kaffees sind ausgewogen, rein, zart und mild, mit Milchschokolade, feiner Fruchtsäure und mittlerem Körper. Sie können aromatisch und süß sein.

Hawaii baut vor allem Arabica-Sorten wie Typica, Catuai und Caturra an. Die Kaffees werden geschickt vermarktet und sind teuer, weshalb sie auch zu den am häufigsten gefälschten der Welt zählen, vor allem die Erzeugnisse aus Kona. Auf den Inseln muss Kaffee mindestens zehn Prozent Kona-Kaffee enthalten, damit er diesen Namen tragen darf, auf dem Festland gilt das unverständlicherweise nicht.

Produktions- und Arbeitskosten sind hoch, die Produktion ist stark mechanisiert.

MISCHPFLANZUNGEN
Die Erzeuger pflanzen zunehmend andere Bäume als Schattenspender zwischen ihre Kaffeebäume.

Red Catuai (nass)
Catuai aus Hawaii kann einen pilzartigen, ledrigen Geschmack entwickeln.

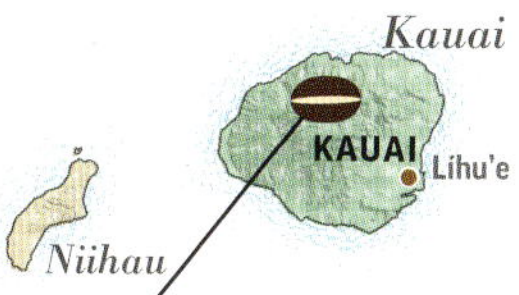

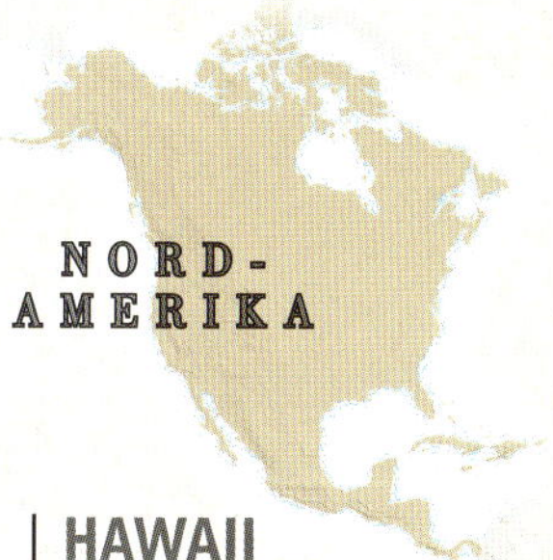

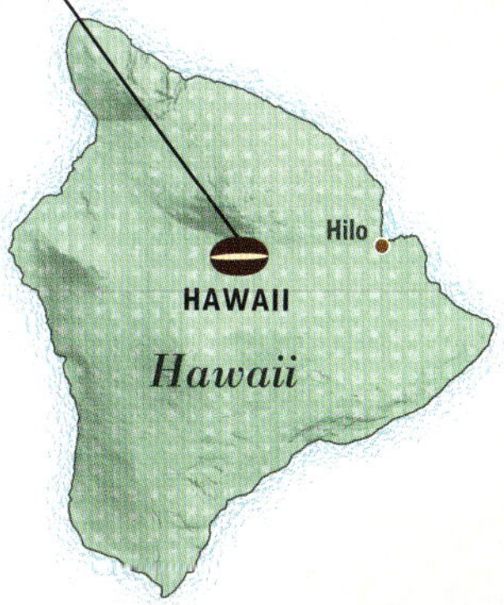

NORD-AMERIKA

KAUAI
Die größte der nordwestlichen Inseln produziert fast die Hälfte des hawaiianischen Kaffees. Es gibt zwar auch Höhenlagen von bis zu 1600 m, aber ein erheblicher Anteil wächst in einer Höhe von 150 m über dem Meeresspiegel.

Kauai
KAUAI
Lihu'e

Niihau

Kaua'i Channel

Oahu
Pearl City
HAWAII
Honolulu
Pazifischer Ozean

Molokai

Lánai

Kahoolawe

Wailuku
Maui
MAUI

Pazifischer Ozean

HAWAII
Die Anbaugebiete Kona, Ka'u, Hamakua und North Hilo liegen an den Flanken des Mauna-Loa-Vulkans und die Kaffeebäume wachsen auf fruchtbaren schwarzen Böden. Der Kaffee wird meist nass aufbereitet.

MAUI
Auf der Insel mit der höchsten Erhebung nach Hawaii wird fast ganzjährig geerntet. 60 Prozent der Bohnen werden trocken aufbereitet. Der Kaffee wird nahezu ausschließlich geröstet verkauft.

LEGENDE
⬤ WICHTIGE ANBAUREGIONEN
▨ ANBAUFLÄCHE

Hilo
HAWAII
Hawaii

0 km — 50
0 Meilen — 50

KAFFEE-FAKTEN HAWAII

WELT-MARKT-ANTEIL: WENIGER ALS **0,01 %**

AUFBEREITUNG: **NASS** UND **TROCKEN**

HAUPTERNTE: SEPTEMBER–JANUAR

KAFFEETYPEN: **ARABICA** TYPICA, CATURRA, CATUAI, MOCHA, BLUE MOUNTAIN, MUNDO NOVO

WELTRANG ALS PRODUZENT: **PLATZ 41**

AROMAKOMBINATIONEN

Man kann Kaffee mit komplementären Geschmacksnoten zu aufregenden Cocktails mixen. Experimentieren Sie mit süßen, frischen oder würzigen Paarungen.

Beeren
Himbeere, Kirsche, Erdbeere und Heidelbeere. Ein schönes Beeren-Sahne-Aroma hat der **Strawberry Lace** (S. 180).

Nüsse
Pistazie, Erdnuss, Haselnuss, Mandel, Cashewkern, Kastanie, Wal- und Pekannuss. Der **Mandel-Affogato** (S. 178) wird mit gehackten Mandeln bestreut.

Tee und Alkohol
Darjeeling-Tee, Brandy, Bier, Cognac, Whisky, Cointreau, Rum, Gin und Tequila. Der Klassiker **Irish Coffee** (S. 208) ist die perfekte Verbindung von Whisky und Kaffee.

SCHOKOLADE · NUSS · SAHNE

Kräuter
Rosmarin, Salbei, Eukalyptus, Estragon, Basilikum, Pfefferminze, Koriander, Hopfen, Kamille, Holunder und Bergamotte. In den **Breath of Fresh Air** (S. 195) gehört Pfefferminze.

Milch
Milch und Milchersatz, wie Soja-, Mandel- oder Reismilch, Sahne, Joghurt und Butter. Eine milchfreie Option ist der **Eis-Latte mit Reismilch** (S. 192).

Tropenfrüchte
Mango, Litschi, Ananas und Kokosnuss. Für Kokosnussfans ist der **Mochi Affogato** (S. 177), buchstäblich ein heißer Tipp.

Gartenobst
Apfel, Birne und Feige. **Huckleberry** (S. 168) ist ein heißer schwarzer Kaffee mit Apfel-Beeren-Kick.

Zitrusfrucht
Zitrone und Orange. Zitronensaft verleiht einem kalt zubereiteten Kaffee wie dem **Caribbean Punch** (S. 190) Frische.

Steinobst
Aprikose und Nektarine. Ein erfrischender kalter Genuss ist der **Apricot Star** (S. 193), der auf einer Tee-Kaffee-Mischung basiert.

Sirupe und Süßes
Honig, Melasse, Kakao und Karamell. **Milch und Honig** (S. 199) ist ein natürlich gesüßter Kaffeegenuss.

Gewürze
Chili, Vanille, Ingwer, Zitronengras, Zimt, Lakritz, Muskat, Safran und Kümmel. Der **Syphon Spice** (S. 172) ist ein mit Muskat gewürzter Kaffee.

GEWÜRZE · FRUCHT · KARAMELL

JAMAIKA

Auf Jamaika wachsen einige der beliebtesten und teuersten Kaffees der Welt. Die Bohnen sind süß, weich und sanft, mit nussigen Noten und mittlerer Textur.

Die berühmtesten jamaikanischen Kaffees kommen aus den Blue Mountains. Die Bohnen werden in Holzfässern verschifft, nicht in Jute- oder Leinensäcken. Der Kaffee ist teuer, deshalb blüht das Geschäft mit teilweisen oder kompletten Fälschungen, aber es gibt Bemühungen, ihn zu schützen. Neben Blue Mountain wird auch Typica großflächig angebaut.

BLUE-MOUNTAIN-PLANTAGE
Jamaikanische Kaffeeplantage an einem Berghang mit mineralischem, fruchtbarem Boden.

KAFFEE-FAKTEN JAMAIKA

WELT-MARKT-ANTEIL: WENIGER ALS **0,01%**

KAFFEETYPEN: ARABICA VOR ALLEM TYPICA, BLUE MOUNTAIN

HAUPTERNTE: SEPTEMBER-MÄRZ

AUFBEREITUNG: NASS

WELTRANG ALS PRODUZENT: PLATZ 44

MITTE UND WESTEN

Sie werden zwar nicht als Blue Mountain bezeichnet, aber der Rest von Jamaika kultiviert dieselbe Sorte, jedoch in anderen Mikroklimata und Höhenlagen von bis zu 1000 m über dem Meeresspiegel, da, wo Trelawny, Manchester, Clarendon und Saint Ann aneinandergrenzen.

LEGENDE

⬤ **WICHTIGE ANBAUREGIONEN**

▦ **ANBAUFLÄCHE**

Typica und Catuai (nass)
Typica wird großflächig kultiviert, Catuai ist ein relativer Neuzugang.

OSTEN

Der Blue Mountain Peak auf der Grenze von Portland und Saint Thomas ist 2256 m hoch. Die Bergkette besitzt ein kühl-nebeliges Klima, das für den Kaffeeanbau ideal ist.

DOMINIKANISCHE REPUBLIK

Es gibt mehrere Anbaugebiete mit sehr unterschiedlichen Klimata. Produziert werden Kaffees mit Noten von schokoladig, würzig und schwer bis blumig, rein und zart.

Da viele Dominikaner einheimischen Kaffee trinken, werden nur kleine Mengen exportiert. Niedrige Preise und Hurrikanschäden haben die Qualität sinken lassen; dieser Trend soll aber aufgehalten werden. Überwiegend wird Arabica wie Typica, Caturra und Catuai angebaut.

ERNTESAISON
Klimaschwankungen und das Fehlen einer Regenzeit bedeuten, dass ganzjährig geerntet wird.

Typica und Catuai (nass)
Die Kaffeekirschen reifen langsam und liefern dichte Bohnen.

CIBAO
Die Kaffees aus den tiefen Lagen sind voll, süß und nussig. Die aus Lagen von bis zu 1500 m über dem Meer sind leicht, fruchtig und floral.

NEYBA
Die Region um die Stadt Neyba in Baoruco produziert zitronige und leichte Kaffees. Geerntet wird zwischen November und Februar.

BARAHONA
Barahona ist die bekannteste Kaffeeprovinz des Landes und produziert auf 600 bis 1300 m Höhe körperreiche, säurearme Kaffees mit Schokoladennote.

Maragogype (nass)
Die großen Bohnen besitzen Kraut-, Zedern- und Tabaknoten.

LEGENDE
⬤ **WICHTIGE ANBAUREGIONEN**
🟩 **ANBAUFLÄCHE**

0 km   50
0 Meilen   50

KAFFEE-FAKTEN DOM REP

WELT-MARKT-ANTEIL: **0,3 %**	**HAUPTERNTE: SEPTEMBER- MAI**
KAFFEETYPEN: ARABICA VOR ALLEM TYPICA, ETWAS CATURRA, CATUÀI, BOURBON, MARAGOGYPE	**AUFBEREITUNG: NASS, SELTENER TROCKEN**
WELTRANG ALS PRODUZENT:	**PLATZ 26**

Map labels

Hispaniola
MONTE CRISTI
PUERTO PLATA
VALVERDE
ESPAILLAT
MARÍA TRINIDAD SÁNCHEZ
KARIBIK
DAJABÓN
Santiago
HERMANAS MIRABAL
CIBAO
SANTIAGO RODRÍGUEZ
SANTIAGO
La Vega
San Francisco de Macoris
DUARTE
SAMANÁ
ELÍNAS PIÑA
DOMINIKANISCHE
HAITI
SAN JUAN
LA VEGA
MONSEÑOR NOUEL
SÁNCHEZ RAMÍREZ
REPUBLIK
HATO MAYOR
EL SEIBO
El Seibo
San Juan
LA ALTAGRACIA
NEYBA
AZUA
SAN JOSÉ DE OCOA
SAN CRISTÓBAL
SANTO DOMINGO
SAN PEDRO DE MACORÍS
LA ROMANA
Lago Enriquillo
BAORUCO
MONTE PLATA
Santo Domingo
San Pedro de Macoris
La Romana
INDEPENDENCIA
VALDESIA
PERAVIA
Barahona
BARAHONA
PEDERNALES

KUBA

Kubanische Kaffees haben einen gemischten Ruf und hohe Preise. Sie sind meist schwer, mit schwacher Säure, ausgewogener Süße und erdigen Tabaknoten.

Der Kaffee kam Mitte des 18. Jh. nach Kuba und die Insel wurde zu einem der größten Exporteure. Dann ließen Revolution und Wirtschaftssanktionen sie hinter die südamerikanischen Länder zurückfallen. Das Gros der Ernte sind Arabicas: Villalobos und Isla 6–14. Nur ein kleiner Teil der Insel liegt hoch genug für Spezialitätenqualität. Aber mineralreiche Böden und das Klima bieten gutes Potenzial.

BERGHÄNGE IM NEBEL
Die steilen kubanischen Berge bieten ein kühles Klima mit guter Sonneneinstrahlung.

Villalobos (nass)
Die Süße der Sorte kann rustikale Noten, wie sie die lokalen Mikroklimata hervorbringen, ausgleichen.

WESTEN

Sierra de Los Organos und Sierra del Rosario auf dem Guaniguanico-Massiv sind die westlichsten Kaffeeanbaugebiete Kubas. Die Region ist zudem ein Biosphärenreservat. Die Kaffees sind meist mild, fest und manchmal würzig.

MITTE

Die Bergketten Escambray und Guamuaya an der Südküste Zentral-Kubas sind 80 km lang. Der Kaffee, der hier bis auf knapp 1000 m über dem Meeresspiegel wächst, neigt zu gedämpfter Säure, schwerer Textur und Zedernnoten.

OSTEN

Sierra Maestra und Sierra Cristal sind Gebirgszüge entlang der Südküste der östlichen Spitze Kubas. Hier finden sich um den 1974 m hohen Pico Turquino herum die höchsten Lagen und damit das beste Klima für komplexere Spezialitätenkaffees.

Bourbon (nass)
Kubanische Kaffees werden traditionell oft sehr dunkel geröstet.

Karte

WESTEN
HAVANNA
ARTEMISA
Havanna
Matanzas
PINAR DEL RÍO
MAYABEQUE
Pinar del Río
MATANZAS
VILLA CLARA
Santa Clara
CIENFUEGOS
Cienfuegos
SANCTI SPÍRITUS
CIEGO DE ÁVILA
ISLA DE LA JUVENTUD
Juventud
MITTE
K U B A
Camagüey
CAMAGÜEY
LAS TUNAS
Holguín
HOLGUÍN
Golfo de Guacanayabo
Bayamo
SANTIAGO DE CUBA
GUANTÁNAMO
Guantánamo
GRANMA
Sierra Maestra
Santiago de Cuba
OSTEN
Bahía de Guantánamo (USA)
KARIBIK

KAFFEE-FAKTEN KUBA

WELTMARKTANTEIL: WENIGER ALS **1%**

KAFFEETYPEN: ARABICA VILLALOBOS, ISLA 6-14 **ETWAS ROBUSTA**

HAUPTERNTE: JULI-FEBRUAR

AUFBEREITUNG: NASS

WELTRANG ALS PRODUZENT: PLATZ 40

LEGENDE

🔴 **WICHTIGE ANBAUREGIONEN**

🟩 **ANBAUFLÄCHE**

0 km — 150
0 Meilen — 150

HAITI

Haitianischer Kaffee ist meist trocken aufbereitet und nussig mit Fruchtnoten. Es gibt aber auch immer mehr gewaschene Kaffees mit süßen und Zitrusnoten.

Seit 1725 wird auf Haiti Kaffee angebaut. Das Land lieferte einmal die Hälfte der weltweiten Produktion, aber infolge politischer Umwälzungen und Naturkatastrophen gibt es heute nur noch wenige Anbauflächen und erfahrene Erzeuger. Bei Höhenlagen von 2000 m über dem Meer und schattigen Wäldern hat die Industrie dennoch großes Potenzial. Haiti hat aber auch einen hohen Inlandsverbrauch. Kultiviert werden Arabicas, wie Typica, Bourbon und Caturra.

KARIBIK

Tortue

NORD-OUEST

Port-de-Paix

Cap-Haïtien

NORD

Hispaniola

NORD-EST

Gonaïves

ARTIBONITE

Hinche

H A I T I

DOMINIKANISCHE REPUBLIK

ARTIBONITE UND CENTRE

Die beiden Regionen produzieren zwar nicht so viel wie das Département Nord, aber die Kommunen Belladere, Savanette und Petite Riviere de l'Artibonite besitzen großes Potenzial.

CENTRE

Lac Azuei

Port-au-Prince

OUEST

Bourbon (nass)
Leicht geröstete Bourbon-Bohnen sind süß mit subtilen Steinobstnoten.

Gonâve

Jérémie

GRAND'ANSE

Massif de la Hotte

NIPPES

SUD

SUD-EST

Jacmel

Cayes

Vache

GRAND'ANSE

Die östlichste Anbauregion Haitis ist die Heimat der meisten von 175 000 Kaffee anbauenden Familien, die nicht mehr als bis zu sieben Hektar Land bewirtschaften.

Villalobos (nass)
Haitianische Kaffees sind meist trocken aufbereitet, aber die Villalobos blüht durch das Waschen erst auf.

SUD UND SUD-EST

An der Südküste Haitis, vor allem in der Region an der Grenze zur Dominikanischen Republik, liegen die kleinsten Farmen des Landes. Die Gegend ist ideal für hochwertige Bohnen.

LEGENDE

⬤ **WICHTIGE ANBAUREGIONEN**

🟩 **ANBAUFLÄCHE**

0 km   50

0 Meilen   50

KAFFEE-FAKTEN **HAITI**

WELT-MARKT-ANTEIL: **0,2 %**	**HAUPTERNTE:** **AUGUST–MÄRZ**
	KAFFEETYPEN:
AUFBEREITUNG: **TROCKEN, SELTENER NASS**	**ARABICA** TYPICA, BOURBON, CATURRA, CATIMOR, VILLALOBOS

WELTRANG ALS PRODUZENT: **PLATZ 30**

EQUIPMENT

ESPRESSOMASCHINE

Eine Espressomaschine presst heißes Wasser mit Pumpendruck durch das Kaffeepulver, um lösliche Stoffe zu extrahieren. So entsteht ein kleiner, starker Kaffee mit einem intensiven Geschmack zwischen süß und genau der richtigen Säure. Wie man eine solche Maschine bedient, steht auf S. 42–47.

Aufwärmzeit
Normalerweise braucht eine Espressomaschine etwa 20 bis 30 Minuten, um auf die nötige Betriebstemperatur aufzuheizen.

DAS BRAUCHEN SIE

• **fein gemahlener Kaffee**
(s. S. 39)

Der Tamper
Der Tamper dient dazu, das Kaffeepulver im Siebkorb zu komprimieren und einen dichten, planen »Kaffeekuchen« ohne Lufteinschlüsse zu formen, der dem Wasserdruck gleichmäßig standhält und aus dem der Kaffee möglichst gleichmäßig extrahiert wird. Eine Tamping-matte aus Gummi schützt die Arbeitsfläche.

Der Siebkorb
Der Kaffee wird in ein herausnehmbares Sieb gefüllt, das mit einer Feder im Siebträger gesichert ist. Es gibt Siebkörbe in verschiedenen Größen, je nach verwendeter Kaffeemenge. Anzahl, Größe und Form der winzigen Löcher im Sieb haben einen spürbaren Einfluss auf des Ergebnis.

Siebträger
Der Siebkorb sitzt im Siebträger, der einen Griff und zwei Auslaufstutzen hat.

Druckanzeige
Viele Espressomaschinen für den Hausgebrauch arbeiten mit einem unnötig hohen Druck. Profimaschinen sind meist auf einen Wasserdruck von 9 bar und einen Dampfdruck von 1 bis 1,5 bar eingestellt. Manche Maschinen haben eine Vorbrühfunktion, durch die der Kaffee zunächst angefeuchtet wird, bevor die Pumpe das Wasser mit vollem Druck hindurchpresst.

Wasser-temperatur
Um den besten Geschmack zu extrahieren, sollte das Wasser zwischen 90 und 95 °C heiß sein. Manche Kaffees benötigen die höhere Temperatur, andere die niedrigere.

Der Brühkopf
Der Siebträger wird mit einem Bajonettverschluss in den Brühkopf eingehängt, der das Wasser dann durch eine Dusche großflächig auf das Kaffeepulver leitet und es durchfeuchtet.

Die Kessel
Die Maschine hat meist einen oder zwei Kessel, die das Wasser aufheizen und Dampf für das Aufschäumen der Milch liefern sowie Heißwasser für andere Zwecke über ein eigenes Ventil bereitstellen.

Das Dampfrohr
Das Dampfrohr muss beweglich sein, damit man den richtigen Winkel einstellen kann. Die Dampfdüse ist in unterschiedlichen Ausführungen erhältlich, mit denen man Kraft und Richtung des Dampfs nach Belieben steuern kann. Die Düse muss immer sauber sein, da die Milch sehr schnell an Innen- und Außenseite anbackt.

CAFETIÈRE

Die Cafetière oder Pressstempelkanne ist eine großartige Zubereitungsmethode, die zudem schnell und einfach funktioniert: Der Kaffee zieht im heißen Wasser und wird dann mit einem Sieb heruntergedrückt, sodass Öle und nur kleinste Körner im Wasser bleiben.

DAS BRAUCHEN SIE

- **mittelgrob gemahlener Kaffee** (s. S. 39)
- **digitale Küchenwaage** zum Abwiegen des Kaffeepulvers für das richtige Mischungsverhältnis

SO GEHT'S

❶ Die Kanne mit heißem Wasser ausschwenken, auf die Waage stellen und Tara drücken.

❷ Den Kaffee in die Kanne geben und erneut tarieren. Ein gutes Verhältnis sind 30 g Kaffee auf 500 ml Wasser.

❸ Die richtige Menge 90 bis 94 °C heißes Wasser auf das Kaffeepulver gießen.

❹ Die Mischung ein oder zwei Mal umrühren.

❺ Vier Minuten ziehen lassen, dann die Oberfläche vorsichtig aufrühren.

❻ Schaum und aufschwimmenden Kaffee mit einem Löffel abschöpfen.

❼ Den Siebfilter aufsetzen und sanft nach unten drücken, damit sich der Kaffeesatz am Boden der Kanne sammelt. Ist der Widerstand zu stark, war möglicherweise die Kaffeemenge zu groß, die Mahlung zu fein oder der Kaffee hat nicht lange genug gezogen.

❽ Den Kaffee zwei Minuten ruhen lassen, dann servieren.

REINIGUNG

- **Spülmaschine** Beachten Sie die Angaben in der Bedienungsanleitung.
- **Auseinandernehmen** Kaffeereste und -öl entfernen, die den Geschmack verderben.

Pressstempel
Der Stempel drückt das Sieb durch den Kaffee nach unten und sammelt den Kaffeesatz am Boden der Kanne.

Brühdauer
Vier Minuten ziehen lassen. Kaffee nach dem Pressen zwei Minuten ruhen lassen, damit sich die Kaffeekörner setzen können.

Drahtsieb
Den Pressstempel nach dem Servieren demontieren (siehe Reinigung, links).

Zwei Mal umrühren
Nach dem Aufguss und nach dem Ziehen

PAPIERFILTER

Das Aufbrühen mit dem Papierfilter ist die einfachste Zubereitungsmethode für eine oder auch mehrere Tassen Kaffee. Da der Kaffeesatz zusammen mit dem Filter weggeworfen wird, ist sie zudem sauber und unkompliziert.

DAS BRAUCHEN SIE

- **mittelfein gemahlener Kaffee** (s. S. 39)
- **digitale Küchenwaage** zum Abwiegen des Kaffeepulvers für das richtige Mischungsverhältnis

SO GEHT'S

❶ Den Filter gründlich anfeuchten. Trichter und Kanne oder Tasse mit warmem Wasser ausschwenken.

❷ Kanne oder Tasse mit dem Trichter auf die Waage stellen und tarieren.

❸ Kaffeepulver in den Filter geben und tarieren. Ein gutes Verhältnis sind 60 g Kaffee auf 1 l Wasser.

❹ Das Kaffeepulver mit 90 bis 94 ℃ heißem Wasser durchfeuchten und etwa 30 Sekunden quellen lassen, damit die »Krone« sich setzen kann.

❺ Das Wasser portionsweise oder in einem langsamen, gleichmäßigen Guss über das Pulver gießen. Servieren, sobald das Wasser durchgelaufen ist.

REINIGUNG

- **Spülmaschine** Die meisten Trichter sind spülmaschinengeeignet.
- **von Hand** Kaffeereste und -öl mit Küchenschwamm und Seifenwasser abwaschen.

Papierfilter
Der Filter hält grobe Partikel und Öle zurück. Die Verwendung von gebleichtem Papier und Anfeuchten verhindern Geschmacksveränderungen.

Trichter
Der Trichter steht auf der Kanne oder Tasse.

Trichterhalter
Hält den Trichter gerade.

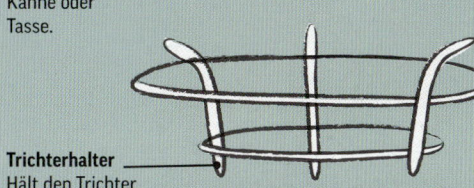

Aufgießen
Sie können den Kaffee mit Wasser bedeckt halten oder auch das Wasser in die Mitte gießen, während sich der Kaffee am Rand sammelt.

Brühdauer
Das Wasser sollte in drei bis vier Minuten durchgelaufen sein. Experimentieren Sie mit Mahlgrad und Menge.

Kaffeekaraffe
Kaffee direkt in die Tasse oder in eine Karaffe aufgießen.

STOFFFILTER

Manche Kaffeeliebhaber ziehen die »Socke«, einen meist aus Baumwolle gefertigten Stofffilter, dem Papierfilter vor, weil sie den Geschmack des Kaffees nicht verfälscht. Außerdem hat der Kaffee eine vollere Textur, weil die Kaffeeöle leichter durch den Stoff dringen.

DAS BRAUCHEN SIE

- **mittelgrob gemahlener Kaffee** (s. S. 39)
- **digitale Küchenwaage** zum Abwiegen des Kaffeepulvers für das richtige Mischungsverhältnis

SO GEHT'S

❶ Den Filter vor der ersten Verwendung gründlich mit heißem Wasser durchspülen, um ihn zu reinigen und anzuwärmen. Ein eingefrorener Filter (siehe unten) taut dabei auch gleich auf.

❷ Den Filter auf die Kanne setzen und heißes Wasser hindurchgießen. Das Wasser wegschütten.

❸ Kanne und Filter auf die Waage stellen und tarieren.

❹ Kaffee in einem Verhältnisses von 15 g Kaffee auf 250 ml Wasser in den Filter geben.

❺ Das Pulver mit ein wenig 90 bis 94 °C heißem Wasser vorbrühen. 30 bis 45 Sekunden quellen lassen, bis sich die »Krone« setzt.

❻ Das Wasser portionsweise oder in einem sanften, gleichmäßigen Guss auf das Pulver gießen. Servieren, sobald das Wasser durchgelaufen ist.

REINIGUNG

- **Wiederverwenden** Den Satz wegwerfen und den Filter in heißem Wasser ohne Seife auswaschen.
- **Feucht halten** Filter nass einfrieren oder im Gefrierbeutel im Kühlschrank aufbewahren.

Aufgießen
Füllen Sie den Filter beim Aufgießen nicht bis zum Rand. Lassen Sie das Wasser lieber langsam fließen, sodass der Filter nie mehr als drei Viertel gefüllt ist.

Stofffilter

Filterfunktion
Während das Wasser durch den Kaffee läuft, hält der Filter die feinen Körner zurück.

Brühdauer
Das Wasser sollte in drei bis vier Minuten durchlaufen. Experimentieren Sie mit Mahlgrad und Menge.

Kaffeekaraffe

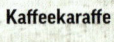

AEROPRESS

Mit dem praktischen und sauberen Aero-Press kann man eine große Tasse Kaffee oder ein starkes, konzentriertes Extrakt zubereiten, das dann mit heißem Wasser verdünnt wird. Mahlung, Menge und Druck sind dabei variabel.

Presskolben
Der Kolben steckt im Brühzylinder und presst den Kaffee durch den Filter in seinem Halter.

DAS BRAUCHEN SIE

- **fein bis mittelfein gemahlener Kaffee** (s. S. 39)
- **digitale Küchenwaage** zum Abwiegen des Kaffeepulvers

SO GEHT'S

1. Den Presskolben etwa 2 cm weit in den Brühzylinder schieben.
2. Den AeroPress mit dem Brühzylinder nach oben auf die Waage stellen und tarieren. Achtung: Der Kolben muss dicht sitzen und der AeroPress muss fest stehen.
3. 12 g Kaffeepulver in den Brühzylinder füllen und erneut tarieren.
4. 200 ml heißes Wasser einfüllen und vorsichtig umrühren, ohne den AeroPress umzuwerfen. 30 bis 60 Sekunden ziehen lassen, dann erneut umrühren.
5. Filterpapier in den Halter einsetzen und gut durchspülen, dann auf den Brühzylinder schrauben.
6. Den AeroPress kontrolliert schnell umdrehen und mit dem Filterhalter auf eine stabile Tasse oder einen Becher setzen.
7. Den Presskolben sanft nach unten drücken, sodass der Kaffee in die Tasse läuft. Servieren.

REINIGUNG

- **Auseinandernehmen** Den Filterhalter abdrehen und den Kolben ganz durchdrücken, um den Satz auszuwerfen.
- **Waschen** Mit Seifenwasser oder in der Spülmaschine gründlich reinigen.

SO GEHT'S AUCH

Statt den AeroPress in Schritt 6 umzudrehen, setzen Sie ihn leer (mit eingesetztem Filter) auf die Tasse und geben Kaffeepulver und Wasser hinein. Sobald der Brühzylinder gefüllt ist, müssen Sie den Presskolben schnell einsetzen und niederdrücken, damit der Kaffee nicht einfach nur durchtropft.

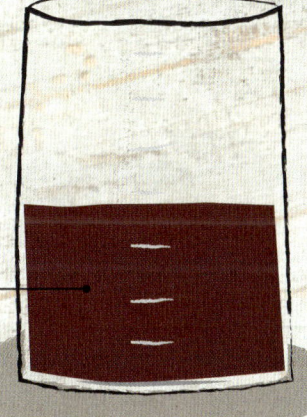

Brühzylinder
Der aufgebrühte Kaffee im Brühzylinder wird mit dem Presskolben durch den Filter gepresst.

Filterhalter
Der Papierfilter sitzt im Filterhalter, der wiederum auf den Brühzylinder aufgeschraubt wird.

VAKUUM-KAFFEE-BEREITER

Die Zubereitung im Vakuum-Kaffeebereiter braucht Zeit, aber das ist Teil der Zeremonie.

DAS BRAUCHEN SIE

• mittelgrob gemahlener Kaffee (s. S. 39)

SO GEHT'S

❶ Den unteren Kolben mit der gewünschten Menge nahezu kochenden Wassers füllen.

❷ Den Filter in den Brühkolben einsetzen und mit der Kette und dem kleinen Haken im Steigrohr fixieren. Die Kette muss das Glas berühren.

❸ Das Rohr langsam in das Wasser eintauchen. Den Brühkolben leicht schräg aufsetzen, aber noch nicht fest einsetzen.

❹ Den Brenner entzünden. Sobald das Wasser kocht, den Brühzylinder fest auf den Wasserbehälter aufsetzen. Das Wasser steigt in den Brühzylinder auf. Etwas Wasser bleibt immer im Wasserbehälter zurück, damit er nicht platzt.

❺ Sobald der Brühkolben mit Wasser gefüllt ist, das Kaffeepulver im Mischverhältnis von 15 g Kaffee auf 250 ml Wasser hineingeben und einige Sekunden umrühren.

❻ Den Kaffee eine Minute ziehen lassen.

❼ Erneut umrühren, dann die Flamme löschen, damit der Unterdruck wirken kann.

❽ Sobald der Kaffee in den unteren Kolben gelaufen ist, den Brühkolben vorsichtig abnehmen und den Kaffee servieren.

REINIGUNG

• **Papierfilter** Wegwerfen und den Filterhalter mit Seifenwasser waschen.
• **Stofffilter** s. S. 130

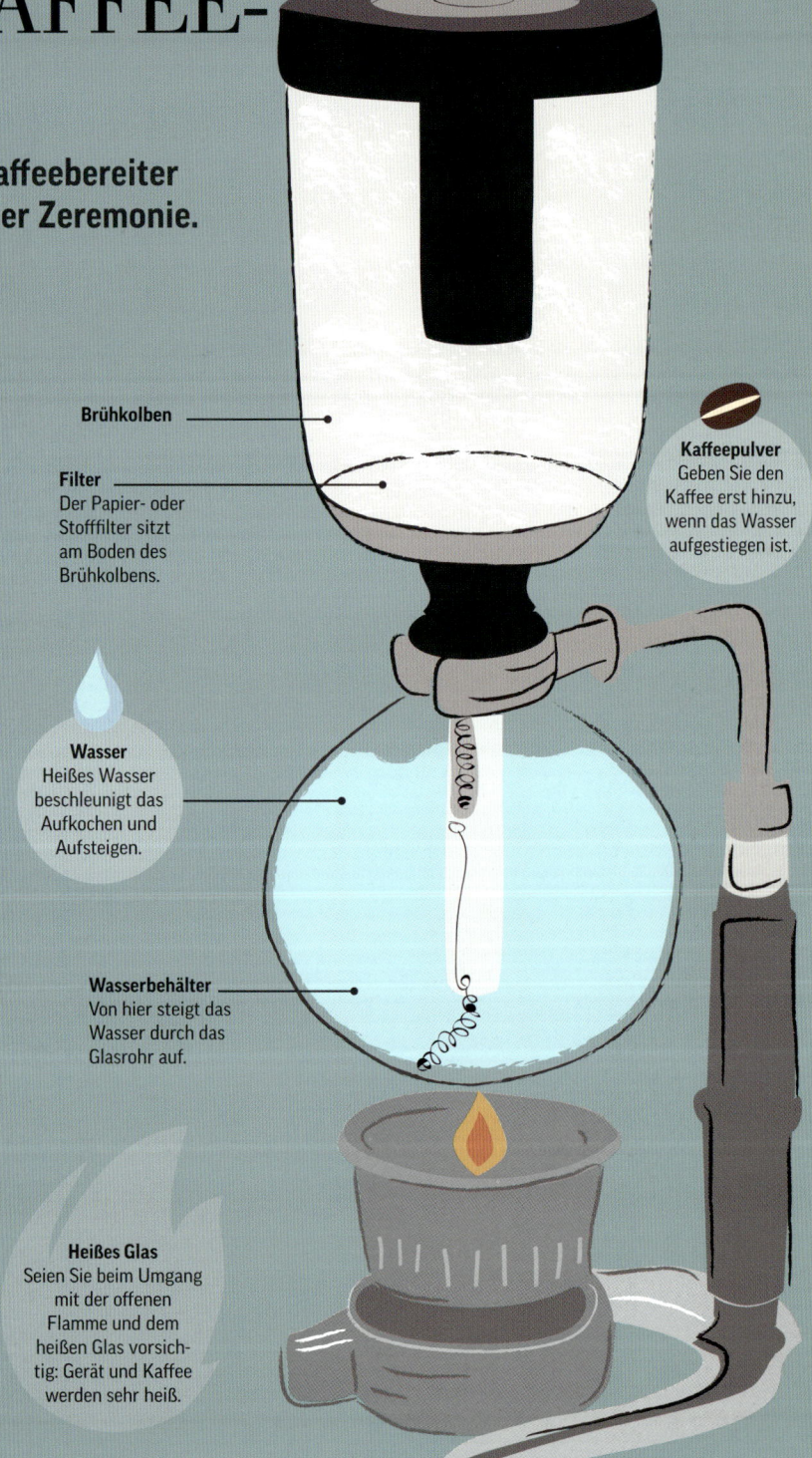

Brühkolben

Filter
Der Papier- oder Stofffilter sitzt am Boden des Brühkolbens.

Kaffeepulver
Geben Sie den Kaffee erst hinzu, wenn das Wasser aufgestiegen ist.

Wasser
Heißes Wasser beschleunigt das Aufkochen und Aufsteigen.

Wasserbehälter
Von hier steigt das Wasser durch das Glasrohr auf.

Heißes Glas
Seien Sie beim Umgang mit der offenen Flamme und dem heißen Glas vorsichtig: Gerät und Kaffee werden sehr heiß.

ESPRESSO-KANNE

Die Espressokanne oder Mokkatiere braut mithilfe hoher Temperaturen und von Dampfdruck einen starken Kaffee mit seidiger Textur. Entgegen der landläufigen Meinung handelt es sich bei dem intensiv schmeckenden Kaffee aber nicht um einen Espresso.

DAS BRAUCHEN SIE

• **mittelfein gemahlener Kaffee** (s. S. 39)

SO GEHT'S

❶ Das Unterteil bis dicht unter das Sicher-heitsventil mit heißem Wasser füllen.
❷ Den Siebkorb lose mit 25 g Kaffeepulver auf 500 ml Wasser füllen und den Kaffee glatt streichen.
❸ Den Siebkorb in das Unterteil einsetzen und das Oberteil fest aufschrauben.
❹ Die Herdplatte auf mittlere Hitze stellen und den Deckel der Kanne offen lassen.
❺ Den Brühvorgang beobachten, während das Wasser aufkocht und der Kaffee ins Oberteil aufsteigt.
❻ Die Kanne vom Herd nehmen, sobald der Kaffee blass wird und zu kochen beginnt.
❼ Servieren, sobald der Kaffee nicht mehr kocht.

REINIGUNG

• **Abkühlen** Die Kanne vor dem Aufschrauben mindestens 30 Minuten abkühlen lassen oder unter laufendes kaltes Wasser halten.
• **Nur heißes Wasser** Die Kanne nicht mit Sei-fenwasser reinigen. Ein weicher Schwamm oder eine Bürste und heißes Wasser reichen völlig aus.

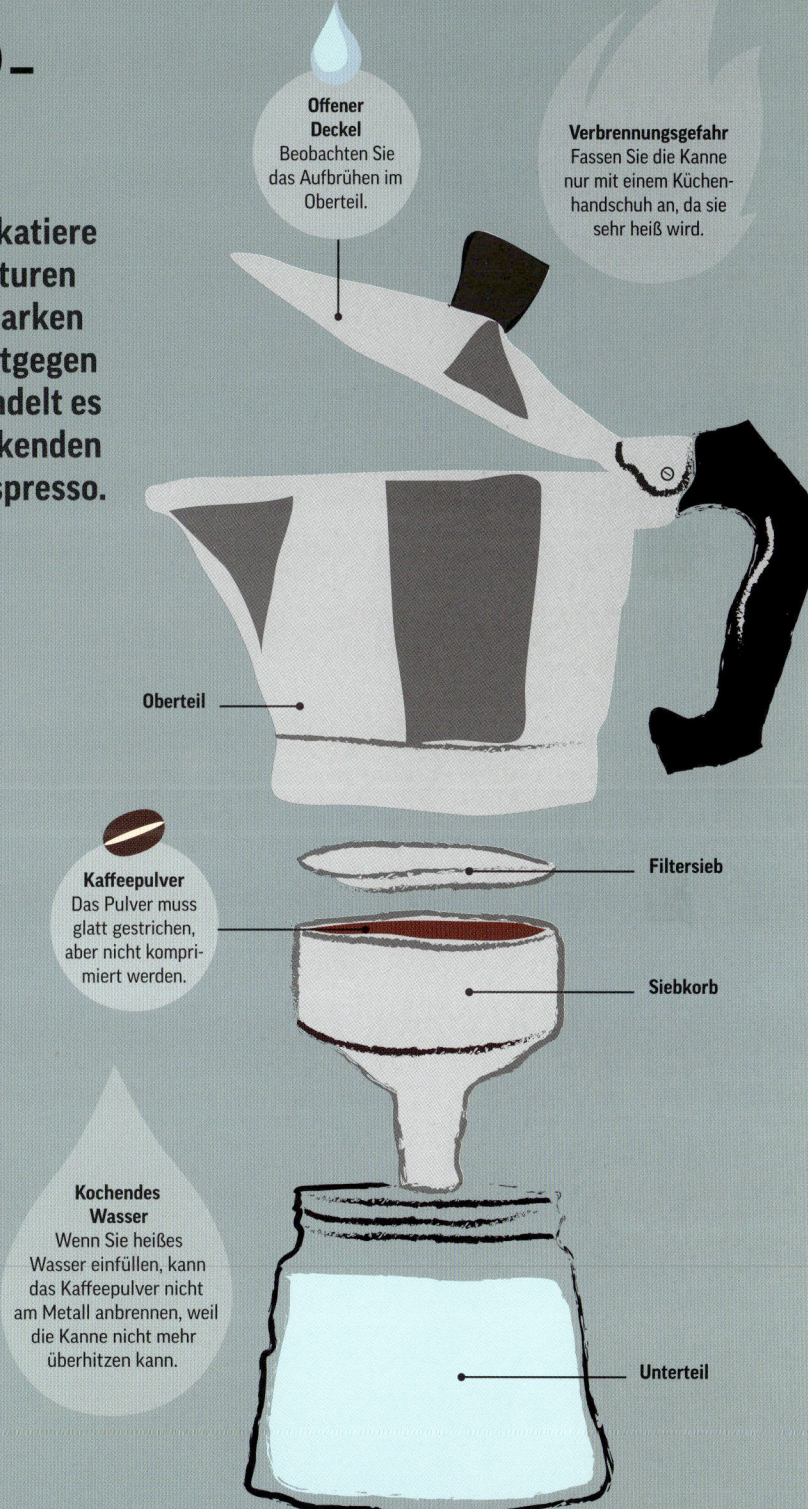

Offener Deckel
Beobachten Sie das Aufbrühen im Oberteil.

Verbrennungsgefahr
Fassen Sie die Kanne nur mit einem Küchen-handschuh an, da sie sehr heiß wird.

Oberteil

Kaffeepulver
Das Pulver muss glatt gestrichen, aber nicht kompri-miert werden.

Filtersieb

Siebkorb

Kochendes Wasser
Wenn Sie heißes Wasser einfüllen, kann das Kaffeepulver nicht am Metall anbrennen, weil die Kanne nicht mehr überhitzen kann.

Unterteil

COLD DRIPPER

Bei der Extraktion mit kaltem Wasser entsteht ein säurearmer Kaffee, den man kalt oder heiß genießen kann. Die Zubereitung im Cold Dripper braucht viel Zeit. Sie können auch Kaffeepulver und Wasser in eine Cafetière geben, über Nacht im Kühlschrank ziehen lassen und dann durch einen Filter abseihen.

DAS BRAUCHEN SIE

- mittelfein gemahlener Kaffee (s. S. 39)

SO GEHT'S

1. Ventil des oberen Kolbens zudrehen und Kolben mit kaltem Wasser füllen.
2. Den Filter des mittleren Kolbens spülen und Kaffeepulver (60 g Pulver auf 500 ml Wasser) hineingeben.
3. Schütteln, damit sich das Pulver gleichmäßig verteilt, und mit einem zweiten gespülten Filter abdecken.
4. Ventil öffnen und etwas Wasser auf das Pulver laufen lassen, um es zu durchfeuchten und die Extraktion zu starten.
5. Den Durchlauf auf einen Tropfen alle zwei Sekunden bzw. 30 bis 40 Tropfen pro Minute einstellen.
6. Sobald das Wasser durchgelaufen ist, kann man den kalten Kaffee pur, mit heißem oder kaltem Wasser verdünnt oder auf Eis genießen.

REINIGUNG

- **von Hand** Befolgen Sie die Anleitung des Herstellers. Im Zweifel genügen heißes Wasser und ein weicher Lappen. Stofffilter in Wasser auswaschen und bis zur nächsten Verwendung im Kühlschrank oder Eisfach aufbewahren.

KAFFEE AUF EIS

Eine Alternative besteht darin, mit Papier- oder Stofffilter oder einem AeroPress einen Kaffee doppelter Stärke über Eis aufzubrühen. Dazu nimmt man 60 g Kaffeepulver und 500 ml heißes Wasser. Die Karaffe mit Eiswürfeln füllen, die den Kaffee abkühlen und auf die richtige Stärke verdünnen. Bei dieser Zubereitungsmethode werden Säuren und Aromen extrahiert, die beim Cold Dripper nicht in Erscheinung treten.

Kaltes Wasser
Das kalte Wasser tröpfelt langsam durch das Kaffeepulver.

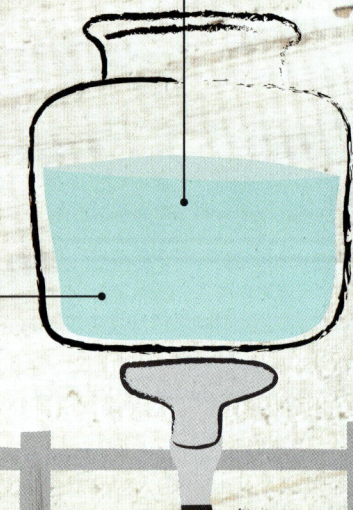

Oberer Kolben

Brühdauer
Im Cold Dripper laufen 500 ml Wasser binnen 5 bis 6 Stunden durch das Kaffeepulver.

Mittlerer Kolben

Filter

ELEKTRISCHE KAFFEEMASCHINE

Die althergebrachte Kaffeemaschine scheint aus der Mode gekommen zu sein, kann aber großartigen Kaffee liefern, wenn man gute Bohnen und frisches Wasser verwendet. Sie ist leicht zu reinigen, da man den Kaffeesatz einfach herausnimmt.

Brühdauer
Vier bis fünf Minuten. Wenn Sie zu viel Kaffee aufgebrüht haben, füllen Sie den Überschuss in eine vorgewärmte Thermoskanne.

DAS BRAUCHEN SIE

• **mittelfein gemahlener Kaffee** (s. S. 39)
• **vorgewärmte Thermoskanne**

SO GEHT'S

❶ Den Wassertank mit frischem kaltem Wasser füllen.
❷ Den Papierfilter gründlich anfeuchten und in den Halter einsetzen.
❸ Kaffeepulver im Verhältnis 60 g Kaffee auf 1 l Wasser in den Filter geben und durch sanftes Schütteln gleichmäßig verteilen.
❹ Den Filter wieder in den Halter einsetzen und die Maschine einschalten. Servieren, sobald das Wasser durchgelaufen ist.

REINIGUNG

• **Gefiltertes Wasser** Vermeidet ein Verkalken und verlängert die Lebensdauer von Heizspirale und Leitungen.
• **Entkalken** Ein spezieller Entkalker beugt wirksam einem langsamen Verkalken der Maschine vor.

Filter

Thermoskanne

Frisches Wasser
Gefiltertes Wasser verhindert Verkalkung und hat einen guten Geschmack.

PHIN

Der vietnamesische Phin arbeitet mit Schwerkraft. Beim chinesischen Modell wird die Dusche aufgeschraubt, sodass man bessere Kontrolle über die Extraktion hat. Alle Phins sind leicht zu benutzen und ermöglichen unterschiedliche Mahlung und Dosierung.

DAS BRAUCHEN SIE

• fein bis mittelfein gemahlener Kaffee (s. S. 39)

SO GEHT'S

❶ Den Phin mit dem Filter und dem Becher auf eine Tasse stellen und mit heißem Wasser vorwärmen. Das Wasser anschließend weggießen.

❷ Das Kaffeepulver – 7 g Pulver (ein gehäufter Teelöffel) auf 100 ml Wasser – in den Becher des Phin geben und durch sanftes Schütteln gleichmäßig verteilen.

❸ Die Dusche daraufsetzen und leicht drehen, um das Pulver zu glätten.

❹ Ein Drittel des heißen Wassers über die Dusche gießen und das Pulver eine Minute quellen lassen.

❺ Den Rest des Wassers über die Dusche gießen. Den Deckel aufsetzen, um die Hitze im Becher zu halten, und zusehen, wie der Kaffee langsam in die Tasse tropft. Den Kaffee nach vier bis fünf Minuten servieren.

REINIGUNG

• **Spülmaschine** Der Phin sollte spülmaschinengeeignet sein. Beachten Sie die Anleitung des Herstellers.
• **Leichte Reinigung** Heißes Seifenwasser genügt, um Becher und Filter vom Kaffeeöl zu befreien.

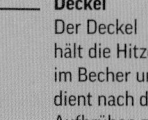

Brühdauer
Das Wasser sollte in vier bis fünf Minuten durchgelaufen sein. Andernfalls sollten Sie Mahlgrad oder Menge anpassen.

Deckel
Der Deckel hält die Hitze im Becher und dient nach dem Aufbrühen zum Abstellen des Bechers.

Dusche

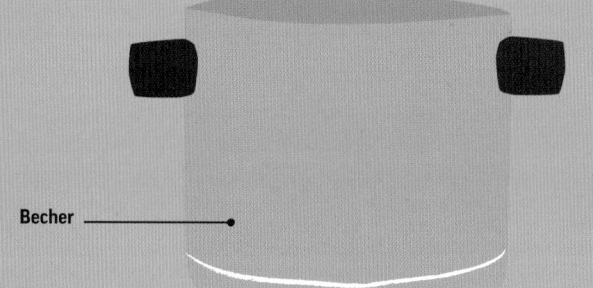

Becher

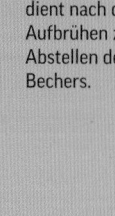

Filter

Tasse

IBRIK

Der in Osteuropa und im Mittleren Osten beliebte Ibrik (auch Cezve, Briki, Rakwa, Finjan oder Kanaka) ist eine dünnwandige Metallkanne mit sehr langem Griff. Der Kaffee hat eine dickflüssige Konsistenz. Superfeine Mahlung, Hitzezufuhr und Wassermenge ergeben einen sehr aromatischen Kaffee.

DAS BRAUCHEN SIE

• **superfein gemahlener Kaffee** (s. S. 39)

SO GEHT'S

❶ Kaltes Wasser in den Ibrik füllen und bei mittlerer Hitze aufkochen.

❷ Vom Herd nehmen.

❸ Einen Teelöffel Kaffeepulver pro Tasse und Gewürze nach Geschmack in den Ibrik geben.

❹ Umrühren, um die Zutaten zu vermischen.

❺ Den Ibrik auf den Herd stellen und den Kaffee unter sanftem Rühren erhitzen, bis er schäumt. Nicht kochen lassen.

❻ Vom Herd nehmen und eine Minute abkühlen lassen.

❼ Wieder auf den Herd stellen und unter sanftem Rühren erhitzen, bis der Kaffee schäumt. Nicht kochen lassen. Den Vorgang wiederholen.

❽ Etwas Schaum auf die Serviertassen verteilen und vorsichtig den Kaffee einschenken.

❾ Einige Minuten ruhen lassen, dann servieren. Vorsichtig bis zum Kaffeesatz am Tassenboden abtrinken.

REINIGUNG

• **Schwamm** Waschen Sie den Ibrik mit einem weichen Schwamm und heißem Seifenwasser von Hand aus.

• **Verfärbung** Die Auskleidung aus Zinn dunkelt mit der Zeit nach. Das ist normal und darf nicht entfernt werden.

Mehrfach erhitzen
Sie können den Kaffee auch nur einmal erhitzen, aber erst das mehrfache Erhitzen bringt die dickflüssige Textur.

Griff
Der lange Griff erfordert etwas Übung. Gießen Sie den Kaffee langsam in die Tasse, damit der Schaum nicht zusammenfällt.

Kanne
Traditionell mischt man das Kaffeepulver mit Zucker und Gewürzen (s. S. 162).

TRINKGEFÄSSE

Material, Form und Größe des Trinkgefäßes beeinflussen den Kaffeegenuss. Aber welche Tassen, Gläser oder Becher man für welches Getränk verwendet, ist allein eine Sache des persönlichen Geschmacks.

Nicht immer kommt es beim Design auf die effektvolle Präsentation an, wie z. B. bei Espressotassen. Manchmal hat die Form auch einen praktischen Hintergrund. Die ersten Henkelbecher in amerikanischen Diners waren dickwandig, damit sie die Wärme lange hielten, und auf der Unterseite rau,

damit sie nicht auf dem Tisch herumrutschten. Wegen ihrer großen Stabilität wurden sie im Zweiten Weltkrieg sogar von der Army übernommen.

Von Zeit zu Zeit das Trinkgefäß zu wechseln lässt uns nicht nur eine andere Optik, sondern auch einen anderen Geschmack erleben.

kleiner Porzellanbecher
Henkellose Tassen wirken modern. Manche Espressotrinker schätzen den dickeren Tassenrand. Die Becher eignen sich besonders für Kaffee in kleinen Portionen.

Espressoglas
Im Glas kommt der optische Reiz der dunklen Flüssigkeit und der goldbraunen Crema voll zur Geltung. Glas hält die Wärme gut, kann aber auch selbst ziemlich heiß werden.

Espressotasse
In den sanft gerundeten Innenraum kann die Crema weich einlaufen und bewahrt Wärme, Textur und Aussehen.

große Tasse
Manchmal muss es einfach eine große Tasse Kaffee sein. Porzellan hat eine hohes Wärmespeichervermögen.

Steinguttasse
Viele Menschen mögen
das Gefühl von Steingut an
ihren Lippen. Das Material
hält die Hitze gut.

großer Becher
Der gute, alte Kaffee-
pott liegt schwer und
vertrauenerweckend
in der Hand. Der dicke
Rand fühlt sich an den
Lippen weicher an als
ein dünner.

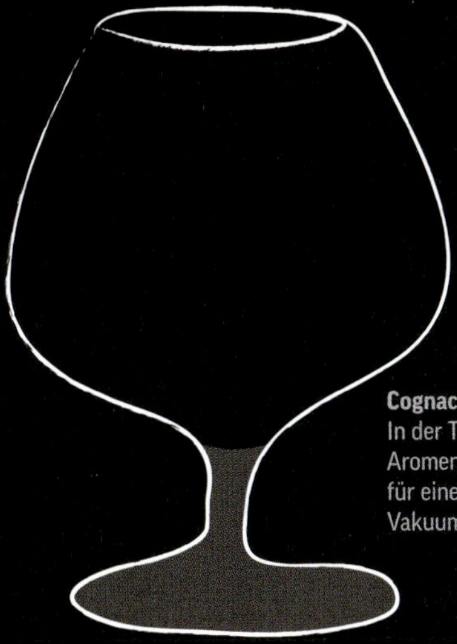

Cognacschwenker
In der Tulpe konzentrieren sich die
Aromen und reizen die Sinne. Optimal
für einen fruchtigen Kenianer aus dem
Vakuum-Kaffeebereiter.

mittleres Glas
Ein mittleres Glas eignet sich für kalten Kaffee und für kleine Lattes (kann
dann aber sehr heiß werden).

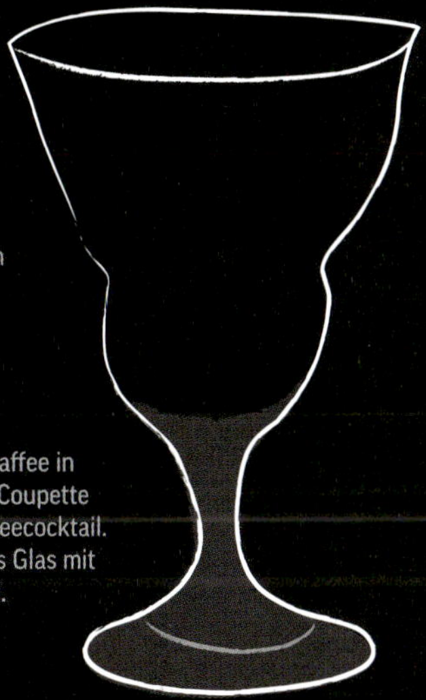

Coupette
Servieren Sie Eiskaffee in
einer gefrosteten Coupette
als eleganten Kaffeecocktail.
Dekorieren Sie das Glas mit
einem Zuckerrand.

kleine Schale
In vielen Ländern trinkt man
Kaffee traditionell aus kleinen
Schalen.

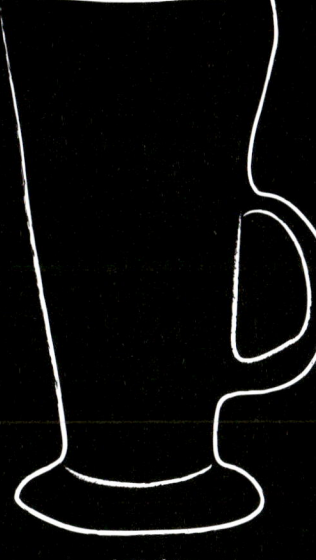

großes Glas
Ein großes Glas fasst genügend Eis-
würfel, um an heißen Tagen kalte
Kaffeespezialitäten kühl zu halten.

Latteglas
Die hohen, schmalen Gläser präsen-
tieren besonders schön die Schichten
eines großen Kaffeegetränks.

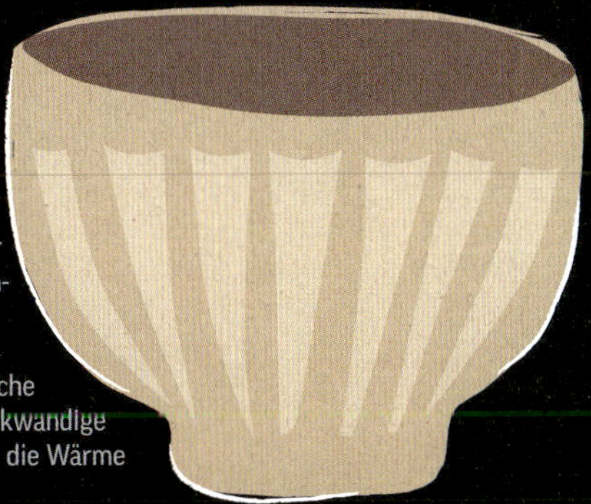

große Schale
In der vor allem für
Café au lait verwen-
deten Schale kühlt
der Kaffee wegen
der großen Oberfläche
schnell ab. Eine dickwandige
Keramikschale hält die Wärme
etwas länger.

REZEPTE

CAPPUCCINO

 **TECHNIK**
ESPRESSO

 **MILCH**
KUHMILCH

 **HEISS/KALT**
HEISS

 **FÜR 2**

Die meisten Italiener trinken Cappuccino nur morgens, aber außerhalb Italiens hat sich dieser Frühstücksklassiker zu einem ganztägigen Genuss gemausert. Für seine Fans ist er die harmonischste Kombination von Kaffee und Milch.

 DAS BRAUCHEN SIE

Equipment
2 mittlere Tassen
Espressomaschine
Aufschäumkanne

Zutaten
16–20 g fein gemahlener Kaffee
130–150 ml Milch
Kakao- oder Zimtpulver
nach Wunsch

2 Die Milch bis zu 60–65 °C aufschäumen. Aufkochen vermeiden. Sobald der Boden der Aufschäumkanne zu heiß zum Anfassen wird, hat die Milch eine angenehme Trinktemperatur erreicht (s. S. 48–51).

1 Die Tassen auf der Maschine oder mit heißem Wasser vorwärmen. Mit der Maschine nach der Anleitung auf S. 44–45 25 ml Espresso in jede Tasse aufbrühen.

TIPP
Das Rezept ist für zwei Tassen. Wenn Sie nur einen Cappuccino zubereiten wollen, verwenden Sie einen kleineren Siebkorb und/oder einen Siebträger mit nur einem Auslaufstutzen.

DER KLASSISCHE ITALIENISCHE FRÜH-STÜCKSKAFFEE IST MITTLERWEILE BEI KAFFEEFANS IN ALLER WELT BELIEBT.

3 Die Milch so auf den Espresso gießen, dass ein Crema-Rand bleibt und der erste Schluck wirklich nach Kaffee schmeckt. Die Schaumschicht sollte rund 1 cm dick sein.

4 Nach Wunsch mit einem Streuer oder Minisieb Kakao- oder Zimtpulver auf den Milchschaum streuen.

CAFFÈ LATTE

 TECHNIK **ESPRESSO**    MILCH **KUHMILCH**   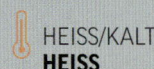 HEISS/KALT **HEISS**    FÜR **1**

Der Caffè Latte ist ebenfalls ein italienischer Frühstücksklassiker. Er ist milder im Geschmack und enthält mehr Milch als alle anderen Espressorezepte. Er ist heute in aller Welt beliebt und wird rund um die Uhr genossen.

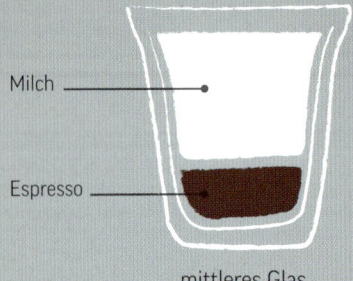

Milch

Espresso

mittleres Glas

1 Das Glas auf der Maschine oder mit heißem Wasser vorwärmen. Nach der Anleitung auf S. 44–45 **eine Portion/25 ml Espresso** in das Glas aufbrühen. Wenn das Glas zu hoch ist, den Espresso zunächst in eine kleine Kanne aufbrühen.

2 Etwa **210 ml Milch** bis 60–65 °C, bzw. bis die Kanne zu heiß zum Anfassen ist, aufschäumen (s. S. 48–51).

3 Den Kaffee aus der Kanne in das Glas umfüllen. Die Milch über den Kaffee geben. Dabei die Kanne dicht über das Glas halten und beim Eingießen sanft hin und her bewegen. Nach Wunsch eine Tulpe zeichnen (s. S. 54). Die Schaumschicht sollte etwa 5 mm dick sein.

ZUM SERVIEREN Den Caffè Latte am besten sofort genießen. Wenn der Latte eine reinweiße Schaumdecke haben soll, den Espresso in eine Kanne aufbrühen und zuerst die Milch ohne den Schaum in das Glas gießen, dann den Espresso und zum Schluss die Schaumschicht. Für einen Latte Macchiato Milch und Schaum in ein Glas geben und Espresso vorsichtig hineingießen.

DER KAFFEE SOLLTE VOLLE KAKAO- ODER NUSSNOTEN HABEN, DIE SICH MIT DER SÜSSE DER MILCH ERGÄNZEN.

FLAT WHITE

 TECHNIK
ESPRESSO

 MILCH
KUHMILCH

 HEISS/KALT
HEISS

 FÜR **1**

Das aus Australien und Neuseeland stammende Rezept hat viele regionale Varianten. Der Flat White ähnelt einem Cappuccino, hat aber einen stärkeren Kaffeegeschmack, weniger Schaum und wird meist kunstvoll verziert serviert.

Milch

Espresso

mittlere Tasse

1 Die Tasse auf der Maschine oder mit heißem Wasser vorwärmen. Nach der Anleitung auf S. 44–45 **zwei Portionen/50 ml** Espresso in die Tasse aufbrühen.

2 Etwa **130 ml Milch** bis 60–65 °C, bzw. bis die Kanne zu heiß zum Anfassen ist, aufschäumen (s. S. 48–51).

3 Die Milch über den Kaffee gießen. Dabei die Kanne dicht über das Glas halten und beim Eingießen, wie auf S. 52–55 beschrieben, leicht hin und her bewegen. Die Schaumschicht sollte etwa 5 mm dick sein.

ZUM SERVIEREN Wenn der Kaffee länger steht, verliert die Milch ihren sanften Glanz, daher am besten sofort genießen.

NEHMEN SIE FRUCHTIGE ODER TROCKEN AUFBEREITETE BOHNEN. MIT MILCH ERINNERT DER GESCHMACK AN EINEN ERDBEER-SHAKE.

EMPFOHLENE BOHNEN

BREVE

 **TECHNIK**
ESPRESSO

MILCH
KUHMILCH

HEISS/KALT
HEISS

FÜR 2

Der Breve ist eine amerikanische Variante des italienischen Latte. Die Espresso-spezialität gelingt am besten mit Sahne (idealerweise mit 15 % Fettgehalt). Der cremig-süße Klassiker ist auch ein schönes Dessert.

 DAS BRAUCHEN SIE

Equipment
2 mittlere Gläser oder Tassen
Espressomaschine
Aufschäumkanne

Zutaten
16–20 g fein gemahlener Kaffee
60 ml Milch
60 ml Sahne (15 % Fett)

TIPP
Das Aufschäumen
mit Sahne unterscheidet
sich vom Aufschäumen mit
reiner Milch: Bei der Mischung
von Milch und Sahne ist das
Geräusch, das entsteht, lau-
ter und man erhält nicht
so viel Schaum.

1 Die Gläser auf der Maschine oder mit heißem Wasser vorwärmen. Mit der Maschine, wie auf S. 44–45 beschrieben, eine Portion/25 ml Espresso in jedes Glas aufbrühen.

»BREVE« LÄSST SICH MIT »KURZ«
ÜBERSETZEN. DIE SAHNE SORGT
FÜR EINE SCHAUMIGE UND DICHTE
TEXTUR.

2 Milch und Sahne mischen und bis
etwa 60–65 °C, bzw. bis der Boden
der Aufschäumkanne zu heiß zum Anfassen ist, aufschäumen (s. S. 48–51).

3 Die Milch-Sahne-Mischung so
über den Espresso gießen, dass
sich die Crema und der dicke Schaum
mischen können.

MACCHIATO

 TECHNIK **ESPRESSO**  MILCH **KUHMILCH** 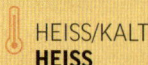 HEISS/KALT **HEISS**  FÜR **2**

Auch der Macchiato ist ein italienischer Klassiker. Sein Name rührt von dem Flecken (»macchia«) Milchschaum her, der den Espresso süßt. Er ist auch als Caffè macchiato oder Espresso macchiato bekannt.

 **DAS BRAUCHEN SIE**

Equipment
2 Espressotassen
Espressomaschine
Aufschäumkanne

Zutaten
16–20 g fein gemahlener Kaffee
100 ml Milch

1 Die Tassen auf der Maschine oder mit heißem Wasser vorwärmen. Nach der Anleitung auf S. 44–45 eine Portion/25 ml Espresso in jede Tasse aufbrühen.

FÜR EINEN AUTHENTISCHEN MACCHIATO BRAUCHEN SIE NUR EINEN HAUCH MILCHSCHAUM, DER DEM KAFFEE SÜSSE VERLEIHT.

TIPP
Der italienische Macchiato besteht nur aus Espresso und Milchschaum, aber es gibt auch Varianten, bei denen neben dem Schaum ein wenig warme Milch zum Kaffee hinzugegeben wird.

2 Die Milch (s. S. 48–51) bis etwa 60–65 °C, bzw. bis der Boden der Aufschäumkanne zu heiß zum Anfassen ist, aufschäumen.

3 Vorsichtig ein bis zwei Teelöffel Schaum auf jeden Espresso gleiten lassen und servieren.

CAFFÈ MOCHA

 TECHNIK
ESPRESSO

MILCH
KUHMILCH

HEISS/KALT
HEISS

FÜR **2**

Kaffee und dunkle Schokolade sind eine klassische Kombination. Am besten schmecken Schokoladenstückchen oder -späne und gekaufte oder selbst gemachte Schokoladensauce in einem Caffè latte oder einem Cappuccino.

DAS BRAUCHEN SIE

Equipment
2 große Gläser
Aufschäumkanne
Espressomaschine
kleine Kanne

Zutaten
4 EL dunkle Schokoladensauce
(s. S. 163)
400 ml Milch
30–40 g fein gemahlener Kaffee

2 Die Milch bis etwa 60–65 °C, bzw. bis die Kanne zu heiß zum Anfassen ist, aufschäumen (s. S. 48–51). Die Schaumschicht sollte etwa 1 cm dick sein.

1 Die Schokoladensauce abmessen und in die Gläser geben.

TIPP
Wenn Sie keine Schokosauce zur Hand haben, können Sie auch dunkle Kuvertüre oder eih paar Esslöffel Trinkschokoladenpulver nehmen. Verrühren Sie es zunächst mit einem Schluck Milch, damit es keine Klumpen gibt.

3 Die aufgeschäumte Milch langsam so auf die Sauce in den Gläsern laufen lassen, dass zwei deutliche Schichten entstehen.

AM GEBRÄUCHLICHSTEN IST
ZARTBITTERSCHOKOLADE.
ETWAS SÜSSER WIRD ES MIT
MILCHSCHOKOLADE ODER
EINER MISCHUNG AUS BEIDEN.

4 Wie auf S. 44–45 gezeigt, zwei Doppelportionen/50 ml Espresso in eine kleine Kanne aufbrühen und durch den Milchschaum hindurchgießen.

TIPP

Verrühren Sie für einen gleichmäßigen Schokoladengeschmack Milch und Sauce in der Aufschäumkanne und schäumen Sie sie zusammen auf. Reinigen Sie anschließend das Dampfrohr besonders gründlich.

5 Servieren, solange sich der Espresso noch mit der Milch vermischt. Sanft mit einem langen Löffel umrühren, um die Schichten vollständig zu vermischen.

CAFÉ AU LAIT

 TECHNIK
FILTER

 MILCH
KUHMILCH

 HEISS/KALT
HEISS

FÜR **1**

Der klassische französische Frühstückskaffee mit viel Milch wird traditionell in einer Schale ohne Henkel serviert, die groß genug ist, um ein Stück Baguette einzutunken. Außerdem kann man sich herrlich die Finger an der Schale wärmen.

 DAS BRAUCHEN SIE

Equipment
Handfilter oder Cafetière
kleiner Topf
große Schale

Zutaten
180 ml starker Filterkaffee
180 ml Milch

1 Den Kaffee nach Wunsch mit Handfilter oder Cafetière zubereiten (s. S. 128–137).

DER RICHTIGE KAFFEE

Für einen authentischen Geschmack braucht man eine dunklere, ölige und bittersüße Röstung, wie sie traditionell in Frankreich hergestellt wird. Diese Art Kaffee schmeckt am besten in Kombination mit viel süßer Milch.

TIPP

Auf den ersten Blick scheint die Cafetière (s. S. 128) die logische Wahl zu sein, aber viele Franzosen bevorzugen die Espressokanne (s. S. 133), mit der man einen stärkeren Kaffee aufbrühen kann.

LANGSAM IM TOPF ERWÄRMTE
MILCH PASST EINFACH PERFEKT
ZU EINEM STARKEN, DUNKEL
GERÖSTETEN KAFFEE.

TIPP
Wenn Sie etwas anderes als
das klassische französische
Baguette in Ihren Café au lait
eintunken möchten, greifen
Sie zu einem locker gebacke-
nem Buttercroissant oder
zu einem süßen Pain au
Chocolat.

2 Die Milch in einen kleinen
Topf geben und auf dem Herd
bei mittlerer Hitze drei bis vier Minuten erwärmen, sie sollte dabei
etwa 60–65 °C annehmen.

3 Den Kaffee in die Schale geben.
Milch nach Geschmack hinzugießen
und den Café au lait genießen.

ESPRESSO CON PANNA

 **TECHNIK** **ESPRESSO**  **MILCH** **SAHNE**  **HEISS/KALT** **HEISS**  **FÜR 1**

»Con panna« ist Italienisch für »mit Sahne«. Die cremig aufgeschlagene Sahne passt als Krönung auf jedes Getränk, sei es Cappuccino, Caffè latte oder Caffè mocha. Sie sieht einfach großartig aus und macht den Kaffee samtig weich.

 DAS BRAUCHEN SIE

Equipment
Espressotasse oder -glas
Espressomaschine
Handrührgerät

Zutaten
16–20 g fein gemahlener Kaffee
Sahne (nach Wunsch gesüßt)

1 Tasse oder Glas auf der Maschine oder mit heißem Wasser vorwärmen. Nach der Anleitung auf S. 44–45 eine Doppelportion/50 ml Espresso in das Glas oder die Tasse aufbrühen.

NICHT NUR DIE **ITALIENER** VERWENDEN
SAHNE IM KAFFEE, AUCH **IN WIEN** SER-
VIERT MAN DEN **CAPPUCCINO** HÄUFIG MIT
EINER **SCHLAGSAHNEHAUBE.**

2 Die Sahne in eine kleine
Schüssel geben und mit dem
Handrührgerät einige Minuten lang
steif schlagen, bis sie die Form hält.

3 Einen Esslöffel Schlagsahne
auf den doppelten Espresso
setzen. Mit einem Löffel zum
Umrühren servieren.

TIPP
Wenn Sie Kaffee weniger
stark mögen, schlagen Sie die
Sahne dick, aber nicht steif und
setzen Sie sie auf die Crema.
So können sich Espresso und
Sahne beim Trinken mischen
und der kräftige Kaffee
wird milder.

RISTRETTO UND LUNGO

 **TECHNIK**
ESPRESSO

 **MILCH**
OHNE

 **HEISS/KALT**
HEISS

 **FÜR 2**

Die Alternativen zum »caffè normale« heißen »ristretto« und »lungo«. Alles, was sich dabei ändert, ist die Wassermenge: So begrenzt man entweder die Brühdauer oder verlängert sie, um mehr lösliche Stoffe zu extrahieren.

 DAS BRAUCHEN SIE

Equipment
2 Espressotassen oder -gläser
Espressomaschine

Zutaten
16–20 g fein gemahlener Kaffee
pro Portion

RISTRETTO

Der Ristretto ist ein Espresso für Fortgeschrittene: eine Kaffee-Essenz mit einem starken, anhaltenden Nachklang.

1 Wie auf S. 44–45 gezeigt, eine Portion/25 ml Espresso in jedes Glas oder jede Tasse aufbrühen.

2 Das Wasser bereits nach 15–20 ml bzw. nach 15–20 Sekunden stoppen, um einen konzentrierten Kaffee mit einer dickflüssigen Textur und intensiven Geschmacksnoten zu erhalten.

TIPP
Alternativ können Sie für den Ristretto auch eine feinere Mahlung oder mehr Kaffee nehmen, um die Extraktion zu erhöhen. Aber das macht das Ergebnis oft bitterer, was nicht jedem zusagt.

RISTRETTO HEISST »BEGRENZT« UND LUNGO »LANG« ODER VERLÄNGERT. ÜBERRASCHENDERWEISE HAT EIN RISTRETTO WENIGER KOFFEIN ALS EIN LUNGO.

LUNGO

Die mildere Variante des Espresso wird mit einer größeren Wassermenge aufgebrüht.

1 Wie auf S. 44–45 gezeigt, eine Portion/25 ml Espresso in jedes Glas oder jede Tasse aufbrühen.

2 Statt das Wasser nach rund 25 ml oder nach 25–30 Sekunden abzudrehen, lassen Sie es durchlaufen, bis Sie etwa 50–90 ml Espresso in der Tasse oder im Glas haben. Durch die größere Wassermenge bei gleich bleibender Kaffeemenge erhalten Sie einen sanfteren Extrakt mit einem schlankeren Körper und einer größeren Adstringenz (pelziges Gefühl im Mund).

TIPP
Wenn Sie eine Tasse oder ein Glas mit 90 ml Fassungsvermögen verwenden, wissen Sie, wann Sie den Wasserdurchfluss stoppen müssen, und riskieren keine Beeinträchtigung des Geschmacks.

AMERICANO

 **TECHNIK**
ESPRESSO

MILCH
OHNE

HEISS/KALT
HEISS

FÜR 1

Im Zweiten Weltkrieg war den amerikanischen Soldaten der Espresso in Europa zu stark. Deshalb verdünnten sie ihn mit heißem Wasser zum Americano: Von der Stärke her einem Filterkaffee ähnlich, gleicht er im Geschmack dem Espresso.

 DAS BRAUCHEN SIE

Equipment
mittlere Tasse
Espressomaschine

Zutaten
16–20 g fein gemahlener Kaffee

TIPP

Alternativ können Sie zuerst das Wasser in die Tasse geben und dabei Platz für eine Doppelportion/50 ml Espresso lassen. In diesem Fall schwimmt die Crema oben auf, was hübscher aussieht.

1 Die Tasse auf der Maschine oder mit heißem Wasser vorwärmen. Wie auf S. 44–45 beschrieben, zwei Portionen/50 ml Espresso in die Tasse aufbrühen.

DER **AMERICANO** BESITZT DIE TEXTUR EINES **ESPRESSO, IST** ABER BEI WEITEM **NICHT SO** INTENSIV.

TIPP

Wenn Sie hinsichtlich der Stärke unsicher sind, servieren Sie das heiße Wasser extra, füllen Sie die Tasse nur zur Hälfte oder drei Vierteln und tasten Sie sich an die richtige Wassermenge für den idealen Geschmack heran.

2 Vorsichtig kochend heißes Wasser zum doppelten Espresso gießen. Ein vorgeschriebenes Mischungsverhältnis gibt es nicht, aber ein gutes Maß sind vier Teile Wasser auf einen Teil Espresso.

3 Nach Wunsch kann man die Crema mit einem Löffel ganz abschöpfen – manche ziehen den reineren, etwas sanfteren Geschmack vor. Ob Sie das Wasser vorher oder hinterher hinzugeben, ist eine Frage der persönlichen Vorliebe.

SIRUPE & AROMEN

Ein guter Kaffee besitzt reine und komplexe Aromen, die ein Purist niemals mit anderen Zutaten verändern oder verdünnen würde. Doch mit Sirupen und Saucen, die man auch selbst herstellen kann, wird aus einem Kaffee ein köstliches Dessert.

ZUCKERSIRUP

Der klare Sirup wird üblicherweise mit weißem Zucker hergestellt, mit braunem Zucker können Sie ihm eine Karamellnote verleihen. Geben Sie zur Abrundung des Geschmacks 30 ml eines Frucht-, Kräuter- oder Nussaromas hinzu (z. B. Mandel, Banane, Minze oder Kirsche).

Ergibt 500 ml

Zubereitung

1 **500 ml Wasser** in einem großen Topf bei mittlerer Hitze zum Kochen bringen.

2 **500 g weißen Zucker** unter Rühren im Wasser auflösen. Vom Herd nehmen.

3 Abkühlen lassen und in einem sterilisierten Schraubglas in den Kühlschrank stellen. Der Sirup hält sich etwa zwei Wochen. **1 Esslöffel Wodka** verdoppelt die Haltbarkeit.

KARAMELLSAUCE

Selbst gemachte Karamellsauce ist eine Alternative zu Zucker oder klarem Zuckersirup.

Ergibt 200 ml

Zubereitung

1 **200 g Zucker** und **60 ml Wasser** in einem großen Topf unter ständigem Rühren bei mittlerer Hitze zum Kochen bringen.

2 Sobald die Mischung siedet, das Rühren unterbrechen und den Sirup auf 115 °C erhitzen. Vom Herd nehmen und **3 Esslöffel Butter** und ½ **Teelöffel Meersalz** einrühren.

3 Unter Rühren **120 ml Sahne** hinzugeben. Glatt rühren, dann **1 Teelöffel Vanillesirup** oder etwas **Vanillearoma** hinzugeben und verrühren.

4 Abkühlen lassen und in einem sterilisierten Schraubglas in den Kühlschrank stellen. Die Sauce hält sich zwei bis drei Wochen.

AROMA

CHAI-PULVER

Je 1 Esslöffel oder zu gleichen Teilen Kardamom, Piment, Zimt, Nelken, Ingwer, schwarzen Pfeffer, Muskat und Süßholzwurzel mischen. In einem luftdicht schließenden Behälter aufbewahren. Für Tee-Kaffee-Mischungen verwenden (s. S. 184).

ERDBEER-SIRUP

Erdbeere wird häufig zum Aromatisieren vor allem von trocken aufbereiteten Kaffees verwendet. Verstärken Sie den Geschmack, und geben Sie dem Kaffee mit einem Spritzer Erdbeersirup eine natürlich süße Fruchtnote.

Ergibt 600 ml

Zubereitung

1 **500 g grob gehackte Erdbeeren** in einem Topf mit **500 ml Wasser** bedecken.

2 Aufkochen und 25 Minuten köcheln lassen. Schaum, der sich an der Oberfläche bildet, abschöpfen.

3 Vom Herd nehmen und die Flüssigkeit abseihen, ohne die Erdbeeren zu zerdrücken.

4 **225 g Zucker** einstreuen und unter Rühren aufkochen. Köcheln lassen, bis der Zucker sich auflöst, und Schaum, der sich an der Oberfläche bildet, abschöpfen.

5 Abkühlen lassen und in einem sterilisierten Schraubglas in den Kühlschrank stellen. Der Sirup hält sich etwa zwei Wochen.

AROMA

LEBKUCHENBUTTER

2 Esslöffel weiche, leicht gesalzene Butter in eine Schüssel geben und mit 100 g braunem Zucker, je ¼ Teelöffel Piment, Muskat, Zimt und Nelken und etwas Rumaroma verschlagen. Als Haube auf den Kaffee setzen (s. S. 182).

SCHOKOLADEN-SAUCE

Ob für einen Caffè Mocha oder eine heiße Schokolade – selbst gemachte Schokoladensauce ist besser als jedes Fertigprodukt. Eine Prise Salz mildert die Bitterkeit des Kakaos und unterstreicht den Schokoladengeschmack.

Ergibt 250 ml

Zubereitung

1 **125 g Kakaopulver** in einem mittleren Topf mit **150 g Zucker** und nach Wunsch **1 Prise Salz** vermischen.

2 **250 ml Wasser** hinzugießen und unter ständigem Rühren bei mittlerer Hitze zum Kochen bringen. Unter Rühren fünf Minuten köcheln lassen.

3 Vom Herd nehmen und **1 Teelöffel Vanillesirup** oder etwas **Vanillearoma** einrühren.

4 Abkühlen lassen und in einem sterilisierten Schraubglas in den Kühlschrank stellen. Die Sauce hält sich etwa zwei bis drei Wochen.

ROMANO

 **TECHNIK**
ESPRESSO

 MILCH
OHNE

 HEISS/KALT
HEISS

 FÜR **1**

Es ist ganz leicht, den Geschmack von Espresso mit einfachen Zutaten aufzupeppen. Schon ein Zitronentwist verleiht ihm eine frische Säure, wie bei diesem Klassiker.

Espresso

Mokkatasse

1 Nach der Anleitung auf S. 44–45 **zwei Portionen/50 ml Espresso** in eine Tasse aufbrühen.

2 Die Schale von **1 Bio-Zitrone** mit einem Zestenschneider in einem Streifen abschälen.

3 Den Tassenrand sanft mit der Schale abreiben, den Zitronentwist über den Rand in die Tasse hängen lassen.

ZUM SERVIEREN Nach Geschmack mit Demerarazucker süßen und am besten sofort genießen.

RED EYE

 **TECHNIK**
FILTER & ESPRESSO

 MILCH
OHNE

 HEISS/KALT
HEISS

 FÜR **1**

Wenn Sie morgens ohne einen kräftigen Koffein-Kick nicht in Gang kommen, versuchen Sie es einmal mit einem Red Eye, dank seiner belebenden Wirkung auch »Wecker« genannt.

Espresso

Kaffee

großer Becher

1 **12 g mittelfein gemahlenen Kaffee** in einer Cafetière (s. S. 128), dem AeroPress (s. S. 131) oder nach Wunsch aufbrühen. 200 ml Kaffee in einen Becher füllen.

2 Nach der Anleitung auf S. 44–45 **zwei Portionen/50 ml Espresso** in ein Kännchen aufbrühen.

ZUM SERVIEREN Den Espresso in den aufgebrühten Kaffee geben und am besten sofort genießen.

CUBANO

 **TECHNIK**
ESPRESSO

 **MILCH**
OHNE

 **HEISS/KALT**
HEISS

FÜR 1

Der auch »Cafecito« genannte kleine süße Kaffee ist auf Kuba weit verbreitet. Mit der Espressomaschine aufgebrüht, entsteht durch den Zucker ein cremig-süßer »Shot«, der auch als Basis für Kaffee-Cocktails dienen kann.

gesüßter Espresso

Mokkatasse

1 **14–18 g Espressopulver** mit **2 Teelöffeln Demerarazucker** mischen und in den Siebträger der Espressomaschine geben (s. S. 44, Schritte 1–3).

2 Kaffee und Zucker mit der Maschine aufbrühen, bis die Tasse halbvoll ist.

ZUM SERVIEREN Am besten sofort genießen oder als Basis für einen alkoholischen Espresso-Cocktail verwenden (s. S. 205–217).

SASSY MOLASSES

 **TECHNIK**
ESPRESSO

 **MILCH**
OHNE

 **HEISS/KALT**
HEISS

 **FÜR 1**

Der Sassafrasbaum ist in Nordamerika und Asien heimisch. Der Extrakt aus seiner Wurzelrinde diente früher zum Aromatisieren von Root Beer. Heute wird aus gesundheitlichen Gründen künstliches Sassafrasaroma verwendet.

mit Sassafras-aroma gesüßter Espresso

Mokkatasse

1 **1 Teelöffel Melasse** in eine Mokkatasse geben.

2 Wie auf S. 44–45 beschrieben, **zwei Portio-nen/50 ml Espresso** in die Tasse aufbrühen.

ZUM SERVIEREN **5 Tropfen Sassafrasaroma** in den Kaffee geben und am besten sofort genießen. Mit einem Löffel zum Umrühren servieren.

CAFFÈ TOUBA Dieser gewürzte Kaffee gewinnt auch außerhalb des Senegals immer mehr Freunde.

CAFFÈ TOUBA *Senegalesischer Kaffee*

 **TECHNIK
FILTER**

 **MILCH
OHNE**

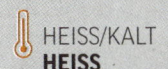 **HEISS/KALT
HEISS**

 FÜR **4**

Der Caffè Touba ist ein gewürzter Kaffee aus der heiligen Stadt Touba im Senegal. Grüne Kaffeebohnen werden zusammen mit Pfeffer und Gewürzen geröstet, im Mörser zerstoßen, durch einen Stofffilter aufgegossen und nach Wunsch gesüßt.

Gewürz-
kaffee

große Tasse

1 **60 g grüne Kaffeebohnen** mit **1 Teelöffel Mohrenpfeffer** und **1 Teelöffel Gewürznelken** unter ständigem Rühren bei mittlerer Hitze im Wok rösten.

2 Sobald der gewünschte Röstgrad (s. S. 66–67) erreicht ist, die Bohnen aus dem Wok nehmen und unter gelegentlichem Wenden abkühlen lassen.

3 Kaffeebohnen und Gewürze im Mörser fein zermahlen. Den Kaffee in einen Stofffilter (s. S. 130) geben und über eine Kanne hängen. Mit **500 ml Wasser** aufbrühen.

ZUM SERVIEREN Den Kaffee mit **Zucker** süßen und auf vier Tassen verteilen.

EIERKAFFEE

 **TECHNIK
FILTER**

 **MILCH
OHNE**

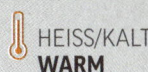 **HEISS/KALT
WARM**

 FÜR **4**

Die Vorstellung von Ei im Kaffee mag befremdlich erscheinen, aber die Proteine im Ei binden die sauren und bitteren Geschmacksstoffe des Kaffees. So entsteht ein mildes Getränk mit dem vollen Körper eines ungefilterten Kaffees.

Kaffee-Ei-
Mischung

große Tasse

1 **60 g grob gemahlenen Kaffee** mit **1 Ei** und **60 ml kaltem Wasser** zu einer Paste verschlagen.

2 **1 l Wasser** in einen Topf geben und zum Kochen bringen. Die Paste hinzugeben und sanft verrühren.

3 Drei Minuten kochen lassen. Vom Herd nehmen, **100 ml kaltes Wasser** hinzugeben und den Satz absinken lassen.

ZUM SERVIEREN Den Kaffee durch ein feinmaschiges Sieb oder ein Presstuch in Tassen gießen.

BUNA *Äthiopische Kaffeezeremonie*

 **TECHNIK**
FILTER

 **MILCH**
OHNE

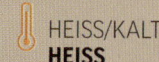 **HEISS/KALT**
HEISS

 **FÜR 10**

In Äthiopien trinkt man Buna bei Zeremonien in der Familie und unter Freunden. Beim Rösten wird Weihrauch unter die Kohle gelegt, und der Kaffee wird in der traditionellen Jabana dreimal aufgebrüht, wobei die Stärke abnimmt.

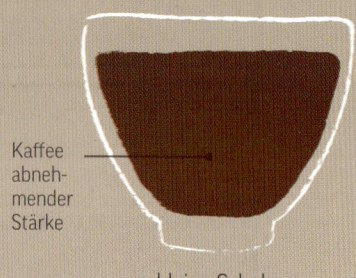

Kaffee abnehmender Stärke

kleine Schale

1 **100 g grüne Kaffeebohnen** unter Rühren bei mittlerer Hitze in einer Pfanne rösten, bis sie dunkel und ölig sind. Im Mörser fein zermahlen.

2 **1 l Wasser** in eine Jabana oder einen kleinen Topf geben und bei mittlerer Hitze aufkochen. Das Kaffeepulver hineingeben und durchrühren. Fünf Minuten ziehen lassen.

ZUM SERVIEREN Zehn kleine Schalen einschenken und servieren. Der Satz bleibt im Topf. **1 l Wasser** dazugeben, aufkochen und auf die Schalen verteilen. Erneut **1 l Wasser hinzugeben, aufkochen und auch den dritten Aufguss servieren.**

HUCKLEBERRY

 **TECHNIK**
FILTER

 MILCH
OHNE

 **HEISS/KALT**
HEISS

 **FÜR 1**

Huckleberrys, die wie Heidelbeeren schmecken, sind die Wappenfrüchte des US-Staates Idaho, wo auch Äpfel angebaut und viele hochwertige Kaffees mit Apfel aromatisiert werden. Der Kaffee für den Huckleberry zieht auf Apfelstücken.

Apfelaroma

Huckleberry-aroma

Kaffee

großer Becher

1 **250 ml Kaffee** mit **Apfelstücken** im Papierfilter (s. S. 129) oder in der Cafetière (s. S. 128) aufbrühen. Im Papierfilter die Äpfel auf das Pulver legen und mit Wasser übergießen. In der Cafetière Äpfel und Pulver zusammen in die Kanne geben und überbrühen.

2 Den Kaffee in einen Becher füllen und mit **25 ml Huckleberry-** oder **Heidelbeersirup** und **1 Esslöffel Apfelsirup** aromatisieren.

ZUM SERVIEREN Mit **Limettenschale** und **Apfelschnitzen** dekorieren. Nach Wunsch mit Zuckersirup (s. S. 162) süßen.

CAFFÈ DE OLLA *Mexikanischer Kaffee*

 **TECHNIK**
FILTER

 **MILCH**
OHNE

 **HEISS/KALT**
HEISS

FÜR 1

Die Olla, das traditionelle Tongefäß, in dem der Kaffee in Mexiko zubereitet wird, gibt ihm eine erdige Note. Aber auch in einem normalen Topf bekommt der Kaffee viel Körper und Textur.

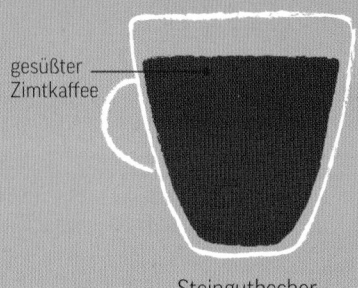

gesüßter
Zimtkaffee

Steingutbecher

1 **500 ml Wasser** in einem Topf mit **2 Zimtstangen** und **50 g braunem Zucker** bei mittlerer Hitze aufkochen und unter ständigem Rühren köcheln, bis der Zucker aufgelöst ist.

2 Vom Herd nehmen, abdecken und fünf Minuten ziehen lassen. **30 g mittelfein gemahlenen Kaffee** hinzugeben und weitere fünf Minuten ziehen lassen. Durch ein Sieb oder Presstuch in einen Becher abseihen.

ZUM SERVIEREN Mit einer Zimtstange servieren, um das Aroma nach Wunsch zu verstärken.

TÜRKISCHER MOKKA

 **TECHNIK**
FILTER

 **MILCH**
OHNE

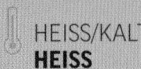 **HEISS/KALT**
HEISS

 **FÜR 4**

Türkischer Mokka wird in einem Ibrik (s. S. 137), einer kleinen Metallkanne mit langem Griff, zubereitet und in kleinen Schalen serviert. Der fertige Kaffee hat eine Schaumkrone und steht auf dem Satz in der Tasse.

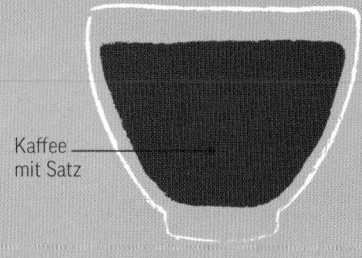

Kaffee
mit Satz

kleine Schale

1 **120 ml Wasser** und **2 Esslöffel Zucker** in eine Mokkakanne oder einen Topf geben und bei mittlerer Hitze aufkochen.

2 Vom Herd nehmen und **4 Esslöffel pulverfein gemahlenen Kaffee** sowie **Kardamom, Zimt** oder **Muskat** nach Wunsch hinzugeben und umrühren.

3 Wie auf S. 137 beschrieben aufbrühen. Schaum in jede Schale geben und den Kaffee hindurchgießen, ohne dass die Krone zusammenfällt.

ZUM SERVIEREN Zwei Minuten warten, bis der Kaffeesatz abgesunken ist. Vorsichtig bis zum Satz trinken.

MADHA ALAY ist vom Marathi-Volk im westindischen Maharashtra inspiriert.

MADHA ALAY

 **TECHNIK**
FILTER

 **MILCH**
OHNE

 **HEISS/KALT**
HEISS

 **FÜR 2**

Der Aufguss mit Honig, Ingwer und Zitrone ist eine gute Maßnahme gegen eine aufziehende Erkältung, vor allem mit einem Schuss Whisky. Mit Kaffee aus der Espressokanne (s. S. 133) reicht die Menge für zwei kleine Gläser.

aromatisierter Kaffee

Lavendelhonig

kleines Glas

1 Wie auf S. 133 beschrieben, **32 g grob gemahlenen Kaffee** in einer 300-ml-Espressokanne aufbrühen.

2 **1 Esslöffel Lavendelhonig** in jedes Glas geben und **1 Teelöffel gehackten frischen Ingwer** sowie die **Schale von ½ Bio-Zitrone** darauf verteilen.

3 **250 ml Wasser** aufkochen. Über die Mischung gießen und die Gläser halb füllen. Eine Minute ziehen lassen.

ZUM SERVIEREN **75 ml frisch aufgebrühten Kaffee** in jedes Glas geben. Den Honig unter Rühren auflösen und das Getränk mit einem Löffel servieren.

KOPI JAHE *Indonesischer Kaffee*

 TECHNIK
FILTER

 **MILCH**
OHNE

 **HEISS/KALT**
HEISS

 **FÜR 6**

In Indonesien brüht man aus frischem Ingwer und Kaffeepulver den aromatischen Kopi Jahe auf, das bedeutet auf Bahasa »Ingwer-Kaffee«. Verleihen Sie dem Getränk mit Gewürzen wie Zimt oder Nelken noch mehr Aroma.

süßer Ingwer-Kaffee

große Tasse

1 **6 Esslöffel mittelfein gemahlenen Kaffee, 1,5 l Wasser, 5–6 Teelöffel zerstoßenen frischen Ingwer, 100 g Palmzucker** und nach Wunsch **2 Zimtstangen** und/oder **3 Gewürznelken** in einem Topf bei mittlerer Hitze aufkochen. Die Hitze reduzieren und unter Rühren köcheln lassen, bis der Zucker aufgelöst ist.

2 Nach etwa fünf Minuten vom Herd nehmen, sobald der Ingwergeschmack stark genug ist.

ZUM SERVIEREN Den Kaffee durch ein Presstuch auf sechs Tassen abgießen und sofort genießen.

VANILLETRAUM

 TECHNIK **FILTER**    MILCH **OHNE**    HEISS/KALT **HEISS**    FÜR **2**

Es gibt kaum einen besser passenderen Begleiter für Kaffee als Vanille. Dabei haben Sie freie Wahl zwischen ganzen Vanilleschoten (wie in diesem Rezept), Pulver, Sirup, Aroma und sogar alkoholischen Varianten.

Vanille-kaffee

großer Becher

1 2 **Vanilleschoten** aufschneiden, das Mark herauskratzen und mit den Schoten in einem Topf mit **500 ml Wasser** bei mittlerer Hitze aufkochen. Vom Herd nehmen, die Schoten beiseitelegen und **30 g grob gemahlenen Kaffee** in den Topf geben. Abdecken und fünf Minuten ziehen lassen.

2 In der Zwischenzeit mit einem Backpinsel zwei Becher mit **1 Esslöffel Vanillesirup oder etwas Vanillearoma** auspinseln.

ZUM SERVIEREN Den Kaffee durch ein Presstuch in die Becher abseihen und die Schoten hinzugeben.

SYPHON SPICE

 TECHNIK **FILTER**    MILCH **OHNE**    HEISS/KALT **HEISS**    FÜR **3**

Das Aufbrühen von Kaffee mit ganzen und gemahlenen Gewürzen gelingt mit dem Vakuum-Kaffeebereiter (s. S. 132) besonders gut. Nehmen Sie einen Papier- oder Metallfilter und verwenden Sie die Stofffilter ausschließlich für reinen Kaffee.

Gewürz-kaffee

mittlere Tasse

1 2 **Gewürznelken** und 3 **ganze Pimentbeeren** mit **300 ml Wasser** in den unteren Behälter eines 360-ml-Bereiters (3 Tassen) geben.

2 ¼ **Teelöffel Muskatpulver** mit **15 g mittelfein gemahlenem Kaffee** mischen und ins Wasser geben, sobald es in den oberen Behälter aufgestiegen ist. Eine Minute ziehen lassen, dann den Bereiter vom Feuer nehmen und zusehen, wie der Kaffee nach unten läuft.

CAFÉ À LA KALKUTTA

 **TECHNIK**
FILTER

 **MILCH**
OHNE

 **HEISS/KALT**
HEISS

 **FÜR 4**

Geröstete und gemahlene Zichorienwurzel ist ein in vielen Ländern weit verbreiteter Ersatz für Kaffee. Mit Muskatblüte und einigen Safranfäden verleihen Sie dem Kaffeegetränk eine exotische Note.

Gewürz-
kaffee

mittlerer Becher

1 **1 l Wasser** in einen Topf geben. **1 Teelöffel gemahlene Muskatblüte** und **einige Safranfäden** hinzugeben und bei mittlerer Hitze aufkochen.

2 Vom Herd nehmen und **40 g mittelfein gemahlenen Kaffee** und **20 g mittelfein gemahlenen Zichorienkaffee** einrühren. Abdecken und fünf Minuten ziehen lassen.

ZUM SERVIEREN Durch einen Papierfilter in eine Kanne abseihen. Auf vier Becher verteilen und servieren.

KAISERMELANGE *Österreichische Spezialität*

 **TECHNIK**
ESPRESSO

 **MILCH**
SCHLAGSAHNE

 **HEISS/KALT**
HEISS

 **FÜR 1**

Kaffee und Eigelb ist auch in Skandinavien eine beliebte Kombination. Bei der Kaffeespezialität aus Österreich verleihen Eigelb und Honig dem Espresso einen vollen Körper und der Cognac gibt ihm Feuer.

Schlag-
sahne

Honig-Ei-
Mischung

Espresso

kleines Glas

1 Nach der Anleitung auf S. 44–45 **eine Portion/25 ml Espresso** in ein Glas aufbrühen. Nach Wunsch **25 ml Cognac** hinzugeben.

2 In einer kleinen Schüssel **1 sehr frisches Eigelb** mit **1 Teelöffel Honig** verquirlen. Vorsichtig auf den Espresso gleiten lassen.

ZUM SERVIEREN **1 Esslöffel Schlagsahne** daraufsetzen und am besten sofort genießen.

KOKOS-EI-KAFFEE

 **TECHNIK**
FILTER

 **MILCH**
OHNE

 **HEISS/KALT**
HEISS

 **FÜR 1**

Bei dem vom vietnamesischen Eierkaffee inspirierten Rezept wird die Kondensmilch durch Kokoscreme ersetzt. Dadurch erhält der Kaffee eine neue Dimension an Geschmack und das Getränk ist laktosefrei.

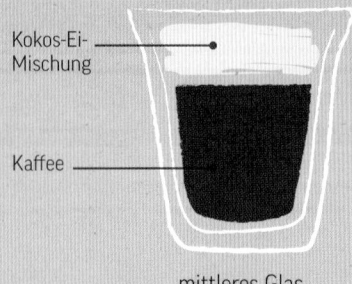

Kokos-Ei-Mischung

Kaffee

mittleres Glas

1 **120 ml Kaffee** mit einem Phin (s. S. 136) oder in der Cafetière (s. S. 128) aufbrühen und in ein Glas füllen.

2 **2 sehr frische Eigelbe** mit **2 Teelöffeln Kokoscreme** schaumig aufschlagen und vorsichtig auf den Kaffee gleiten lassen.

ZUM SERVIEREN Nach Wunsch mit **Demerarazucker** süßen und mit einem Löffel servieren.

HONEY BLOSSOM

 **TECHNIK**
ESPRESSO

 **MILCH**
KUHMILCH

 **HEISS/KALT**
HEISS

 **FÜR 1**

Der Geschmack von Honig ist abhängig von den Blüten, bei denen die Honigbienen den Nektar sammeln. Bei diesem Rezept streicht ein Wasserdestillat das Aroma des Orangenblütenhonigs zusätzlich heraus.

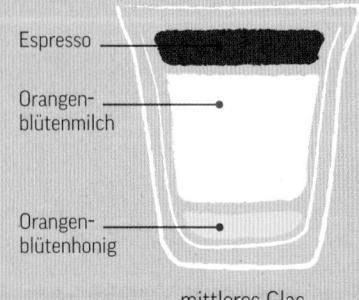

Espresso

Orangen-blütenmilch

Orangen-blütenhonig

mittleres Glas

1 **150 ml Milch** in einer Kanne mit **1 Esslöffel Orangenblütenwasser** bis 60–65 °C, bzw. bis die Kanne zu heiß zum Anfassen ist, aufschäumen (s. S. 48–51). Der Schaum sollte etwa 1 cm dick sein.

2 **1 Esslöffel Orangenblütenhonig** in ein Glas geben und mit der Milch übergießen.

3 Nach der Anleitung auf S. 44–45 **eine Portion/25 ml Espresso** in ein Kännchen aufbrühen. Den Espresso durch den Schaum ins Glas gießen.

ZUM SERVIEREN Mit einem Löffel zum Auflösen des Honigs servieren.

EGGNOG LATTE

 **TECHNIK**
ESPRESSO

 **MILCH**
KUHMILCH

 **HEISS/KALT**
HEISS

FÜR 1

Der cremige Kaffee ist ein Latte in Perfektion. Gekaufter Eggnog enthält in der Regel kein rohes Ei, aber wenn Sie ihn selber machen wollen, nehmen Sie nur sehr frische Eier und lassen Sie das Ei nicht gerinnen.

Espresso

Eggnog-Milch

mittleres Glas oder Tasse

1 **150 ml Eggnog** mit **75 ml Milch** in einem Topf unter ständigem Rühren bei mittlerer Hitze sanft erwärmen. Nicht kochen lassen. Die warme Eggnog-Mischung in eine Tasse oder ein Glas füllen.

2 Nach der Anleitung auf S. 44–45 **zwei Portionen/50 ml Espresso** in ein Kännchen aufbrühen und über die Eggnog-Mischung geben.

ZUM SERVIEREN Etwas Muskatnuss über das Getränk reiben.

SOJA-EGGNOG-LATTE

 **TECHNIK**
ESPRESSO

 **MILCH**
SOJAMILCH

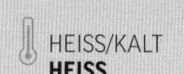 **HEISS/KALT**
HEISS

 **FÜR 1**

Für die laktosefreie Variante des Eggnog Latte sollten Sie hochwertige Sojamilch und Soja-Eggnog verwenden. Sie können den Latte mit Cognac oder Bourbon auf-peppen und das Muskatpulver durch Schokoladenhobel ersetzen.

Soja-
Egnogg-
Milch

Espresso

große Tasse

1 **100 ml Soja-Eggnog** und **100 ml Sojamilch** bei mittlerer Hitze in einem Topf erwärmen, aber nicht kochen lassen.

2 Nach der Anleitung auf S. 44–45 **zwei Portionen/50 ml Espresso** in eine Tasse aufbrühen.

3 Die warme Eggnog-Milch über den Espresso gießen und umrühren.

ZUM SERVIEREN Nach Wunsch einen Schuss Cognac hineingeben, mit Muskat bestreuen und servieren.

AHORN-PEKANNUSS

 **TECHNIK**
ESPRESSO

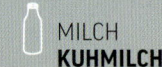 **MILCH**
KUHMILCH

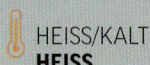 **HEISS/KALT**
HEISS

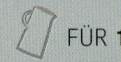 **FÜR 1**

Ein Espresso mit Ahornsirup und Pekannuss schmeckt wie ein flüssiger Nusskuchen. Reichen Sie dazu Mürbeteigplätzchen zum Tunken.

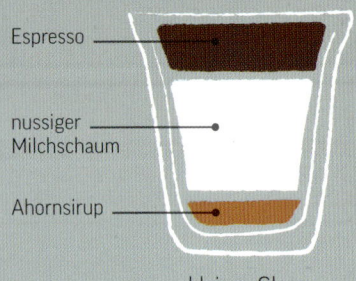

Espresso

nussiger
Milchschaum

Ahornsirup

kleines Glas

1 120 ml Milch mit **5 Tropfen Pekannuss- oder Nussaroma** auf etwa 60–65 °C, bzw. bis die Kanne zu heiß zum Anfassen ist, aufschäumen (s. S. 48–51). Die Schaumschicht sollte etwa 1,5 cm dick sein.

2 **1 Esslöffel Ahornsirup** in ein Glas geben und die Milch darauf gießen.

3 Nach der Anleitung auf S. 44–45 **zwei Portionen/50 ml Espresso** in ein Kännchen aufbrühen und ins Glas geben.

ZUM SERVIEREN Mit **1 Pekannuss** dekorieren und mit einem Löffel zum Umrühren servieren.

KIRSCH-MANDEL-LATTE

 **TECHNIK**
ESPRESSO

 **MILCH**
MANDELMILCH

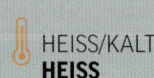 **HEISS/KALT**
HEISS

 **FÜR 1**

Für einen aromatisierten laktosefreien Caffè latte schäumen Sie Mandelmilch statt Kuhmilch auf. Bei diesem Rezept ergänzen sich der nussige Geschmack der Mandelmilch und das süße Kirscharoma hervorragend.

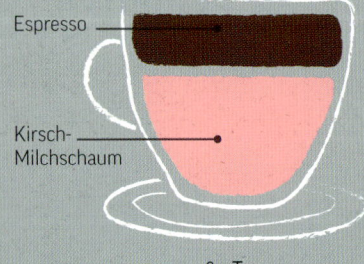

Espresso

Kirsch-
Milchschaum

große Tasse

1 150 ml Mandelmilch mit **25 ml Kirschsirup** bis 60–65 °C, bzw. bis die Kanne zu heiß zum Anfassen ist, aufschäumen (s. S 48–51). In eine Tasse gießen.

2 Nach der Anleitung auf S. 44–45 **zwei Portionen/50 ml Espresso** in ein Kännchen aufbrühen und über die Milch gießen.

ZUM SERVIEREN Mit einem Löffel zum Umrühren servieren.

MANDEL-FEIGEN-LATTE

 **TECHNIK**
FILTER
 **MILCH**
KUHMILCH
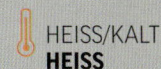 **HEISS/KALT**
HEISS
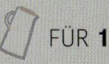 **FÜR 1**

Rund um die Welt dienen Feigen zur Vollendung eines guten Kaffeegeschmacks, aber selten als Zutat in einem Getränk. Hier treffen sie auf Mandelaroma, das dem Latte geschmackliche Tiefe verleiht.

Espresso

Mandel-
Feigen-Milch

große Tasse

1 **250 ml Milch** mit **1 Teelöffel Mandelessenz oder -sirup** und **5 Tropfen Feigensirup** bis 60–65 °C, bzw. bis die Kanne zu heiß zum Anfassen ist, aufschäumen (s. S. 48–51) und in eine Tasse gießen.

2 **100 ml Kaffee** in einer Cafetière (s. S. 128), mit dem AeroPress (s. S. 131) oder nach Wunsch aufbrühen. Für einen ausgeprägteren Kaffeegeschmack die doppelte Stärke ansetzen.

ZUM SERVIEREN Den Kaffee über die aromatisierte Milch gießen und servieren.

MOCHI AFFOGATO

 **TECHNIK**
ESPRESSO
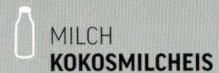 **MILCH**
KOKOSMILCHEIS
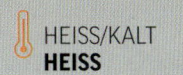 **HEISS/KALT**
HEISS
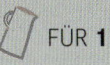 **FÜR 1**

Mochi-Eis ist eine japanische Spezialität, bestehend aus einer Kugel Eis, die von einer weichen, teigartigen Klebreispaste umhüllt ist. Für eine laktosefreie Variante Mochi aus Kokosmilch verwenden.

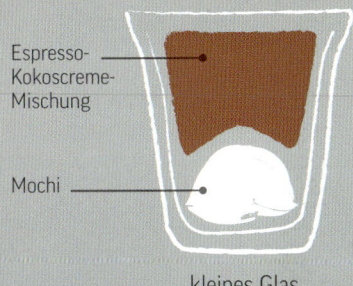

Espresso-
Kokoscreme-
Mischung

Mochi

kleines Glas

1 **1 mit schwarzem Sesam aromatisiertes Kokosmilch-Mochi** (aus dem Asialaden) in ein Glas geben.

2 Nach der Anleitung auf S. 44–45 **zwei Portionen/50 ml Espresso** in ein Kännchen aufbrühen.

3 **50 ml Kokoscreme** mit dem Espresso verrühren und über das Mochi gießen.

ZUM SERVIEREN Mit einem Löffel servieren und am besten sofort genießen.

AFFOGATO

 **TECHNIK**
ESPRESSO

 **MILCH**
EISCREME

 **HEISS/KALT**
HEISS UND KALT

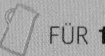 **FÜR 1**

Der Affogato ist ein unkompliziertes Espresso-Rezept: Eine mit starkem Espresso übergossene Kugel Speiseeis ist der perfekte Abschluss eines Essens. Eifreie Vanilleeiscreme ist etwas leichter. Probieren Sie auch andere Eissorten aus.

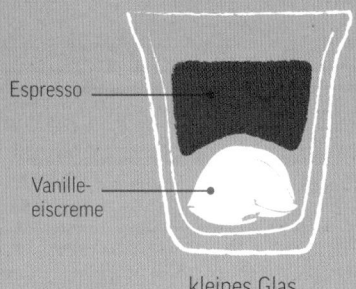

Espresso

Vanille-
eiscreme

kleines Glas

1 **1 Kugel Vanilleeis** ins Glas geben. Das attraktivste Ergebnis liefert ein Eisportionierer, der ganze Kugeln formt.

2 Nach der Anleitung auf S. 44–45 **zwei Portionen/50 ml Espresso** aufbrühen und über die Eiscreme laufen lassen.

ZUM SERVIEREN Reichen Sie dazu einen Löffel oder lassen Sie das Eis beim Trinken schmelzen.

MANDEL-AFFOGATO

 **TECHNIK**
ESPRESSO

 **MILCH**
MANDELMILCH

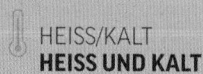 **HEISS/KALT**
HEISS UND KALT

 **FÜR 1**

Bei Laktoseintoleranz ist Mandelmilch eine gute Alternative. Aus gemahlenen Mandeln und Wasser, nach Wunsch gesüßt, sind Milch und Eiscreme leicht selber herzustellen. Genießen Sie die frische Note in Ihrem Kaffee.

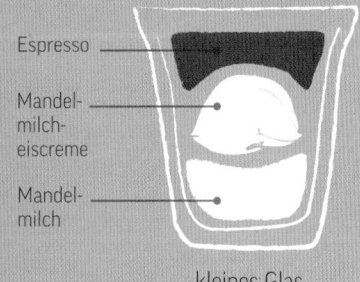

Espresso

Mandel-
milch-
eiscreme

Mandel-
milch

kleines Glas

1 **25 ml Mandelmilch** in ein kleines Glas geben und **1 Kugel Mandelmilcheis** hineinsetzen.

2 Nach der Anleitung auf S. 44–45 **eine Portion/25 ml Espresso** in ein kleines Kännchen aufbrühen und über die Eiscreme laufen lassen.

ZUM SERVIEREN Garnieren Sie den Affogato mit ½ TL Zimtpulver und **1 TL gehackten Mandeln**.

MANDEL-AFFOGATO ist eine leckere laktosefreie Kaffeevariante. Allergiker können auch Reismilch mit Reismilcheiscreme probieren.

YUANYANG *Spezialität aus Hongkong*

 TECHNIK
FILTER

 MILCH
KONDENSMILCH

 HEISS/KALT
HEISS

FÜR **4**

Tee und Kaffee zu mischen ist in unseren Augen ziemlich ungewöhnlich. Aber der cremige Schwarztee-Mix ist köstlich. In Hongkong bekommt man ihn bei Straßenhändlern, aber auch in vielen Restaurants.

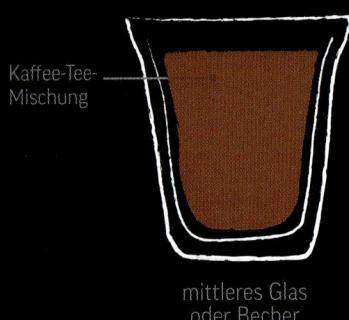

Kaffee-Tee-Mischung

mittleres Glas oder Becher

1 **2 Esslöffel Schwarzteeblätter** mit **250 ml Wasser** in einen großen Topf geben und zwei Minuten köcheln lassen.

2 Vom Herd nehmen und die Teeblätter entfernen. **250 ml Kondensmilch** einrühren, wieder erhitzen und nochmals zwei Minuten köcheln lassen. Vom Herd nehmen.

3 Wie auf S. 128 beschrieben, **500 ml Kaffee** in einer Cafetière aufbrühen und in den Topf geben. Mit einem Holzlöffel gründlich durchrühren.

ZUM SERVIEREN Auf vier Tassen oder Becher verteilen, mit **Zucker** süßen und servieren.

STRAWBERRY LACE

 TECHNIK
FILTER

 MILCH
KUHMILCH

 HEISS/KALT
HEISS

 FÜR **1**

Erdbeeren mit geschmolzener dunkler Schokolade oder mit Schlagsahne sind ein Genuss. Hier ersetzen wir die dunkle durch weiße Schokolade und verbinden so beide Varianten zu einem cremigen Genuss.

Milch

Kaffee

Erdbeer-sirup

große Schale

1 **150 ml Kaffee** in einer Cafetière (s. S. 128), dem AeroPress (s. S. 131) oder nach Wunsch aufbrühen.

2 **150 ml Milch** in einem Topf bei mittlerer Hitze erwärmen, aber nicht kochen lassen.

3 **2 Esslöffel weiße Schokolade** und **1 Esslöffel Erdbeersirup** (s. S. 163) in eine Schale geben, Kaffee und Milch hinzufügen.

ZUM SERVIEREN Mit einem Löffel zum Umrühren und Auflösen der Schokolade servieren.

BANANA SPLIT

 **TECHNIK**
FILTER

 **MILCH**
KUHMILCH

HEISS/KALT
HEISS

FÜR 1

Wenn Sie klassische Bananen-Desserts wie Banana Split mögen, wird dieses Getränk eine Entdeckung sein, weil es das Beste dieser Desserts in sich vereint. Servieren Sie es in einer eleganten 300-ml-Coupette.

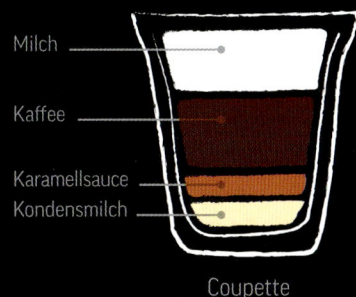

Milch

Kaffee

Karamellsauce

Kondensmilch

Coupette

1 **1 Teelöffel Kondensmilch** in das Glas geben und mit **1 Teelöffel Karamellsauce** (s. S. 162) übergießen.

2 **Etwas Bananensirup oder -aroma** ins Glas geben. **100 ml Kaffee** in einer Cafetière (s. S. 128), dem AeroPress (s. S. 131) oder nach Wunsch aufbrühen.

3 **100 ml Milch** in einem Topf bei mittlerer Hitze erwärmen, aber nicht kochen lassen.

ZUM SERVIEREN Kaffee und Milch ins Glas gießen und mit einem Löffel zum Umrühren servieren.

CA PHE SUA NONG *Vietnamesische Spezialität*

 **TECHNIK**
FILTER

 **MILCH**
KONDENSMILCH

HEISS/KALT
HEISS

 **FÜR** 1

Sie müssen keinen vietnamesischen Phin verwenden, um den Kaffee zuzubereiten, aber das saubere und einfache Aufbrühen mit diesem Filter ist eine Methode, die sehr gut zu schwarzem Kaffee passt.

Kaffee

Kondensmilch

kleiner Becher

1 **2 Esslöffel Kondensmilch** in einen Becher geben. **2 Esslöffel mittelfein gemahlenen Kaffee** in einen Phin (s. S. 136) oder einen Papierfilter (s. S. 129) geben. Durch Schütteln gleichmäßig verteilen und den Filter aufsetzen.

2 **120 ml Wasser** aufkochen und etwa ein Drittel davon über den Kaffee gießen. Den Kaffee eine Minute vorbrühen. Die Dusche lockern und den Rest des Wassers aufgießen. Das Wasser sollte in fünf Minuten durchlaufen.

ZUM SERVIEREN Mit einem Löffel zum Umrühren servieren.

POT OF GOLD

 TECHNIK
FILTER

 MILCH
OHNE

 HEISS/KALT
HEISS

 FÜR **1**

Kaffeegenießer mit Laktoseintoleranz haben viele Alternativen, z. B. Milch aus Nüssen und Samen. Bei diesem Rezept ist es rohes Eigelb, das den gold glänzenden Kaffee wunderbar cremig macht.

laktosefreie Schlagsahne

Eiercreme

Kaffee

kleiner Becher

1 Nach der Anleitung auf S. 133 mit der Espressokanne **100 ml starken Kaffee** aufbrühen.

2 Für die Eiercreme **1 Eigelb** in einer kleinen Schüssel mit **2 Esslöffeln laktosefreier Vanillesauce** verquirlen. 1 Teelöffel des Kaffees einrühren.

ZUM SERVIEREN Den Kaffee in den Becher geben und mit Eiercreme bedecken. Mit **laktosefreier Schlagsahne** auffüllen und nach Wunsch mit **Vanillezucker** bestreuen.

LEBKUCHEN-GROG

 TECHNIK
FILTER

 MILCH
SAHNE

 HEISS/KALT
HEISS

 FÜR **6**

Das Getränk duftet nicht nur verführerisch, es wärmt auch herrlich. Die Zubereitung kostet ein paar Minuten Zeit, aber das Ergebnis lohnt die Mühe, zumal die süße Lebkuchenbutter es auch zu einem großartigen Dessert macht.

Kaffee & Sahne

großer Becher

1 Die **fein abgezogene Schale von 1 Zitrone** und **1 Orange** auf zwei Tassen verteilen.

2 **1,5 l Kaffee** in einer Cafetière (s. S. 128) oder der Kaffeemaschine (s. S. 135) aufbrühen.

3 In eine Kanne füllen und **250 ml Kaffeesahne** hinzugeben. Die Mischung in die Becher über die Schalen gießen.

ZUM SERVIEREN Jeweils **1 Teelöffel Lebkuchenbutter** (s. S. 163) in jeden Becher geben. Schmelzen lassen und servieren.

LEBKUCHEN-GROG Während die Butter schmilzt und die Gewürze sich auflösen, bilden sich kleine Perlen an der Oberfläche.

CHAI-KAFFEE

 TECHNIK
FILTER

 MILCH
KUHMILCH

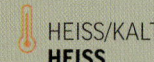 HEISS/KALT
HEISS

 FÜR **1**

Man kann fertige Chai-Mischungen in der Dose kaufen, sie sind aber auch schnell selbst gemacht (s. S. 162). Gut verschlossen, halten sich die individuellen Gewürzmischungen bis zu einen Monat.

Chai-
Kaffee-
Mischung

großer Becher

1 **1 Teelöffel der Gewürzmischung** (s. S 162) mit **100 ml Wasser** in einen kleinen Topf geben. **1 Teelöffel schwarze Teeblätter** hinzufügen, die Mischung aufkochen und fünf Minuten köcheln lassen.

2 **100 ml Milch** hinzugeben und erhitzen, aber nicht kochen. In der Zwischenzeit **100 ml Kaffee** in einer Cafetière (s. S. 128), dem AeroPress (s. S 131) oder auf andere Weise aufbrühen. Den Gewürztee durch ein Sieb abseihen.

ZUM SERVIEREN Den Tee mit dem Kaffee zu gleichen Teilen in die Tasse geben und nach Geschmack mit **Zucker** süßen.

SCHOKO-MINZ-LAKRITZ

 TECHNIK
ESPRESSO

 MILCH
KUHMILCH

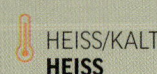 HEISS/KALT
HEISS

 FÜR **1**

Die leicht herzhafte Note von Lakritze, das Bittere dunkler Schokolade und die Frische der Minze geben dem Getränk eine ganz besondere Würze. Der Geschmack wird intensiver, je weniger Milch Sie dazugeben.

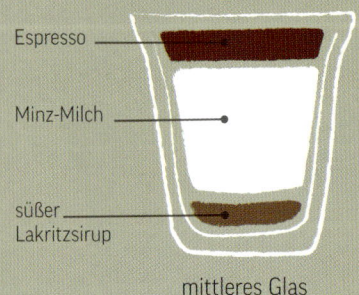

Espresso

Minz-Milch

süßer
Lakritzsirup

mittleres Glas

1 **1–2 Schokoladenstückchen** und **1 Esslöffel Lakritzsirup** in ein Glas geben.

2 In einer Aufschäumkanne **150 ml Milch** mit **etwas Minzsirup oder -aroma** bis 60–65 °C, bzw. bis die Kanne zu heiß zum Anfassen ist, aufschäumen (s. S. 48–51). Ins Glas geben.

3 Nach der Anleitung auf S. 44–45 **zwei Portionen/50 ml Espresso** in ein Kännchen aufbrühen.

ZUM SERVIEREN Den Espresso durch den Milchschaum gießen.

MAZAGRAN *Portugiesischer Eiskaffee*

 **TECHNIK**
ESPRESSO

 **MILCH**
OHNE

 **HEISS/KALT**
KALT

 **FÜR 1**

Die portugiesische Variante eine Eiskaffees wird mit starkem Kaffee oder Espresso zubereitet. Der Mazagran wird leicht gesüßt auf Eis, mit einem Spritzer Zitrone und manchmal mit einem Schuss Rum serviert.

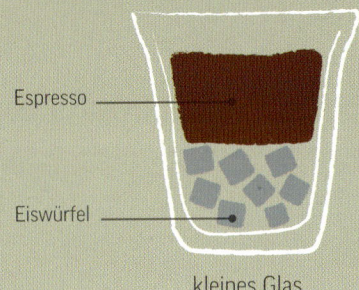

Espresso

Eiswürfel

kleines Glas

1 **3–4 Eiswürfel** und **1 Zitronenspalte** in ein Glas geben.

2 Nach der Anleitung auf S. 44–45 **zwei Portionen/50 ml Espresso** auf die Eiswürfel aufbrühen.

ZUM SERVIEREN Nach Wunsch **Zuckersirup** (s. S. 162) hinzugeben und sofort genießen.

EIS-ESPRESSO

 **TECHNIK**
ESPRESSO

 **MILCH**
OHNE

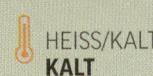 **HEISS/KALT**
KALT

 **FÜR 1**

Die einfache Variante ist, den Espresso über Eis zu gießen, aber wenn man ihn schüttelt, entsteht ein schöner Schaum. Experimentieren Sie mit dem Zucker – Raffinade, Demerara oder Muskovado –, um den Geschmack zu variieren.

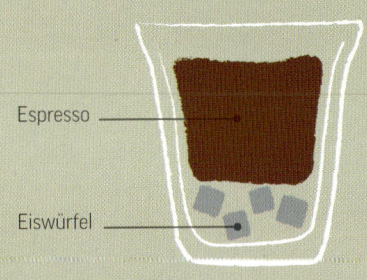

Espresso

Eiswürfel

kleines Glas

1 Nach der Anleitung auf S. 44–45 **zwei Portionen/50 ml Espresso** in eine kleine Tasse aufbrühen und nach Wunsch **Zucker** einrühren.

2 Den Espresso in einen mit **Eiswürfeln** gefüllten Cocktail-Shaker füllen und kräftig schütteln.

ZUM SERVIEREN Einige **Eiswürfel** in ein Glas geben, den Kaffee durch ein Sieb einschenken und genießen.

ESPRESSO FRIZZANTE

 **TECHNIK**
ESPRESSO

 **MILCH**
OHNE

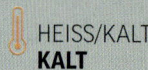 **HEISS/KALT**
KALT

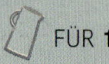 **FÜR 1**

Espresso mit Sprudelwasser klingt etwas gewöhnungsbedürftig, aber die perlende Mischung ist ausgesprochen erfrischend. Gießen Sie den Sprudel langsam hinzu, um starkes Schäumen zu verhindern.

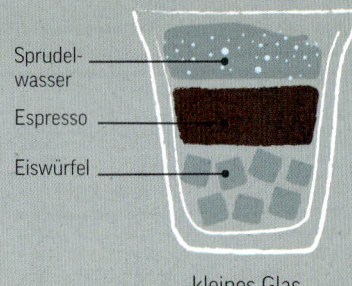

Sprudel-
wasser

Espresso

Eiswürfel

kleines Glas

1 Ein Glas 1 Stunde vor dem Servieren ins Gefrierfach stellen.

2 Nach der Anleitung auf S. 44–45 **zwei Portionen/50 ml Espresso** in ein Kännchen aufbrühen. **3–4 Eiswürfel** ins Glas geben und den Espresso darübergießen.

ZUM SERVIEREN Langsam mit **Sprudelwasser** auffüllen und darauf achten, dass das Getränk nicht überschäumt.

SCHNEEWITTCHEN

 **TECHNIK**
ESPRESSO

 **MILCH**
OHNE

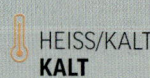 **HEISS/KALT**
KALT

 **FÜR 1**

Der kalte Kaffee bietet die ungewöhnliche Kombination von Erdbeeren und Lakritze auf viel Eis. Seinen Namen verdankt er dem Kontrast der Farben Rot und Schwarz – wie Schneewittchens Lippen und Haar.

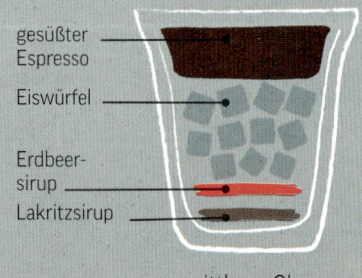

gesüßter
Espresso

Eiswürfel

Erdbeer-
sirup

Lakritzsirup

mittleres Glas

1 Nach der Anleitung auf S. 44–45 **zwei Portionen/50 ml Espresso** in ein Kännchen aufbrühen und **1 Esslöffel Zucker** einrühren. Den Espresso mit **Eiswürfeln** in einen Cocktail-Shaker füllen und kräftig schütteln.

2 **1 Esslöffel Lakritzsirup** und **1 Esslöffel Erdbeersirup** (s. S. 163) in ein mittleres Glas geben und mit **Eiswürfeln** auffüllen.

3 Espresso durch ein Sieb einschenken. Für einen cremigeren Geschmack **50 ml kalte Milch** ins Glas geben, dann mit Espresso übergießen.

ZUM SERVIEREN Mit einem Löffel zum Umrühren servieren.

SCHNEEWITTCHEN Man kann auch Crushed Eis nehmen. Das hält das Getränk länger kalt, verdünnt es aber auch schneller.

ESPRESSO COLA

 **TECHNIK**
ESPRESSO    **MILCH**
OHNE    **HEISS/KALT**
KALT    **FÜR 1**

Eine kalte, mit Espresso aromatisierte Cola bringt Sie auf Trapp. Beides kann, auf Eis aufgegossen, mächtig schäumen, aber wenn Glas und Zutaten richtig kalt sind, hält sich die Schaumschicht in Grenzen.

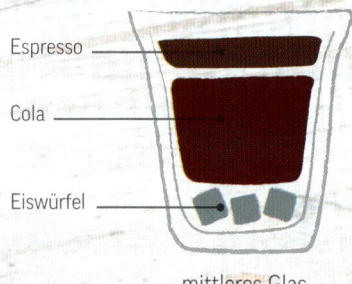

Espresso

Cola

Eiswürfel

mittleres Glas

1 Nach der Anleitung auf S. 44–45 **eine Portion/25 ml Espresso** in ein Kännchen aufbrühen und im Kühlschrank kalt werden lassen.

2 **Eiswürfel** in ein Glas geben und **150 ml Cola** darübergießen. Wenn der Schaum sich gesetzt hat, vorsichtig den kalten Espresso hinzugießen.

ZUM SERVIEREN Nach Wunsch mit **Zuckersirup** (s. S. 162) süßen.

LÖWENZAHNKAFFEE

 **TECHNIK**
FILTER    **MILCH**
OHNE    **HEISS/KALT**
KALT    **FÜR 4**

Neben Zichorie, Gerste und Zuckerrübe war auch geröstete und gemahlene Löwenzahnwurzel in Notzeiten eine beliebte Alternative zum Kaffee. Sie gibt zwar keinen Koffein-Kick, ist aber lecker und wärmend.

Löwenzahn-
kaffee

mittleres Glas

1 Nach der Anleitung auf S. 134 die Zubereitung im Cold Dripper vorbereiten. **2 Esslöffel mittelfein gemahlenen Kaffee, 2 Esslöffel geröstete Löwenzahnwurzel** und **2 Esslöffel geröstete Zuckerrübe** oder **Zichorienwurzel** in **1 l Wasser** ansetzen.

2 Pro Portion **250 ml Kaffee** mit **Eiswürfeln** in einen Cocktail-Shaker geben und gut schütteln.

ZUM SERVIEREN In Gläser füllen, mit frischen Löwenzahnblüten dekorieren und am besten sofort genießen.

CASCARA-KAFFEE GEEIST

 **TECHNIK**
FILTER

 **MILCH**
OHNE

 **HEISS/KALT**
KALT

 **FÜR 1**

Kaffee wird aus den gerösteten Samen der Kaffeepflanze zubereitet, aber auch andere Teile werden für traditionelle Getränke wie Kuti, Hoja oder Quishr genutzt. Dieses kalte Kaffeegetränk würzt Cascara (getrocknete Kaffeekirschen).

Kaffee- und Cascara-Eiswürfel

kalt gebrühter Kaffee

mittleres Glas

1 Für die Cascara-Eiswürfel einen Tee aus **getrockneten Kaffeekirschen (Cascara)** bereiten. Den Tee in ein Eiswürfeltablett füllen und einfrieren. Auf die gleiche Weise Kaffee-Eiswürfel aus **Filterkaffee** zubereiten.

2 Nach der Anleitung auf S. 134 **150 ml kalt gebrühten Kaffee** mit dem Cold Dripper zubereiten.

3 **Cascara- und Kaffee-Eiswürfel** in einen Shaker geben. Den kalten Kaffee und **1 Teelöffel getrocknete Cascara** dazugeben und schütteln.

ZUM SERVIEREN In ein Glas füllen und am besten sofort genießen.

WURZEL ALLES GUTEN

 **TECHNIK**
FILTER

 **MILCH**
OHNE

 **HEISS/KALT**
KALT

 **FÜR 1**

Aus Root Beer und Kaffee lässt sich ein köstliches Erfrischungsgetränk zubereiten. Anstelle von Milch verwenden wir Kokoscreme, die Textur und Süße gibt und sehr gut zum Root Beer passt.

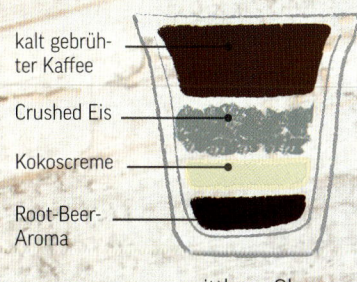

kalt gebrühter Kaffee

Crushed Eis

Kokoscreme

Root-Beer-Aroma

mittleres Glas

1 Nach der Anleitung auf S. 134 **150 ml kalt gebrühten Kaffee** mit dem Cold Dripper zubereiten.

2 **50 ml Root Beer** und **50 ml Kokoscreme** ins Glas geben und gut verschlagen.

ZUM SERVIEREN Mit Crushed Eis auffüllen, den kalten Kaffee dazugeben und mit einem Strohhalm servieren.

CREAM COFFEE POP

 **TECHNIK** **FILTER**    **MILCH** **OHNE**    **HEISS/KALT** **KALT**    FÜR **1**

Cream Soda gibt es von verschiedenen Herstellern und in unterschiedlicher Zusammensetzung. Auch mit Fruchtaromen, aber häufig mit Vanillegeschmack.

eiskaltes Cream Soda

eiskalter Kaffee

Kaffee-Eiswürfel

mittleres Glas

1 Nach der Anleitung auf S. 134 **100 ml kalt gebrühten Kaffee** mit dem Cold Dripper zubereiten. Das Glas für eine Stunde ins Gefrierfach stellen.

2 Das geeiste Glas mit **Kaffee-Eiswürfeln** (S. 189, Cascara-Kaffee geeist, Schritt 1) füllen und den Kaffee darübergießen.

3 Langsam **100 ml eiskaltes Cream Soda** hinzugießen. Nicht überschäumen lassen.

ZUM SERVIEREN Am besten sofort genießen.

CARIBBEAN PUNCH

 **TECHNIK** **FILTER**    **MILCH** **OHNE**    **HEISS/KALT** **KALT**    FÜR **1**

Zitrone und Sprudelwasser setzen Frische gegen das Wärmegefühl, das Angostura und Rum verbreiten. Geben Sie für die Rum-Eiswürfel etwas Rumaroma ins Wasser, bevor Sie damit ein Eiswürfeltablett füllen und einfrieren.

Sprudelwasser

Rum-Melasse-Mix

kalt gebrühter Kaffee

Rum-Eiswürfel

mittleres Glas

1 Nach der Anleitung auf S. 134 **150 ml kalt gebrühten Kaffee** mit dem Cold Dripper zubereiten.

2 Ein Glas mit **Rum-Eiswürfeln** füllen und den kalten Kaffee darübergießen.

3 **2 Teelöffel Zitronensaft** in einem Becher mit **5 Tropfen Angostura, 25 ml Rumsirup** oder etwas **Rumaroma** und **1 Esslöffel Melasse** verrühren. Über Kaffee und Eiswürfel gießen.

ZUM SERVIEREN Mit **50 ml Sprudelwasser** auffüllen.

COFFEE COLA FLOAT

 TECHNIK
ESPRESSO

 MILCH
SOJA-EISCREME

 HEISS/KALT
KALT

 FÜR **1**

Dank Soja-Eiscreme müssen auch Kaffeegenießer mit Laktoseintoleranz nicht auf den klassischen Cola Float verzichten. Achtung: Cola und Kaffee können stark schäumen.

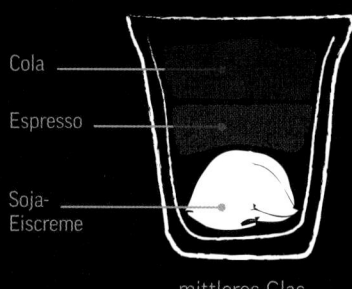

Cola

Espresso

Soja-
Eiscreme

mittleres Glas

1 **1 Kugel Soja-Eiscreme** in ein mittleres Glas geben.

2 Nach der Anleitung auf S. 44–45 **eine Portion/25 ml Espresso** aufbrühen. Über das Eis geben und vorsichtig mit **Cola** auffüllen.

ZUM SERVIEREN Mit einem Löffel servieren.

EIS-LATTE

 TECHNIK
ESPRESSO

 MILCH
KUHMILCH

 HEISS/KALT
KALT

 FÜR **1**

Die sommerliche Erfrischung kann geschüttelt oder gerührt, gesüßt oder aromatisiert, stark oder schwach zubereitet werden. Wenn Sie einen etwas kräftigeren Kaffeegeschmack wünschen, nehmen Sie nur die halbe Menge Milch.

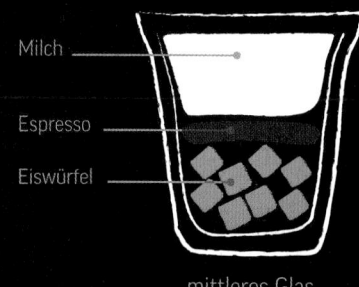

Milch

Espresso

Eiswürfel

mittleres Glas

1 Ein Glas zur Hälfte mit **Eiswürfeln** füllen. Wie auf S. 44–45 gezeigt, **eine Portion/25 ml Espresso** in ein Kännchen aufbrühen und ins Glas geben.

ZUM SERVIEREN Mit **180 ml Milch** auffüllen und nach Wunsch mit **Zuckersirup** (s. S. 162) süßen.

VARIANTE **Eine Portion/25 ml Espresso** aufbrühen, mit **Eiswürfeln** in einen Cocktail-Shaker geben und gut schütteln. Ein Glas zur Hälfte mit **Eiswürfeln** füllen und **100 ml Milch** aufgießen, bis das Glas drei viertel voll ist. Den kalten Espresso in das Glas abseihen und servieren.

EIS-LATTE MIT HASELNUSS

 **TECHNIK**
ESPRESSO

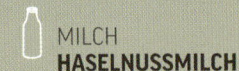 **MILCH**
HASELNUSSMILCH

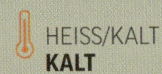 **HEISS/KALT**
KALT

 **FÜR 1**

Mischen Sie für eine raffinierte laktosefreie Latte-Variante Milchprodukte aus Nüssen und Samen und experimentieren Sie mit den unterschiedlichen Texturen. Melasse anstelle von Zucker verleiht dem Drink eine weitere Geschmacksnote.

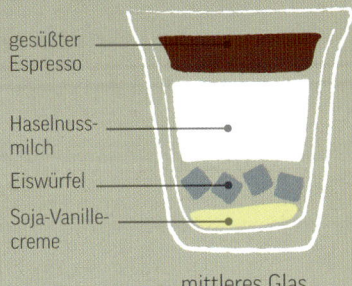

gesüßter Espresso

Haselnuss-milch

Eiswürfel

Soja-Vanille-creme

mittleres Glas

1 Nach der Anleitung auf S. 44–45 **zwei Portionen/50 ml Espresso** in ein Kännchen aufbrühen und **2 Teelöffel Melasse** darin auflösen. In einen mit **Eiswürfeln** gefüllten Cocktail-Shaker geben und gut schütteln.

2 **2 Esslöffel Soja-Vanillecreme** und einige **Eiswürfel** in ein Glas geben. Mit **150 ml Haselnussmilch** auffüllen.

ZUM SERVIEREN Den Espresso ins Glas abseihen und mit einem Löffel servieren.

EIS-LATTE MIT REISMILCH

 **TECHNIK**
ESPRESSO

 **MILCH**
REISMILCH

 **HEISS/KALT**
KALT

 **FÜR 1**

Reismilch ist eine natürlich süße Alternative zu Kuhmilch. Sie lässt sich nicht aufschäumen, passt aber gerade deshalb gut zu Eiskaffee. Nussextrakte sind eine gute Geschmacksergänzung, aber auch Beeren.

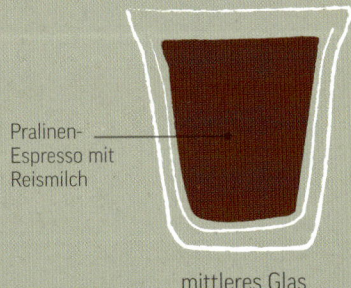

Pralinen-Espresso mit Reismilch

mittleres Glas

1 Nach der Anleitung auf S. 44–45 **eine Portion/25 ml Espresso** in ein Kännchen aufbrühen. Abkühlen lassen.

2 Espresso, **180 ml Reismilch** und **25 ml Pralinensirup** in einen Cocktail-Shaker geben. Einige **Kaffee-Eiswürfel** (s. S. 189, Cascara-Kaffee geeist, Schritt 1) hinzugeben und kräftig schütteln.

ZUM SERVIEREN Doppelt abseihen und mit einem Strohhalm servieren. Am besten sofort genießen.

APRICOT STAR

 **TECHNIK** ESPRESSO  **MILCH** SAHNE 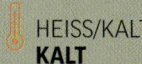 **HEISS/KALT** KALT 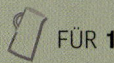 **FÜR** 1

Mixgetränke aus Kaffee und Tee schmecken kalt besonders gut, vor allem, wenn Milch und Aromen hinzukommen. Milder wird die Mischung mit der halben Menge Espresso.

kalter Espresso
Sahne
Schwarztee
Orangen-
blütenwasser

Eiswürfel

mittleres Glas

1 **150 ml kochendes Wasser** mit **10 g Schwarztee** und einem **Sternanis** in eine Teekanne geben. Ziehen lassen, abseihen und kalt stellen.

2 Das Glas zur Hälfte mit **Eiswürfeln** füllen. **2 Teelöffel Orangenblüten-wasser** und **1 Teelöffel Aprikosensirup** hinzugeben. Mit kaltem Tee übergießen und **Sahne** darüberlaufen lassen.

3 Nach der Anleitung auf S. 44–45 **zwei Portionen/50 ml Espresso** in ein Kännchen aufbrühen. In einen mit **Eiswürfeln** gefüllten Cocktail-Shaker geben und gut schütteln.

ZUM SERVIEREN Den kalten Espresso ins Glas abseihen und servieren.

COCOMON

 **TECHNIK** ESPRESSO  **MILCH** KUHMILCH 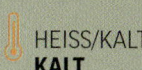 **HEISS/KALT** KALT 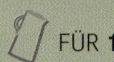 **FÜR** 1

Der kleine, aber süße Cocomon setzt auf eine Kombination von Kokosnuss und Zimt, die einfach unwiderstehlich schmeckt. Für eine cremigere Textur nehmen Sie Sahne statt Milch.

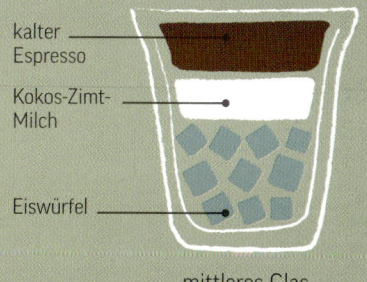

kalter Espresso

Kokos-Zimt-Milch

Eiswürfel

mittleres Glas

1 Nach der Anleitung auf S. 44–45 **zwei Portionen/50 ml Espresso** in ein Kännchen aufbrühen, in einen mit **Eiswürfeln** gefüllten Cocktail-Shaker geben und gut schütteln.

2 Ein Glas zur Hälfte mit **Eiswürfeln** füllen und **120 ml Milch** aufgießen, bis das Glas drei viertel voll ist. Je **1 Teelöffel Kokos-** und **Zimtsirup** hinzugeben. Den eiskalten Espresso ins Glas abseihen.

ZUM SERVIEREN Mit **Kokosraspeln** garnieren, nach Wunsch mit **Zuckersirup** (s. S. 162) süßen und servieren.

EIS-MOCHA Die perfekte
Erfrischung nach dem Barbecue an
einem heißen Sommertag

EIS-MOCHA

 **TECHNIK**
ESPRESSO

 **MILCH**
KUHMILCH

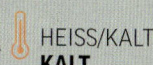 **HEISS/KALT**
KALT

 **FÜR 1**

Dieser Variante des Eis-Latte gibt die Schokoladensauce ihren vollen, süßen Geschmack. Wenn der Kaffeegeschmack stärker sein soll, nehmen Sie entweder weniger Milch oder weniger Schokoladensauce.

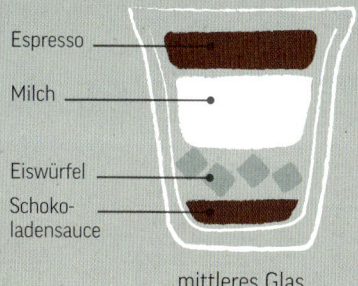

Espresso
Milch
Eiswürfel
Schoko-
ladensauce

mittleres Glas

1 **2 Esslöffel helle** oder **dunkle Schokoladensauce** (s. S. 163) in ein Glas geben und mit **Eiswürfeln** und **180 ml Milch** auffüllen.

2 Nach der Anleitung auf S. 44–45 **zwei Portionen/50 ml Espresso** in ein Kännchen aufbrühen und auf die Milch gießen.

ZUM SERVIEREN Sofort mit einem Strohhalm zum Umrühren und Trinken genießen.

BREATH OF FRESH AIR

 **TECHNIK**
ESPRESSO

 **MILCH**
KUHMILCH

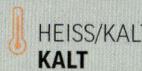 **HEISS/KALT**
KALT

 **FÜR 1**

Minze und Kaffee sind eine erfrischende Mischung. Wenn noch Vanille hinzukommt, hat man den perfekten Drink für den Sommer. Fettarme Milch gibt einen feineren, eleganten Geschmack.

Milch
Minze &
Vanille
Espresso
Eiswürfel

mittleres Glas

1 Nach der Anleitung auf S. 44–45 **zwei Portionen/50 ml Espresso** in ein Kännchen aufbrühen. Ein Glas zur Hälfte mit **Eiswürfeln** füllen und den Espresso darübergießen.

2 **1 Esslöffel Minzsirup** und **5–6 Tropfen Vanilleessenz** (ersatzweise etwas Vanillemark oder -aroma) hinzugeben und mit **150 ml Milch** auffüllen.

ZUM SERVIEREN Mit Minzeblättern garnieren und mit einem Löffel zum Umrühren servieren.

CA PHE SUA DA *Vietnamesische Spezialität*

 **TECHNIK** FILTER   **MILCH** KONDENSMILCH   **HEISS/KALT** KALT    **FÜR 1**

Die geeiste Variante wird ähnlich wie der Ca Phe Sua Nong (s. S. 181) zubereitet. Sie ist nicht so stark, aber trotzdem süß und cremig. Anstelle eines Phins können Sie auch eine Cafetière (s. S. 128) oder eine Espressokanne (s. S. 133) verwenden.

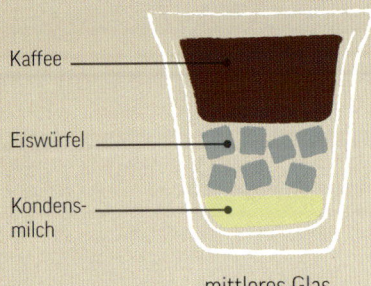

Kaffee

Eiswürfel

Kondens-milch

mittleres Glas

1 **2 Esslöffel Kondensmilch** in ein Glas geben und das Glas mit **Eiswürfeln** füllen.

2 Die Dusche des Phins (s. S. 136) abnehmen und **2 Esslöffel mittelfein gemahlenen Kaffee** einfüllen. Sanft schütteln, um ihn gleichmäßig zu verteilen, dann die Dusche festschrauben.

3 Den Phin auf das Glas setzen. **120 ml Wasser** aufkochen und ein Viertel davon über den Filter gießen. Den Kaffee nach der Anleitung auf S. 136 aufbrühen.

ZUM SERVIEREN Vor dem Servieren umrühren, um die Kondensmilch zu verteilen.

CHERRY BERRY

 **TECHNIK** FILTER    **MILCH** KUHMILCH    **HEISS/KALT** KALT    **FÜR 1**

Viele Kaffee produzierende Regionen, wie Kenia und Teile Kolumbiens, bauen Bohnen mit fruchtigen Geschmacksprofilen an. Diese Kaffees eignen sich besonders gut für die kalte Zubereitung.

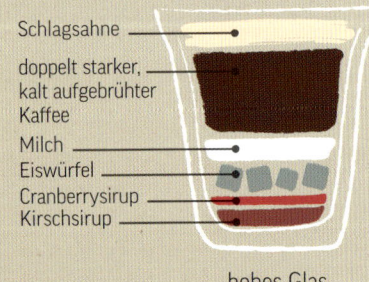

Schlagsahne

doppelt starker, kalt aufgebrühter Kaffee

Milch

Eiswürfel

Cranberrysirup

Kirschsirup

hohes Glas

1 Nach der Anleitung auf S. 134 **200 ml kalten Kaffee doppelter Stärke** über **Eiswürfeln** zubereiten.

2 **25 ml Kirschsirup** und **1 Esslöffel Cranberrysirup** in ein Glas geben und es zur Hälfte mit Eiswürfeln auffüllen. Zunächst mit **50 ml Milch** und dann mit dem Kaffee übergießen.

ZUM SERVIEREN Mit **1 Esslöffel Schlagsahne** bedecken, mit einer **frischen Kirsche** garnieren und mit einem Löffel servieren.

PISTAZIEN-ERDBEER-KAFFEE

 **TECHNIK**
FILTER

 **MILCH**
KUHMILCH

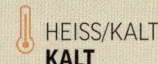 **HEISS/KALT**
KALT

 **FÜR 1**

Kaffee sollte nicht nach Erdnüssen schmecken, aber das gilt nicht für alle Sorten. Wählen Sie für dieses Rezept einen nussigen Kaffee; zusammen mit dem Erdbeer- und Pistazienaroma ergibt das einen Erdnussbutter-Marmelade-Geschmack.

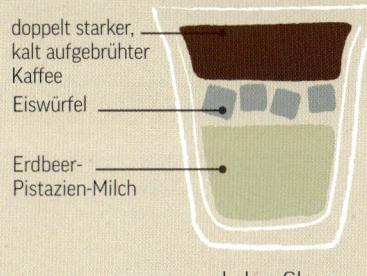

doppelt starker, kalt aufgebrühter Kaffee

Eiswürfel

Erdbeer-Pistazien-Milch

hohes Glas

1 Nach der Anleitung auf S. 134 **50 ml Kaffee doppelter Stärke** über **Eiswürfeln** zubereiten.

2 **Eiswürfel, 120 ml Milch, 1 Esslöffel Pistaziensirup** und **1 Esslöffel Erdbeersirup** in einen Cocktail-Shaker geben und gut schütteln.

3 In ein Glas füllen und einige **Eiswürfel** dazugeben. Langsam den Kaffee hinzugießen.

ZUM SERVIEREN Mit einer **frischen Erdbeere** auf dem Rand garnieren und servieren.

EIS-LATTE MIT AHORNSIRUP

 **TECHNIK**
FILTER

 **MILCH**
KUHMILCH

 **HEISS/KALT**
KALT

 **FÜR 1**

Mit Ahornsirup wird aus einem geeisten Café au Lait eine besondere Köstlichkeit. Er gibt ihm nicht nur Süße, sondern unterstreicht auch den Kaffeegeschmack, der immer intensiver wird, während die Kaffee-Eiswürfel schmelzen.

Ahornsirup mit Milch

kalt aufgebrühter Kaffee

Kaffee-Eiswürfel

mittleres Glas

1 Nach der Anleitung auf S. 134 **120 ml kalt aufgebrühten Kaffee** im Cold Dripper zubereiten.

2 **Kaffee-Eiswürfel** (siehe Cascara-Kaffee geeist, Schritt 1, S. 189) in ein Glas geben. Kaffee und **120 ml Milch** darübergießen.

ZUM SERVIEREN **Ahornsirup** nach Geschmack über die schwimmenden Eiswürfel träufeln und mit einem Löffel servieren.

MILCH UND HONIG Gefrorene
Milch- oder Kaffeewürfel verhindern,
dass der Drink zu stark verwässert.

MILCH UND HONIG

 **TECHNIK**
FILTER

 MILCH
KUHMILCH

 HEISS/KALT
KALT

 FÜR **1**

Honig gibt eine aromatische natürliche Süße, die sowohl zu heißen als auch zu kalten Getränken passt. Sie können ihn auch vor dem Kühlen zum Kaffee geben oder kurz vor dem Servieren einrühren. Bereiten Sie gefrorene Milchwürfel vor.

doppelt starker, kalt aufgebrühter Kaffee

Milch

Heidehonig-mischung

Milch-Eis-würfel

hohes Glas

1 Nach der Anleitung auf S. 134 **100 ml kalt aufgebrühten Kaffee** doppelter Stärke über **Eiswürfeln** zubereiten.

2 **3–4 gefrorene Milchwürfel** in ein Glas geben und **½ Teelöffel Vanilleextrakt** (ersatzweise etwas Vanillemark oder -aroma), **1 Esslöffel Heidehonig** und **¼ Teelöffel Zimtpulver** hinzugeben.

ZUM SERVIEREN Zunächst **100 ml Milch**, dann den Kaffee ins Glas gießen und mit einem Löffel zum Umrühren servieren.

EISKAFFEE-SHAKE

 **TECHNIK**
ESPRESSO

 MILCH
KUHMILCH

 HEISS/KALT
KALT

FÜR **1**

Wie einen Kaffee-Milchshake kann man diese cremige Köstlichkeit pur oder mit Aromen genießen. Für eine lockerere Konsistenz ersetzen Sie die Sahne mit Vollmilch oder fettarmer Milch.

Milch & Espresso

mittleres Glas

1 Nach der Anleitung auf S. 44–45 **eine Portion/25 ml Espresso** in ein Kännchen aufbrühen.

2 Den Espresso mit **5–6 Eiswürfeln, 30 ml Sahne** und **150 ml Milch** in den Mixer geben und glatt mixen.

ZUM SERVIEREN Nach Wunsch mit **Zuckersirup** (s. S. 163) süßen und im Glas mit einem Strohhalm servieren.

FRAPPÉ MOCHA

 **TECHNIK** ESPRESSO    **MILCH** KUHMILCH    **HEISS/KALT** KALT    **FÜR 1**

Diese Variante des gemixten Eiskaffees lockt mit Schokoladensauce und viel Kaffee, um den Geschmack auszubalancieren. Mit Milchschokoladensauce oder weißer Schokoladensauce schmeckt der Frappé etwas milder.

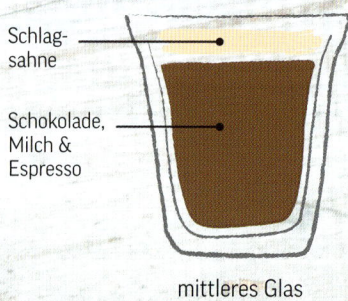

Schlag-
sahne

Schokolade,
Milch &
Espresso

mittleres Glas

1 Nach der Anleitung auf S. 44–45 **zwei Portionen/50 ml Espresso** in ein Kännchen aufbrühen.

2 **Espresso, 180 ml Milch, 2 Esslöffel Schokoladensauce** und **5–6 Eiswürfel** in den Mixer geben und glatt mixen. Nach Wunsch mit **Zuckersirup** (s. S. 162) süßen.

ZUM SERVIEREN In ein Glas füllen, mit **1 Esslöffel Schlagsahne** bedecken und mit einem Strohhalm servieren.

SCHOKO-MINZ-FRAPPÉ

 **TECHNIK** ESPRESSO    **MILCH** KUHMILCH    **HEISS/KALT** KALT    **FÜR 1**

Dieser kühle Drink schmeckt rund und geschmeidig wie in Kaffee getunktes After Eight. Das intensive Aroma von Minze und Schokolade wird dabei vom herben Espressogeschmack gestützt. Genießen Sie eine Minzpraline dazu.

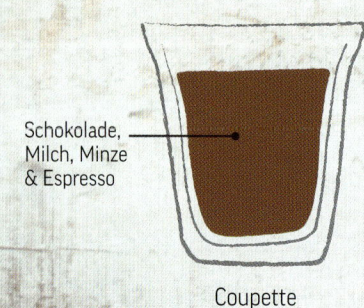

Schokolade,
Milch, Minze
& Espresso

Coupette

1 Nach der Anleitung auf S. 44–45 **zwei Portionen/50 ml Espresso** in ein Kännchen aufbrühen.

2 **Espresso, 5–6 Eiswürfel, 180 ml Milch, 25 ml Minzsirup** und **2 Esslöffel Schokoladensauce** in den Mixer geben und glatt mixen. Nach Wunsch mit **Zuckersirup** (s. S. 162) süßen.

ZUM SERVIEREN In einer Coupette servieren und mit **Schokohobeln** und **Minzeblättern** garnieren.

HASELNUSS-FRAPPÉ

 **TECHNIK**
ESPRESSO

 **MILCH**
OHNE

 **HEISS/KALT**
KALT

 **FÜR 1**

Haselnussmilch ist eine laktosefreie Alternative, die gut zu Kaffee passt und leicht selbst zuzubereiten ist. Vanille rundet ihren Geschmack perfekt ab.

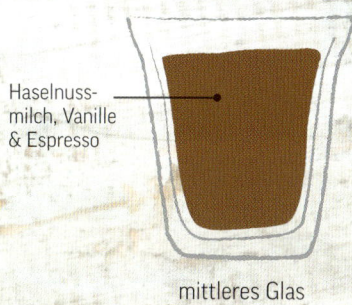

Haselnuss-milch, Vanille & Espresso

mittleres Glas

1 Nach der Anleitung auf S. 44–45 **zwei Portionen/ 50 ml Espresso** in ein Kännchen aufbrühen.

2 **Espresso, 200 ml Haselnussmilch, 5–6 Eiswürfel** und **1 Teelöffel Vanillezucker** in den Mixer geben und glatt mixen.

ZUM SERVIEREN Mit einem Strohhalm servieren.

HORCHATA-FRAPPÉ

 **TECHNIK**
ESPRESSO

 **MILCH**
OHNE

 **HEISS/KALT**
KALT

 **FÜR 4**

Horchata ist ein lateinamerikanisches Getränk, das aus zerkleinerten und eingeweichten Mandeln, Erdmandeln, Samen, Reis oder Getreide zubereitet und typischerweise mit Vanille oder Zimt gewürzt wird.

Reismilch, Horchata & Kaffee

kleines Weinglas

1 Nach der Anleitung auf S. 131 **130 ml starken Kaffee** im AeroPress zubereiten.

2 **Kaffee, 2 Esslöffel Horchatapulver** (ersatzweise gemahlene Erdmandeln), **100 ml Reismilch, das Mark von 2 Vanilleschoten, ½ Teelöffel Zimtpulver** und **10–15 Eiswürfel** in den Mixer geben und glatt mixen.

ZUM SERVIEREN Nach Wunsch mit **Zuckersirup** (s. S. 162) süßen, mit **Vanilleschoten** oder **Zimtstangen** garnieren und servieren.

KAFFEE LASSI

 **TECHNIK**
ESPRESSO

 **MILCH**
JOGHURT

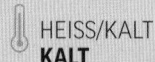 **HEISS/KALT**
KALT

 FÜR **1**

Joghurt ist eine Alternative zu Milch. Er gibt Mixgetränken einen frischen Geschmack und eine Textur wie Sahne oder Eiscreme. Sie können für dieses Rezept auch eine Kugel gefrorenen Joghurt verwenden.

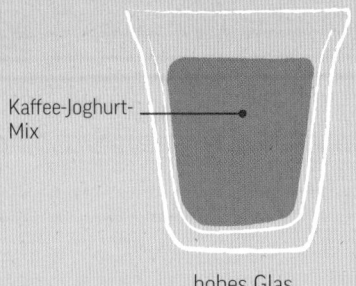

Kaffee-Joghurt-Mix

hohes Glas

1 Nach der Anleitung auf S. 44–45 **zwei Portionen/50 ml Espresso** in ein Kännchen aufbrühen.

2 **5–6 Eiswürfel** in den Mixer geben und mit dem Espresso übergießen. Abkühlen lassen.

3 **150 ml Joghurt, 1 Teelöffel Vanillesirup, 1 Teelöffel Honig** und **2 Esslöffel Schokoladensauce** in den Mixer geben und glatt mixen.

ZUM SERVIEREN Nach Wunsch mit zusätzlichem **Honig** süßen und mit Strohhalm servieren.

LAKRITZGENUSS

 **TECHNIK**
ESPRESSO

 **MILCH**
KUHMILCH

 **HEISS/KALT**
KALT

 FÜR **1**

Wer Lakritz mag, wird dieses Getränk lieben. Lakritz kann man in Pulverform, als Sirup oder Sauce weiterverarbeiten. Experimentieren Sie mit der Intensität des Lakritzgeschmacks und probieren Sie auch salziges Lakritz.

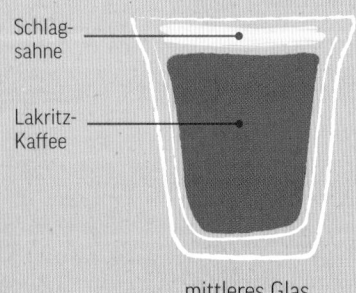

Schlag-sahne

Lakritz-Kaffee

mittleres Glas

1 Nach der Anleitung auf S. 44–45 **zwei Portionen/50 ml Espresso** in ein Kännchen aufbrühen.

2 Espresso, **180 ml Milch, 1 Teelöffel Lakritzpulver** und **5–6 Eiswürfel** in den Mixer geben und glatt mixen.

3 Nach Wunsch mit **Zuckersirup** (s. S. 162) süßen und in ein Glas füllen.

ZUM SERVIEREN Mit **1 Esslöffel Schlagsahne** bedecken, mit etwas **Lakritzpulver** bestreuen und mit einem **Sternanis** garnieren. Mit einem Strohhalm servieren.

KAFFEE À LA MALAGA

 **TECHNIK**
ESPRESSO

 **MILCH**
KUHMILCH

 **HEISS/KALT**
KALT

 **FÜR 1**

Rum und Rosinen passen nicht nur im Eisbecher perfekt zusammen, sondern auch gut zu Kaffee. Nicht zufällig werden beide Aromen häufig zur Beschreibung des Geschmacksprofils trocken aufbereiteter Bohnen verwendet.

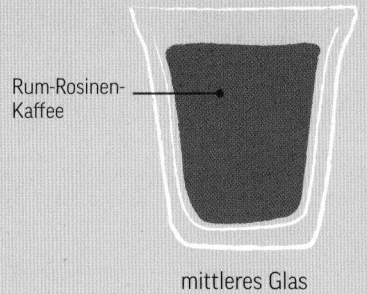

Rum-Rosinen-Kaffee

mittleres Glas

1 Nach der Anleitung auf S. 44–45 **zwei Portionen/50 ml Espresso** in ein Kännchen aufbrühen.

2 Espresso, **120 ml Milch, 25 ml Rum-Rosinen-Sirup** oder etwas **Rumaroma** und **1 Kugel Vanilleeis** in den Mixer geben und glatt mixen.

3 Nach Wunsch mit **Zuckersirup** (s. S. 162–163) süßen und in ein Glas füllen.

ZUM SERVIEREN Nach Wunsch mit Schlagsahne bedecken und mit einem Strohhalm servieren.

VERFÜHRERISCHE VANILLE

 **TECHNIK**
ESPRESSO

 **MILCH**
KUHMILCH

 **HEISS/KALT**
KALT

 **FÜR 1**

Kondensmilch verleiht einem Mixgetränk eine sinnliche Textur, die sich fast wie flüssige Seide anfühlt. Wenn Sie den Mix nicht so süß mögen, nehmen Sie ungesüßte Kondensmilch oder Sahne.

Kondensmilch-Kaffee-Mix

kleines Glas

1 Nach der Anleitung auf S. 44–45 **eine Portion/25 ml Espresso** in ein Kännchen aufbrühen.

2 Espresso, **100 ml Milch, 2 Esslöffel Kondensmilch, 1 Teelöffel Vanillesirup** oder etwas **Vanillearoma** und **5–6 Eiswürfel** in den Mixer geben und glatt mixen.

ZUM SERVIEREN In ein Glas füllen und am besten sofort genießen.

MALTED MIX

 **TECHNIK** **ESPRESSO**    **MILCH** **KUHMILCH**    **HEISS/KALT** **KALT**    **FÜR 1**

Malted-Milk-Pulver (Malzmilch-Pulver) gibt einen süßen, karamelligen Geschmack und eine schöne, sämige Textur. Wenn der Geschmack eher in Richtung Schokolade gehen soll, erreichen Sie ein vergleichbares Ergebnis mit Ovomaltine.

Malted-Milk-Espresso

großer Becher

1 Nach der Anleitung auf S. 44–45 **zwei Portionen/50 ml Espresso** in ein Kännchen aufbrühen.

2 Espresso, **1 kleine Kugel Schokoladeneis, 5–6 Eiswürfel, 150 ml Milch** und **2 Esslöffel Malted-Milk-Pulver oder Ovomaltine** in den Mixer geben und glatt mixen.

ZUM SERVIEREN In einen großen Becher füllen und mit Keksen servieren. Am besten sofort genießen.

MOCHA BANANA

 **TECHNIK** **ESPRESSO**    **MILCH** **KUHMILCH**    **HEISS/KALT** **KALT**    **FÜR 1**

Frische Bananen lassen sich kaum mit Kaffee verbinden, aber tiefgefroren und mit Eis, Milch, Vanille und Schokolade gemixt, sind sie eine wunderbare Geschmacksergänzung. Dieser »Kaffee-Smoothie« erfrischt und sättigt.

Milch, Vanille, Banane, Schokolade & Espresso

mittleres Glas

1 Nach der Anleitung auf S. 44–45 **zwei Portionen/50 ml Espresso** in ein Kännchen aufbrühen.

2 Espresso, **150 ml Milch, etwas Vanillesirup oder -aroma, 5–6 Eiswürfel, ½ tiefgefrorene reife Banane, 1 Esslöffel Schokoladensauce** und **2 Teelöffel Zucker** in den Mixer geben und glatt mixen.

ZUM SERVIEREN In ein Glas füllen, mit einer **Vanilleschote** und einem **Stück Banane** garnieren.

ESTNISCHER MOCHA

 **TECHNIK**
ESPRESSO

 **MILCH**
KUHMILCH

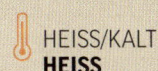 **HEISS/KALT**
HEISS

 **FÜR 1**

Vana Talinn ist ein Rumlikör mit Noten von Zitrusfrüchten, Zimt und Vanille, die sich alle auch in hochwertigen Kaffees wiederfinden. Dazu ein wenig Schokoladensauce mischen und der Caffè Mocha mit Kick ist so gut wie fertig.

Espresso

aufgeschäumte Milch

Vana Tallin

Schokoladen-sauce

Cosmopolitanglas

1 **1 Esslöffel Schokoladensauce** und **30 ml Vana Talinn** in ein Glas geben und gut mischen.

2 **120 ml Milch** in einer Kanne bis 60–65 ℃, bzw. bis die Kanne zu heiß zum Anfassen ist, aufschäumen (s. S. 48–51). Vorsichtig in ein Glas füllen.

3 Nach der Anleitung auf S. 44–45 **zwei Portionen/50 ml Espresso** in ein Kännchen aufbrühen.

ZUM SERVIEREN Den Espresso ins Glas geben und servieren.

EMPFOHLENE BOHNEN Kaffees mit Noten von Zitrus, Zimt und Vanille.

CORRETTO ALLA GRAPPA

 **TECHNIK**
ESPRESSO

 **MILCH**
OHNE

 **HEISS/KALT**
HEISS

 **FÜR 1**

Ein Espresso corretto ist ein Espresso, der mit einem Schuss Alkohol »korrigiert« wurde, meist Grappa, seltener Sambuca, Brandy oder Cognac. Der Alkohol wird direkt vor dem Servieren hinzugegeben, kann aber auch getrennt gereicht werden.

Grappa

Espresso

Espressotasse

1 Nach der Anleitung auf S. 44–45 **eine Portion/25 ml Espresso** in ein Kännchen aufbrühen.

2 **25 ml Grappa** oder eine Spirituose nach Wunsch in den Espresso geben.

ZUM SERVIEREN Am besten sofort genießen.

RON DULCE

 **TECHNIK**
ESPRESSO

 **MILCH**
SCHLAGSAHNE

 **HEISS/KALT**
HEISS

 **FÜR 1**

Karamell und Kaffee passen perfekt zusammen. Dieses Rezept verbindet die gelungene Geschmackskombination mit cremiger Dulce de leche, mehr Kaffee-aroma vom süßen Kahlua und einem Wärmegefühl, das der Rum auslöst.

Schlag-
sahne

Espresso

Kahlua

Rum

Dulce de
leche

mittleres Glas

1 **1 Esslöffel Dulce de leche** in ein Glas geben und mit **25 ml Rum** und **1 Esslöffel Kahlua** übergießen.

2 Nach der Anleitung auf S. 44–45 **zwei Portionen/50 ml Espresso** in ein Kännchen aufbrühen und über den Alkohol geben.

3 **25 ml Sahne** dick, aber nicht steif aufschlagen.

ZUM SERVIEREN Die Sahne über einen Löffelrücken auf das Getränk laufen lassen.

PANDA ESPRESSO

 **TECHNIK**
ESPRESSO

 **MILCH**
OHNE

 **HEISS/KALT**
HEISS

 **FÜR 1**

Minze und Lakritz sind eine klassische Kombination, die gut zu Kaffee passt. Grüne Crème de Menthe gibt einen interessanten optischen Kontrast. Wenn Ihnen die Farbe aber nicht zusagt, greifen Sie zu einem farblosen Pfefferminzlikör.

Espresso

Crème de
Menthe

Sambuca

kleines Glas

1 **1 Esslöffel Sambuca** und **1 Esslöffel Crème de Menthe** in ein Glas geben.

2 Nach der Anleitung auf S. 44–45 **zwei Portionen/50 ml Espresso** in ein Kännchen aufbrühen und vorsichtig ins Glas geben.

ZUM SERVIEREN Mit einem **Minzeblatt** garnieren.

PANDA ESPRESSO Wer das Glas nicht
in einem Zug leeren möchte, rührt den
Kaffee kurz um und nimmt kleine Schlucke.

RUSTY SHERIDANS

 TECHNIK
ESPRESSO
 MILCH
OHNE
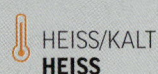 HEISS/KALT
HEISS
 FÜR **1**

Das von dem berühmten Drambuie-Cocktail Rusty Nail inspirierte Rezept enthält ordentlich Whiskey, aber der Sheridans gibt Süße und betont den Kaffeegeschmack. Lassen Sie den Espresso für etwas Frische auf einem Zitronentwist (s. S. 164) ziehen.

Whiskey & Likör

Espresso

kleines Glas

1 Nach der Anleitung auf S. 44–45 **eine Portion/25 ml Espresso** in ein Glas aufbrühen.

2 **25 ml Drambuie, 25 ml Sheridans** und **50 ml Whiskey** in einem Kännchen mischen und die Mischung vorsichtig durch die Crema hindurch in den Espresso laufen lassen, ohne sie zu zerstören.

ZUM SERVIEREN Mit einem Zitronentwist garnieren und servieren.

IRISH COFFEE

 TECHNIK
FILTER
 MILCH
SCHLAGSAHNE
 HEISS/KALT
HEISS
 FÜR **1**

1942 erfand Joe Sheridan den Irish Coffee, der heute der berühmteste Kaffee-Drink der Welt ist. Hier trifft Kaffee – stark wie eine freundliche Hand – auf irischen Whiskey – geschmeidig wie der Geist im Land –, Zucker und Sahne.

Schlagsahne

Whiskey

Kaffee

Irish-Coffee-Glas

1 Nach der Anleitung auf S. 129 **120 ml starken Filterkaffee** aufbrühen.

2 **Kaffee und 2 Teelöffel braunen Zucker** in ein Glas geben und den Zucker unter Rühren auflösen.

3 **30 ml irischen Whiskey** hinzugeben und umrühren. **30 ml Schlagsahne** dick, aber nicht steif schlagen.

ZUM SERVIEREN Die Sahne vorsichtig über einen Löffelrücken auf den Kaffee laufen lassen und servieren.

ÄQUATORTAUFE

 **TECHNIK**
FILTER

 **MILCH**
SCHLAGSAHNE

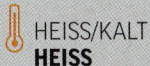 **HEISS/KALT**
HEISS

 **FÜR 1**

Der mit Kräutern destillierte Linie Aquavit aus Norwegen reift mehrere Monate auf Schiffen, die in Richtung Australien und zurück den Äquator zwei Mal überqueren. Die Norweger sind auch Kaffeegenießer. Hier kommt beides in Harmonie zusammen.

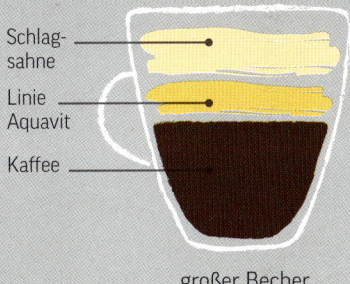

Schlag-
sahne

Linie
Aquavit

Kaffee

großer Becher

1 **150 ml Filterkaffee** in der Cafetière (s. S. 128), dem AeroPress (s. S. 131) oder nach Wunsch aufbrühen und in einen Becher füllen.

2 **1 Teelöffel Zucker** hinzugeben und unter Rühren auflösen. **30 ml Linie Aquavit** hinzugeben und **50 ml Schlagsahne** darauf laufen lassen.

ZUM SERVIEREN Mit einem **Fenchelzweig** dekorieren und servieren.

ORCHARD RUM

 **TECHNIK**
FILTER

 **MILCH**
OHNE

 **HEISS/KALT**
HEISS

 **FÜR 1**

Es mag ungewöhnlich klingen, aber Apfel und Kaffee ergänzen sich sehr gut. Bei dem Rezept kann der vor allem in den USA bekannte Applejack durch andere Apfelbrände, wie Calvados oder Pommeau, ersetzt werden.

weißer Rum

Applejack

Kaffee

großer Becher

1 **240 ml Filterkaffee** in der Cafetière (s. S. 128), dem AeroPress (s. S. 131) oder nach Wunsch aufbrühen.

2 Den Kaffee mit **30 ml Applejack** und **30 ml weißem Rum** in einem Becher mischen.

ZUM SERVIEREN Nach Wunsch mit **Melasse** süßen.

EMPFOHLENE BOHNEN Apfelbrände betonen die weichen Fruchtnoten vieler hochwertiger mittelamerikanischer Kaffees.

COGNAC BRULOT

 **TECHNIK**
FILTER

 **MILCH**
OHNE

 **HEISS/KALT**
HEISS

 **FÜR 1**

Der klassische Café Brulot soll zur Zeit der Prohibition von Jules Alciatore in Antoine's Restaurant in New Orleans kreiert worden sein. Zitrone und Gewürze überdeckten den Alkoholgeruch. Unsere Variante schmeckt auch mit Brandy.

Kaffee

aromatisierter Cognac

Cognacschwenker

1 **30 ml Cognac** in ein Glas geben und mit einem Weinbrandwärmer warm halten. **1 Teelöffel braunen Zucker, 1 Zimtstange, 1 Gewürznelke, 1 Zitronentwist** und **1 Orangentwist** (s. S. 164) hinzugeben.

2 Etwa **150 ml Kaffee** in einer Cafetière (s. S. 128), dem AeroPress (s. S. 131) oder nach Wunsch aufbrühen. In das Glas füllen. Wenn nötig, das Glas aus dem Wärmer nehmen und gerade hinstellen, damit es nicht überläuft.

ZUM SERVIEREN Mit der Zimtstange umrühren, bis der Zucker aufgelöst und alles gut durchgezogen ist.

AVERIN CLOUD

 **TECHNIK**
FILTER

 **MILCH**
SCHLAGSAHNE

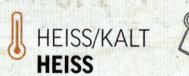 **HEISS/KALT**
HEISS

 **FÜR 1**

Die bernsteinfarbene Moltebeere (engl. Averin) ist in Mitteleuropa selten. Das Rezept ist von einer norwegischen Süßspeise, der »Multekrem«, inspiriert: Moltebeerenmarmelade mit Schlagsahne.

Schlagsahne

Wodka

Lakka & Cîroc

Kaffee

mittleres Glas

1 **180 ml Kaffee** in einer Cafetière (s. S. 128), dem AeroPress (s. S. 131) oder nach Wunsch aufbrühen.

2 Den Kaffee in ein Glas füllen und jeweils **30 ml Lakka** und **Cîroc** oder einen **anderen Wodka mit Frucht** hinzugeben.

ZUM SERVIEREN **100 ml Sahne** mit einem Spritzer **Lakka** aufschlagen und auf das Getränk laufen lassen.

CREAM VERMOUTH

 **TECHNIK**
FILTER

 **MILCH**
SCHOKOLADENEIS

 **HEISS/KALT**
HEISS

FÜR 1

Der mit Kräutern aromatisierte Wermut gibt dem Cocktail Komplexität, das Schokoladeneis steuert Süße bei. Sie können das Eis schmelzen lassen oder den Drink mit Löffel servieren.

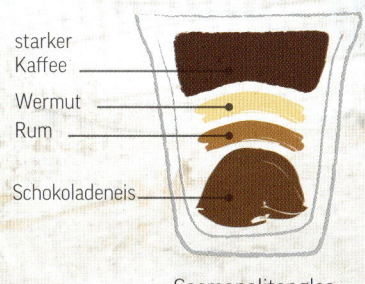

starker Kaffee

Wermut

Rum

Schokoladeneis

Cosmopolitanglas

1 **1 Kugel Schokoladeneis** in ein Glas geben und **30 ml Rum** und **30 ml Wermut** darübergeben.

2 **180 ml starken Kaffee** in einer Cafetière (s. S. 128), dem AeroPress (s. S. 131) oder nach Wunsch aufbrühen.

ZUM SERVIEREN Den Kaffee sanft ins Glas laufen lassen, mit **braunem Zucker** süßen und servieren.

ESPRESSO MARTINI

 **TECHNIK**
ESPRESSO

 **MILCH**
OHNE

 **HEISS/KALT**
KALT

 **FÜR 1**

Den eleganten Drink kann man mit oder ohne die zusätzliche Süße eines Schokoladenlikörs wie Crème de Cacao genießen. In diesem Fall sollten Sie aber die Menge des Kahlua verdoppeln.

Espresso & Alkohol

Martiniglas

1 Nach der Anleitung auf S. 44–45 **zwei Portionen/50 ml Espresso** in ein Kännchen aufbrühen. Kurz abkühlen lassen.

2 Den Espresso mit **1 Esslöffel Crème de Cacao**, **1 Esslöffel Kahlua** und **50 ml Wodka** in einen Cocktail-Shaker geben. **Eiswürfel** hinzugeben und gut schütteln. Wenn man Espresso und Alkohol zuerst mischt, ist die Flüssigkeit kühler und die Eiswürfel schmelzen nicht so schnell.

ZUM SERVIEREN Doppelt in ein Glas abseihen, den Schaum mit **3 Kaffeebohnen** garnieren.

GIN CHAMBORD

 **TECHNIK** ESPRESSO  **MILCH** OHNE 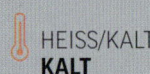 **HEISS/KALT** KALT  FÜR **1**

Die meisten frischen Beeren passen gut zu Kaffee. Bei dem laktosefreien Cocktail sind Gin und Grapefruit die perfekte Ergänzung zum beerigen Aroma des Chambord, während Zuckersirup die Säure der frischen Beeren ausgleicht.

Alkohol, Himbeeren & Espresso

Coupette

1 Nach der Anleitung auf S. 44–45 **zwei Portionen/50 ml Espresso** in ein Kännchen aufbrühen. Kurz abkühlen lassen.

2 **5 Himbeeren** mit **25 ml Chambord** zerdrücken und mit **20 ml Zuckersirup** (s. S. 163), **25 ml Gin** und **1 Esslöffel Grapefruitsaft** in einen Cocktail-Shaker geben. **Eiswürfel** hinzugeben und mit dem Espresso übergießen.

ZUM SERVIEREN Gut schütteln und in ein Glas abseihen. Eine **Himbeere** an den Glasrand stecken und servieren.

CHARTREUSE HARD SHAKE

 **TECHNIK** ESPRESSO  **MILCH** KUHMILCH  **HEISS/KALT** KALT  FÜR **1**

In Verbindung mit Speiseeis werden die Kräuternoten des Chartreuse milder und die Kombination ist ein gelungenes Dessert. Weniger Milch ergibt eine dickere Textur. Die Dekoration mit Kaffeebohnen setzt einen optischen Akzent.

Milch, Speiseeis, Chartreuse & Espresso

Rotweinglas

1 Nach der Anleitung auf S. 44–45 **zwei Portionen/50 ml Espresso** in ein Kännchen aufbrühen.

2 Espresso, **150 ml Milch** und **50 ml Chartreuse** in den Mixer geben, **1 Kugel Eis** hinzugeben und glatt mixen.

ZUM SERVIEREN In einem Rotweinglas servieren.

EMPFOHLENE BOHNEN Chartreuse und Eis passen gut zu gewaschenen äthiopischen Kaffees.

GRAND CHOCOLATE

 **TECHNIK**
ESPRESSO

 **MILCH**
OHNE

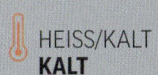 **HEISS/KALT**
KALT

 **FÜR 1**

Schokolade und Orange sind eine klassische Kombination. Zusammen mit Bourbon und Espresso entsteht eine große geschmackliche Komplexität, die den Drink zu einem beliebten Dessert macht – auch heiß, ohne die Eiswürfel.

Bourbon

Grand Marnier

Schokolade
& Espresso

Eiswürfel

kleines Glas

1 Nach der Anleitung auf S. 44–45 **zwei Portionen/50 ml Espresso** in ein Kännchen aufbrühen und **1 Teelöffel Schokoladensauce** (s. S. 163) einrühren.

2 **4–5 Eiswürfel** in ein Glas geben und den Schoko-Espresso-Mix darübergießen. Rühren, bis der Espresso abkühlt. **1 Esslöffel Grand Marnier** und **50 ml Bourbon** hinzugeben.

ZUM SERVIEREN Mit einem **Orangentwist** (s. S. 164) garnieren und servieren.

COLD KIRSCH

 **TECHNIK**
ESPRESSO

 **MILCH**
OHNE

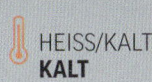 **HEISS/KALT**
KALT

 **FÜR 1**

Der Drink erinnert im Geschmack an Schwarzwälder Kirschtorte und dazu passen dunkle Schokotrüffel oder Schokoladeneis. Der Espresso muss kalt sein, bevor Sie das Eiweiß hinzugeben. Für eine cremige Textur doppelt abseihen.

Cognac, Kirsch
& Espresso

Rotweinglas

1 **Eiswürfel** in einen Cocktail-Shaker geben. Nach der Anleitung auf S. 44–45 **zwei Portionen/50 ml Espresso** darüber aufbrühen und abkühlen lassen.

2 **25 ml Cognac, 25 ml Kirschbrand** und **2 Teelöffel sehr frisches Eiweiß** in den Shaker geben und gut schütteln. Doppelt in ein Rotweinglas abseihen.

ZUM SERVIEREN Nach Wunsch mit **Zuckersirup** (s. S. 162) süßen und servieren.

PORT CASSIS Stellen Sie das Glas eine Stunde vor dem Servieren ins Gefrierfach, damit der Kaffee länger kalt bleibt.

PORT CASSIS

TECHNIK
ESPRESSO

MILCH
OHNE

HEISS/KALT
KALT

FÜR **1**

Aufgespritete Weine passen grundsätzlich gut zu Kaffee, vor allem wenn die Espressobohnen die gleichen Fruchtnoten haben. Die Süße des Crème de Cassis macht die Sache rund.

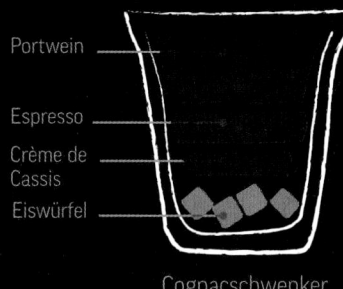

Portwein
Espresso
Crème de Cassis
Eiswürfel

Cognacschwenker

1 **4–5 Eiswürfel** in einen Cognacschwenker geben und **25 ml Crème de Cassis** darübergeben.

2 Nach der Anleitung auf S. 44–45 **eine Portion/25 ml Espresso** in den Schwenker aufbrühen und unter Rühren abkühlen. Sachte **75 ml Portwein** hinzugießen.

ZUM SERVIEREN Mit einer **Brombeere** dekorieren und servieren.

EMPFOHLENE BOHNEN Die fruchtigen und weinartigen Noten eines kenianischen Kaffees passen gut zu Beeren und Portwein.

REGAN DISARONNO

TECHNIK
FILTER

MILCH
OHNE

HEISS/KALT
KALT

 FÜR **1**

Disaronno (ein Amaretto) ist ein mit Aprikosenöl, Kräutern und Früchten aromatisierter Likör. Dazu passen Mandel- und Aprikosensirup, während die Mokkasauce einen Hauch von Mandeln mit Schokoladenüberzug hinzufügt.

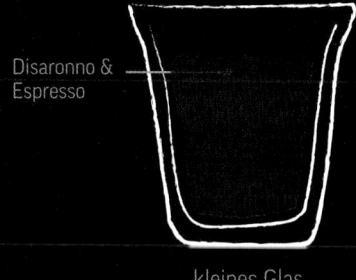

Disaronno & Espresso

kleines Glas

1 **100 ml Kaffee** in einer Cafetière (s. S. 128), dem AeroPress (s. S. 131) oder nach Wunsch aufbrühen. Abkühlen lassen.

2 Den kalten Kaffee mit **25 ml Disaronno, 1 Esslöffel Mokkasauce, Eiswürfeln** und je **5–6 Tropfen Mandel- und Aprikosensirup** in einen Cocktail-Shaker geben und gut schütteln. Doppelt in ein Glas abseihen.

ZUM SERVIEREN Mit **Schokohobeln** bestreuen und servieren.

GRÜNE FEE IM WACHOLDER

 TECHNIK
FILTER

 MILCH
OHNE

 HEISS/KALT
KALT

 FÜR **1**

Mit seinem Lakritzgeschmack passt Absinth wunderbar zum Wacholder im Gin und die Kombination ergibt einen ganz besonderen Drink. Eine Alternative zum Absinth ist – weniger starker – Pernod.

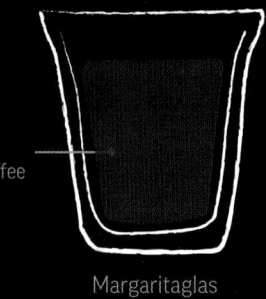

Absinth,
Gin & Kaffee

Margaritaglas

1 **75 ml Kaffee** in einer Cafetière (s. S. 128), dem AeroPress (s. S. 131) oder nach Wunsch aufbrühen. Abkühlen lassen.

2 Den Kaffee mit **25 ml Gin, 25 ml Absinth, 3 Teelöffeln Zuckersirup** (s. S. 162) und **Eiswürfeln** in einen Cocktail-Shaker geben und gut schütteln.

ZUM SERVIEREN Doppelt in ein Glas abseihen, mit einem **Sternanis** dekorieren und servieren.

EMPFOHLENE BOHNEN Bohnen mit krautigen Obertönen wie klassische leichte äthiopische Röstungen geben zusätzliche Komplexität und Frische.

RUMMY CAROLANS

 TECHNIK
FILTER

 MILCH
OHNE

 HEISS/KALT
KALT

 FÜR **1**

Auch ein geeister Cocktail kann süß sein und wärmen. Die Kombination von Rum und Carolans mit einem kräftigen Kaffeekick vom Tia Maria bietet genau das: Erfrischung und Wohltat.

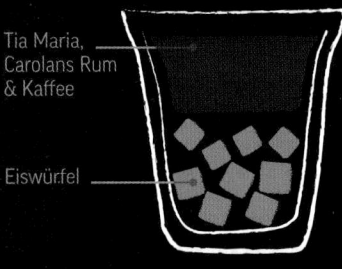

Tia Maria,
Carolans Rum
& Kaffee

Eiswürfel

mittleres Glas

1 In eine Untertasse etwas **Rum** und in eine zweite **Zucker** geben. Den Glasrand mit Rum befeuchten und dann im Zucker drehen.

2 **75 ml Kaffee doppelter Stärke** in einer Cafetière (s. S. 128), dem Aero-Press (s. S. 131) oder nach Wunsch über **Eiswürfeln** aufbrühen.

3 Den Kaffee mit **1 Esslöffel Tia Maria, 1 Esslöffel Carolans, 25 ml Rum** und **Zucker** nach Geschmack in einen Cocktail-Shaker geben und schütteln.

ZUM SERVIEREN Das Glas mit **Eiswürfeln** füllen, den Drink doppelt abseihen und servieren.

MEXICAN LIMELIGHT

 **TECHNIK**
FILTER

 **MILCH**
OHNE

 **HEISS/KALT**
KALT

 FÜR **1**

Mexiko produziert Kaffee, Tequila und Agavensirup. Mischt man die drei mit Limette, entsteht ein Getränk mit einem niedrigeren glykämischen Index, als wenn man mit Zucker süßt. Dunkle Agave gibt einen karamelligen Geschmack.

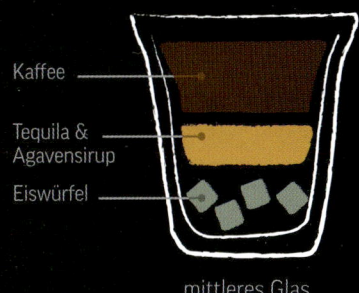

Kaffee

Tequila &
Agavensirup

Eiswürfel

mittleres Glas

1 **4–5 Eiswürfel** in ein Glas geben. **100 ml Kaffee** in einer Cafetière (s. S. 128), dem AeroPress (s. S. 131) oder nach Wunsch aufbrühen. Abkühlen lassen.

2 In einem zweiten Glas **1 Esslöffel hellen Agavensirup** in **50 ml Tequila** auflösen und über die Eiswürfel geben, danach den kalten Kaffee.

ZUM SERVIEREN Den Glasrand mit einer **Limettenspalte** abreiben und sie zur Dekoration daran stecken.

HAZEL KRUPNIK

 TECHNIK
FILTER

 **MILCH**
OHNE

 **HEISS/KALT**
KALT

 FÜR **1**

Honig ist ein guter Ersatz für Zucker. In diesem Rezept liefert der Krupnik (ein in Polen und Litauen bekannter süßer Wodka) den Honiggeschmack, während der Zitronenwodka verhindert, dass der Drink zu süß und schwer wird.

kalter
Frangelico-
Kaffee-Cocktail

Martiniglas

1 **100 ml doppelt starken Kaffee** in einer Cafetière (s. S. 128), dem Aero-Press (s. S. 131) oder nach Wunsch über **Eiswürfeln** aufbrühen.

2 Kaffee mit **1 Esslöffel Frangelico, 1 Esslöffel Krupnik, 25 ml Zitronen-wodka** und **Eiswürfeln** in einen Cocktail-Shaker geben und gut schütteln.

ZUM SERVIEREN Doppelt in ein Glas abseihen, mit einer **Vanilleschote** garnieren und servieren.

EMPFOHLENE BOHNEN Die Haselnuss- und Vanillenoten des Frangelico passen zu süßen, nussigen Kaffees aus Brasilien.

GLOSSAR

Arabica Eine (die hochwertigere) der zwei kommerziell angebauten Kaffeearten *(siehe auch Robusta).*

Aromen & Sirupe Bekannte Sorten finden Sie im Supermarkt oder Getränkehandel, ausgefallene im Internet.

Ausgasen Kaffeebohnen geben nach dem Rösten als Nebenerzeugnis der chemischen Reaktionen Gase ab.

Eggnog Meist alkoholhaltiges Getränk mit Ei, beliebt und verbreitet in Großbritannien und den USA.

Beneficios (span.) Aufbereitungsanlagen (nass und trocken).

Crema Die Schaumschicht auf einem frisch gebrühten Espresso.

Dosis Die Kaffeemenge für genau eine Extraktion oder einen Aufguss.

Grüne Bohnen Rohe, ungeröstete Kaffeebohnen.

Halbtrockene Aufbereitung Aufbereitungsmethode, bei der die Kaffeebohnen ohne Schale, aber von Fruchtfleisch umhüllt trocknen.

Hybride Eine Kreuzung zwischen zwei Kaffeearten wie Arabica und Robusta.

Kaffeekirsche Die Frucht des Kaffeebaums. Sie hat eine Schale und enthält Fruchtfleisch und zwei Samen, die Kaffeebohnen.

Kalt gebrühter Kaffee Kaffee, der mit kaltem Wasser in einem Dripper zubereitet wurde, oder

heiß aufgebrühter Kaffee, den man abkühlen lässt.

Kartoffeldefekt Bakterienbefall, der Kaffeebohnen nach Kartoffeln riechen und schmecken lässt.

Koffein Stimulierende Substanz im Kaffee.

Kultivar Gezielt für den Handel gezüchtete Sorte *(siehe auch Sorte).*

Latte Art Die Kunst, mit Milch und Crema dekorative Muster auf den Kaffee zu zeichnen.

Mahlwerk Teil der Kaffeemühle, in dem die Bohnen zerkleinert werden.

Nasse Aufbereitung Aufbereitungsmethode, bei der Schale und Fruchtfleisch entfernt werden und die Bohnen in der Pergamenthaut trocknen.

Pergamenthaut Die dünne Haut, die eine Kaffeebohne umhüllt.

Perlbohnen Sehr selten findet man in Kaffeekirschen einzelne, rundliche Bohnen, die gesammelt und separat gehandelt werden.

Pulpe Das klebrige, süße Fruchtfleisch, das die Kaffeebohnen im Inneren der Kaffeekirsche umhüllt.

Robusta Eine (die weniger hochwertige) der zwei kommerziell angebauten Kaffeearten *(siehe auch Arabica).*

Rohstoffmarkt Internationaler Handel mit Rohstoffen, wie Kaffee, z. B. in New York, Singapur, Basilien und Tokio.

Rückverfolgbarkeit Die verbriefte Herkunft und Verarbeitungsweise eines Kaffees.

Siebträger Halter, mit dem der Siebkorb in die Espressomaschine eingesetzt wird.

Sogestal Dachverband der Aufbereitungsanlagen Burundis, ähnlich den Kooperativen in Kenia.

Sorte Variante einer Pflanzenart, die sich durch verschiedene Merkmale von anderen Sorten der gleichen Art unterscheidet.

Tampen Das Komprimieren des Kaffeepulvers im Siebträger einer Espressomaschine.

Trockene Aufbereitung Aufbereitungsmethode, bei der man ganze Kaffeekirschen in der Sonne trocknen lässt.

Verkosten Das Vergleichen und Bewerten von Kaffeeaufbrühungen.

REGISTER

Die **fett** gedruckten Seitenzahlen beziehen sich auf schrittweise Anleitungen, die *kursiven* zeigen Basis-Zubereitungstechniken an.

ÜBER DIE AUTORIN

Anette Moldvaer ist Mitbegründerin von Square Mile Coffee Roasters, einer mehrfach preisgekrönten Kaffeerösterei in London. Das Unternehmen kauft, importiert, röstet und verkauft Kaffee an Privatkunden und Firmen. Ihre Karriere begann sie 1999 als Barista im heimischen Norwegen, heute besucht sie als Einkäuferin rund ums Jahr Kaffee-Erzeuger in aller Welt.

Sie ist Preisrichterin bei internationalen Industriewettbewerben, wie den World Barista Championships, dem Cup of Excellence und den Good Food Awards, und hält Workshops in ganz Europa, den USA, Lateinamerika und Afrika. Von ihr gerösteter Espresso wurde von den Gewinnern der World Barista Championships 2007, 2008 und 2009 verwendet, sie selbst war Gewinnerin der World Cup Tasters Championship 2007.

DANK

Die Autorin bedankt sich bei:

Martha, Kathryn, DK, Tom und Signe; Krysty, Bill, SQM, San Remo und La Marzocco; Emma, Aaron, Giancarlo, Luis, Lyse, Piero, Sunalini, Gabriela, Sonja, Lucemy, Mie, Cory, Christina, Francisco, Anne, Bernard, Veronica, Orietta und Rachel; Stephen, Chris und Santiago; Ryan, Marta, Chris, Mathilde, Tony, Joanne, Christian, Bea, Grant, Dave, Trine und Morten; Margarita, Vibeke, Karna, Stein und bei ihrer Kaffeefamilie.

Dorling Kindersley bedankt sich bei
Fotografien William Reavell
Bildbetreuung Nicola Collings
Prop Styling Wei Tang
Weitere Fotos und Latte Art Krysty Prasolik
Korrektorat Claire Cross
Registererstellung Vanessa Bird
Redaktionsassistenz Charis Bhagianathan
Designassistenz Anjan Dey, Mandy Earey und Katherine Raj
Kreativassistenz Tom Morse, Adam Brackenbury
Bildnachweis: Cover © yusak_p – fotolia; Innenteil: S. 17 oben © Bethany Dawn; S. 26 oben © Claire Cordier.

Dank an Augusto Melendrez von San Remo. Die Kaffeefakten auf S. 56–123, mit Ausnahme derer auf den S. 85, 88, 116, 117 und 120, sind den Statistiken der ICO für 2008–2012 entnommen.

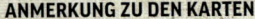

ANMERKUNG ZU DEN KARTEN
Die Kaffeebohnen auf den Landkarten auf S. 56–123 zeigen die Lage bedeutsamer Erzeugerregionen an. Die grünen Flächen umreißen größere Anbauregionen, sei es innerhalb politischer oder durch klimatische Gegebenheiten bestimmter geografischer Grenzen.

ANMERKUNG ZU DEN REZEPTEN
Für das Ergebnis verwenden Sie bitte die angegebenen Gefäßgrößen. Tasse: Espressotasse – 90 ml, klein – 120 ml, mittel – 180 ml, groß – 250 ml; Becher: klein – 200 ml, mittel – 250 ml, groß – 300 ml; Glas: klein – 180 ml, mittel – 300 ml, groß – 350 ml.